De malones, cacicas y parlamentos

Este libro pertenece a la colección
PARADIGMA INDICIAL

Florencia Roulet

De malones, cacicas y parlamentos

El arte de la diplomacia en las fronteras

sb

Madrid • Buenos Aires • México • Bogotá • Quito • Lima • Santiago • Montevideo • Asunción

Roulet, Florencia

   De malones, cacicas y parlamentos : el arte de la diplomacia en las fronteras / Florencia Roulet. - 1a ed. - Ciudad Autónoma de Buenos Aires : SB, 2025.

   242 p. ; 23 x 16 cm. - (Paradigma indicial / Guillermo Wilde,)

ISBN 978-631-6680-09-9

1. Historia de América. 2. Diplomacia. 3. Pueblos Originarios. I. Título.
CDD 980

ISBN: 978-631-6680-09-9

Primera edición, abril 2025

© 2025, Florencia Roulet
© 2025, Sb Editorial

   Argentina: Salta 188, Piso 3 - C1070AAC Ciudad Autónoma de Buenos Aires
   www.editorialsb.com • ventas@editorialsb.com • +54 9 11 3012-7592
   México: Antonio Sola 20 - Colonia Condesa, Cuauhtemoc - 06140 Ciudad de México
   www.editorialsb.com.mx • ventas@editorialsb.com.mx • +52 55 4925 9309
   España: Calle Azafrán 9 - 28222 Majadahonda - Madrid
   www.editorialsb.com • ventas@editorialsb.com • +34 695 70 03 95

Director general: Andrés C. Telesca (andres.telesca@editorialsb.com)
Director de colección: Guillermo Wilde (guillermowilde@gmail.com)
Diseño de cubierta e interior: Cecilia Ricci (riccicecilia2004@gmail.com)
Corrección: Marjorie Flores

Imagen de cubierta: Imagen principal: Cacique pampa y su mujer, de Carlos Morel (1813-1894). Litografía. Imagen secundaria: Indios Buenos Aires, 1844, de Julio Daufresne y Albérico Isola. Litografía coloreada.

A mamá,
sólido pilar
que se deja ganar por la ternura

Cacique pampa y su mujer, de Carlos Morel (1813-1894). Litografía.

Índice

Prólogo 13

CAPÍTULO 1

**«Un estrago nunca visto»: el primer ataque indígena
contra los pagos bonaerenses** 19

¿Cómo nombrar la violencia indígena? 21

La década de 1730 o el evasivo quiebre de viejos equilibrios 23

El repertorio de fuentes 24

Verificando datos, construyendo acontecimientos...................... 27

El punto de ruptura 34

¿Malón o weichán? 39

CAPÍTULO 2

**Las Capitulaciones de paz de 1742,
¿el tratado más antiguo de la frontera bonaerense?** 41

Las serranías bonaerenses, donde convergen actores distantes 43

Las negociaciones preliminares de paz 46

Las «Capitulaciones de las Paces» con el cacique Bravo 47

El verdadero tratado de 1742 53

¿El fin de una breve tregua o el comienzo de una paz armada? 63

La guerra y la paz 69

CAPÍTULO 3

**Los protocolos de tierra adentro
o cómo negociar paces a la manera indígena**........................... 73

Las presentaciones.. 77

La escolta familiar 83

El anuncio de la llegada 85

Las ceremonias de recibimiento o salutación 88

Las parlas 92

La distribución de regalos.. 95

La incorporación del Otro
mediante un parentesco real o simbólico 100

El cumplimiento de las promesas.. 103

Más allá de las formas: la etiqueta como reveladora
de las cualidades morales del huésped.. 105

Capítulo 4

Entre la coerción y el coraje: mujeres indígenas cruzadoras de fronteras.. 109

Un umbral entre dos mundos.. 110

El cruce coercitivo de la frontera:
malocas, repartos, depósito y reclusión 112

Prisioneras y rehenes... 115

La forzada proximidad de los "indios amigos",
"fronterizos" y "reducidos".. 117

El cruce voluntario de la frontera:
las chinas como agentes económicos.. 122

El cruce en misión diplomática: las cacicas embajadoras................. 127

Dueñas de su destino 130

Capítulo 5

**De San Carlos a San Rafael. Los fuertes de la frontera mendocina
colonial como espacios de convivencia multiétnica (1770-1810)** 137

El poblamiento de los valles de Uco y Jaurúa:
un mosaico multiétnico.. 138

La primera «franja de amortiguación» indígena
en la frontera mendocina... 140

El levantamiento general de 1769
y el fin de la «franja de amortiguación».. 142

El fuerte de San Carlos, bastión defensivo en el valle de Uco
(1770-1777)... 144

La política de guerra ofensiva desde el fuerte de San Carlos
(1779-1781)... 149

El fuerte de San Carlos y los indios fronterizos (1781-1805) 151

Los puelches fronterizos (1787-1805) 157

El tratado de 1805 y la erección del fuerte de San Rafael 163

Un escenario de encuentros 170

CAPÍTULO 6

Fray Francisco Inalicán, orfebre de la palabra indígena en la frontera mendocina **173**

Fray Inalicán, mediador ante los pehuenches 178

Fray Inalicán en el parlamento del Río Diamante 179

De cura conversor a werkén: la voz indígena de Fray Inalicán 181

Educando al soberano… y a sus funcionarios 185

Fray Inalicán, cura conversor 188

Fray Inalicán en tiempos de revolución y guerra 190

Defendiendo a sus paisanos 203

Los paisanos de Inalicán 206

Los últimos años… ¿y después? 208

Apéndices documentales **211**

1. Capitulaciones de las paces de 1742 211

2. Acta del parlamento con caciques pehuenches y puelches de Mendoza celebrado el 1° de abril de 1805 en las márgenes del río Diamante 212

3. Parlamento del comandante de frontera de Mendoza Miguel Teles Meneses con el cacique moluche Güilipan Pichapi 216

4. Carta de fray Francisco Inalicán al virrey Rafael de Sobremonte. Fuerte de San Rafael del Río Diamante, 9.04.1805 219

5. Carta de fray Inalicán a Sobremonte transmitiendo avisos sobre la llegada de Güilipan Pichapi, San Rafael, 12.05.1805 .. 221

6. Oficio de fray Inalicán al virrey Sobremonte comentando sus gestiones ante los pehuenches 222

7. Discursos de los caciques Carilef y Caripan y Cacica María Josefa Roco luego del Parlamento celebrado junto al río Diamante. Campamento del río Diamante, 2.04.1805 223

8. Carta de Fray Inalicán al Virrey Sobremonte con noticias sobre indios pehuenches que lo han visitado en el fuerte de San Rafael, 10.07.1805 225

9. Carta de fray Francisco Inalicán al virrey Sobremonte
    informando las últimas noticias ocurridas
    en el Fuerte de San Rafael, 21.01.1806 227

10. Parlamento de Alejo Nazarre con caciques pehuenches
    y puelches. Fuerte de San Carlos, 16.04.1812 228

11. Carta de fray Inalicán al Teniente de Gobernador de la ciudad
    de Mendoza, Alexo Nazarre, transmitiéndole una súplica
    de varios caciques pehuenches. San Carlos, 28.09.1813 230

12. Oficio de fray Inalicán al Gobernador Intendente José
    de San Martín, aceptando ir con el comandante José de
    Susso a parlamentar con los caciques pehuenches.
    Frontera de San Rafael, 20.10.1814 231

13. Oficio de fray Inalicán al Gobernador Intendente José
    de San Martín relatando los hechos que llevaron a la muerte
    de Francisco Domínguez por los hermanos Mudón.
    San Rafael, 27.08.1815 231

14. Oficio de fray Inalicán al Gobernador José de San Martín,
    transmitiendo la queja del cacique Cumiñán y sus hijos
    por la contribución que se les cobra por el vino en San Carlos.
    San Rafael, septiembre 1815 232

15. Oficio de fray Francisco Inalicán al Gobernador Intendente
    de Cuyo proponiendo medidas para aumentar la prosperidad
    de la Villa de San Carlos. San Rafael, 26.06.1817 233

16. Oficio de fray Inalicán al Gobernador Intendente
    transmitiendo quejas de los caciques por la introducción
    de licores a los toldos. San Rafael, 12.08.1819 234

Bibliografía y fuentes éditas citadas 235

Prólogo

El incesante olvido engullirá todo,
a no ser que le opongamos el esfuerzo abnegado de registrar lo que fue.
Las generaciones futuras tienen derecho a reclamarnos
el relato del pasado

Irene Vallejo,
El infinito en un junco

Durante más de tres siglos, los conquistadores españoles y sus descendientes criollos debieron fundar ciudades, someter poblaciones y controlar porciones del territorio que hoy conocemos como la Argentina confrontándose a una tozuda realidad: en esa geografía de planicies inabarcables, bosques enmarañados y temibles travesías, los habitantes originarios no se prestaban dócilmente a sus designios. La colonización avanzó con lentitud y enormes espacios permanecieron fuera del acotado territorio administrado por los agentes de la corona: las selvas y pantanos del Chaco, la remota Patagonia y las diversas llanuras pampeanas que se extendían al sur de los ríos Salado bonaerense, Tercero cordobés y Diamante mendocino. Con el tiempo, en las lindes de esas regiones indómitas se erigirían misiones religiosas, reducciones de indios, guardias y fuertes, dando cuerpo a las fronteras que, con algunos avances y retrocesos, perduraron hasta el último tercio del siglo XIX.

Una cierta historiografía nos habituó a pensar en ellas como ámbitos de permanente conflicto, donde los malones indígenas engendraban la violencia punitiva de la civilización ultrajada. Las investigaciones recientes revelan más bien que las agresiones bidireccionales coexistieron con activos circuitos comerciales, elaboradas tradiciones diplomáticas y fecundas relaciones personales. Desde mediados del siglo XVIII y hasta las vísperas de la conquista militar que decretaría la abolición de las fronteras con los mundos indígenas, se celebraron incontables parlamentos de los que resultaron decenas de tratados, algunos escrupulosamente respetados durante décadas, otros violados antes de que llegara a secarse la tinta de las rúbricas.

A partir del estudio de algunos casos emblemáticos relativos a la frontera sur, desde Buenos Aires, a orillas del Río de la Plata, hasta Mendoza, al pie de la imponente cordillera de los Andes, y en el siglo que transcurre entre 1730 y mediados de la década de 1820, este libro intenta responder una serie de interrogantes: ¿Cuándo se pasaba de la imposición violenta a la negociación pacífica? ¿Qué condiciones debe cumplir un acuerdo para ser considerado un tratado? ¿Qué protocolos regían los comportamientos de las partes durante estos encuentros diplomáticos? ¿Qué impacto tenían estos acuerdos en la vida cotidiana de indígenas y cristianos en las zonas de contacto? ¿Qué papel cumplían las mujeres, transitando los márgenes de esos mundos? ¿Quiénes facilitaron el diálogo y la mediación? Y, por último, ¿hasta qué punto podemos percibir el discurso nativo en el corpus documental disponible?

En los confines del imperio hispano, las prácticas diplomáticas se establecieron allí donde resultó imposible subyugar a la población originaria e incorporarla efectivamente a las instituciones propias del régimen colonial: la encomienda, la reducción, la mita y el yanaconazgo. En Chile, los primeros testimonios de negociaciones de paz entre españoles y pueblos de la Araucanía, en 1593, lo fueron con caciques de parcialidades «de guerra» que, a pesar de haber sido nominalmente repartidos en encomienda, llevaban rebelados más de treinta años y sólo aceptaron las propuestas de paz bajo una serie de condiciones: conservar sus familias, propiedades y festividades, obtener apoyo militar contra sus enemigos, recibir un pago por su trabajo y no servir en las minas de oro ni ser maltratados. Al este de los Andes, el recurso a la diplomacia fue más tardío que en Chile y también puso en evidencia la limitada capacidad de coacción del aparato colonial español sobre ciertas poblaciones nativas. El primer tratado escrito del que tengamos noticia en territorio actualmente argentino es el que suscribió el gobernador don Alonso de Mercado y Villacorta en Buenos Aires, el 13 de diciembre de 1662, con cuatro curacas (o caciques) de las parcialidades de indios Tocagües y Vilos de la jurisdicción de Santa Fe de la Vera Cruz, que aceptaron abandonar su territorio a cambio del indulto por varios delitos cometidos durante las guerras pasadas, además de la restitución de sus familiares, la exención de la encomienda y la no obligatoriedad del servicio personal (Levaggi, 2000). Había por cierto disparidad en los términos del acuerdo, pero de ningún modo rendición sin condiciones.

En el ámbito bonaerense, el recurso a la diplomacia fue aún más tardío. Hasta bien entrado el siglo XVIII, la dispersión de los asentamientos, la fragilidad demográfica y la falta de un liderazgo capaz de unificar a los distintos grupos con miras a una acción bélica concertada impidieron al campo indígena «pensar la guerra» como alternativa a la violencia colonial. Esto cambiaría a inicios de la década de 1740 cuando, en venganza por una serie de agresiones previas, se concretó un ataque en regla contra la población rural del pago de la Magdalena, cuya génesis y características analizo en el Capítulo 1. Este mortífero asalto reúne los elementos constitutivos de lo que a partir de la centuria siguiente se designaría como «malón»: muerte de varones, captura de mujeres y niños y apropiación masiva de ganado. Sin embargo, no se trata de una incursión de pillaje sino de un acto de guerra con objetivos políticos, que sería más apropiado nombrar *weichán*. El impacto que causó este excepcional ataque fue tal que forzó a los españoles de Buenos Aires a adentrarse en territorio indígena para negociar la recuperación de las cautivas. En estas penosas circunstancias se acordaron las primeras paces formales de las que tenemos constancia escrita en la frontera bonaerense. Pero cuando analizamos el texto de las Capitulaciones de las Paces de 1742, que la historiografía considera el tratado más antiguo de esa frontera, advertimos que no corresponde ni en su forma ni en su fondo a lo que entendemos por un tratado sino más bien, como intento demostrar en el Capítulo 2, a la propuesta presentada por uno de los actores que intervinieron en la negociación, los sacerdotes de la Compañía de Jesús. A falta de un texto que refleje los acuerdos definitivos, es preciso inferirlos a partir de la información dispersa generada a posteriori, en particular prestando oídos a los reclamos de los propios indígenas, tarea conjetural a la que consagro la segunda parte del capítulo.

En todas las culturas, la diplomacia tiene su etiqueta y sus reglas. Los españoles del ámbito rioplatense, que hasta entonces habían estado acostumbrados a imponer su voluntad a la población nativa por la fuerza de las armas, descubrieron poco a poco los elaborados protocolos que pautaban la diplomacia indígena y debieron amoldarse a ellos. Ingresar en los dominios de pampas, serranos, aucas, ranqueles, puelches y pehuenches para entrevistarse con los caciques exigía cumplir con una serie de pasos previos que pondrían en evidencia la buena fe y la generosidad del visitante. Del respeto hacia esas pautas tácitas, que desarrollo en el capítulo 3, dependía el buen éxito de las negociaciones de paz. La diplomacia, como la guerra, ha sido y sigue siendo un territorio eminentemente masculino. La conflictiva realidad fronteriza nos revela, sin embargo, una significativa presencia de mujeres indígenas a ambos lados de la permeable línea divisoria. Una gran mayoría eran cautivadas para ser explotadas como virtuales esclavas domésticas, convertidas en prisioneras o utilizadas como rehenes. Otras muchas solían acompañar a sus maridos en los viajes comerciales que emprendían hacia los centros coloniales, donde las encontramos vendiendo sus productos, regateando, conversando con los comandantes y soldados de los fuertes, dando y obteniendo informaciones, bebiendo y contagiándose a veces las mortíferas enfermedades que circulaban entre los cristianos. Y unas pocas cacicas –invariablemente esposas, hijas o hermanas de caciques– se desplazaban como embajadoras de sus parientes con instrucciones para negociar paces preliminares con las autoridades. A estas intrépidas cruzadoras de fronteras está dedicado el Capítulo 4.

Otro clásico abordaje de la vida en las fronteras ha privilegiado las funciones militares de los fuertes y presidios. Estos dispositivos estatales mediante los cuales se pretendía delimitar territorios, distinguir un «nosotros» de un «ellos» necesariamente hostil y defender a los propios, suelen verse meramente como espacios desde los cuales se vigilaba, controlaba y en ocasiones se acosaba al enemigo. El estudio detallado de algunos casos particulares nos permite apreciar una realidad mucho más compleja y matizada: los sitios fortificados podían constituir escenarios de encuentro entre actores diversos que perseguían objetivos disímiles pero convergían en un ámbito de convivencia multiétnica. Si tomamos en cuenta la perspectiva indígena, advertimos que podían ser percibidos como parapetos defensivos, centros de redistribución, feria comercial, terrenos de deliberación, de ceremonia, de evangelización y de intercambio de información. El capítulo 5 examina estas múltiples interacciones en los fuertes de San Carlos y San Rafael, en la frontera mendocina, entre 1770 y 1810.

La diplomacia supone el diálogo. Y el diálogo, en contextos interculturales, requiere de intérpretes que posean no sólo competencias lingüísticas sino también un profundo conocimiento de los códigos que rigen las conductas de unos y otros y cierta capacidad para explicar a cada parte los usos y costumbres de la otra, en un delicado ejercicio de mediación. Una particularidad de las relaciones diplomáticas en las fronteras coloniales es que sentaron en torno a la mesa de negociaciones a funcionarios coloniales, representantes letrados de un Estado centralizado, junto a caciques, capitanejos y mocetones, eximios oradores que manejaban con brío y sutileza el discurso oral en su propia lengua y advertían la importancia y el interés de la letra escrita en la comunicación intercultural. De ahí que los lenguaraces o intérpretes fueran indispensables en la conversación y que se valoraran en particular las habilidades de quienes, además de hablar lenguas, supieran leer y escribir. El capítulo 6 sigue las huellas de un mediador excepcional que actuó en la frontera mendocina en las primeras décadas del siglo XIX: el religioso franciscano fray Francisco Inalicán, quien a través de su pluma nos permite atisbar el discurso de los caciques pehuenches y puelches que gravitaron en torno al fuerte de San Rafael en los últimos años de la era colonial y el tormentoso período inaugurado por la Revolución de Mayo.

Hijo del cacique gobernador de La Imperial, pero sin ser cacique él mismo por su condición de sacerdote, Inalicán mantuvo una extensa correspondencia, primero con el virrey Rafael de Sobremonte, y luego con los sucesivos gobernadores de Cuyo, en la cual transcribió con respeto y empatía las súplicas y reclamos de sus «paisanos» indígenas. Dado el interés de esos documentos, que permiten enriquecer el corpus de cartas de caciques pacientemente constituido por historiadores y antropólogos en los últimos años, he transcrito y reunido buena parte de esa correspondencia –incluyendo varias epístolas publicadas por otros investigadores–, junto con algunas actas de parlamentos inéditas, en los Apéndices documentales.

Mi aproximación a la historia de la diplomacia en las fronteras parte de un enfoque etnohistórico. Es decir, retomando la fórmula de Ana María Lorandi y Mercedes del Río (1985: 8), del intento de discernir en los textos la vigencia de «otras lógicas subyacentes o no comprendidas por la cultura de la sociedad dominante», que es la que produjo esos documentos. Me interesa en particular recuperar la perspectiva indígena que esos textos a menudo minimizan o silencian pero que se puede reconstruir, al menos parcialmente, consultando fuentes complementarias. Mi pasión por la minucia me acerca también a los métodos de la microhistoria, que se interesó por los comportamientos y actitudes de las clases subalternas del pasado. Esto es, por lo que ha dado en llamarse la «cultura popular», esencialmente oral, a la que sólo podemos acceder a través de fuentes escritas por individuos –hombres, en su abrumadora mayoría– que pertenecían a la cultura dominante (Ginzburg, 1981). Cuando el objeto es tan esquivo, no queda más remedio que explotar a fondo las fuentes, hacerlas dialogar, leer entre líneas, colmar los silencios de una con el detalle casual que se cuela en otra, sacarles el jugo como quien exprime una naranja y armar el rompecabezas pieza por pieza, resignándonos a que siempre nos vayan a faltar varias. Seguir la pista del individuo dentro del colectivo, buscar sus huellas en el tiempo y en el espacio, situarlo en el entramado de relaciones sociales y políticas que dan sentido a sus actos, analizar sus conductas como opciones elegidas –entre varias alternativas posibles– dentro de un marco que le impone límites, para aprehender a través de él (o de ella) el destino de su comunidad. Perseguir indicios, reconstruir tramas invisibles y ver así perfilarse eso que hoy denominamos la «agencia indígena», entendida como protagonismo y participación activa y meditada en las decisiones que afectan el devenir de sus pueblos. Ese es mi propósito. No tengo la arrogante pretensión de otorgarle voz al silenciado, sino la más modesta ambición de escuchar y recuperar esos discursos latentes, que nos llegan a través de múltiples mediaciones, incluyendo por cierto la de mi propia subjetividad de mujer no indígena, formateada por mi educación, mi cultura, mi época, mis opiniones políticas, mis gustos y mi ya larga experiencia en el apasionante oficio de historiadora. Por apego al sabor único de las palabras antiguas que nos legan los archivos, elegí transcribir las fuentes respetando la grafía y las abreviaciones tal como figuran en los documentos originales.

Muchas personas me alentaron y ayudaron de diversos modos a concretar este proyecto de libro. Vaya mi agradecimiento a mis colegas: Ingrid de Jong, Juan Carlos Estenssoro Fuchs, Judith Farberman, Luciana Gandini, María Andrea Nicoletti, Jorge E. Muñoz Sougarret, Gertrudis Payàs, Graciana Pérez Zavala, Daila Prado, Diana Roselly, Marcela Tamagnini, Beatriz Vitar y Guillermo Wilde. Y a Andrés Telesca, mi editor, por la confianza.

«Un estrago nunca visto»: el primer ataque indígena contra los pagos bonaerenses

El sábado 26 de noviembre de 1740, los habitantes del pago de la Magdalena dormían sin cuidado en sus ranchos pese a los recientes rumores sobre indios que merodeaban en la campaña. Unos cien kilómetros al sur, cerca de la desembocadura del río Salado en el Atlántico, los indios pampas de la nueva reducción de la Concepción habían visto una furiosa estampida de yeguas galopando como si las persiguiera el demonio. *¡Un partido grande de serranos se acerca, padrecito! ¡Mucha ha de ser la indiada para que corran así!*, habían advertido al sacerdote Manuel Querini. Y el jesuita, después de calmarlos, había escrito al gobernador. Pero en el próspero pago que se extendía al sur del Riachuelo no se tomó en serio el aviso. En las últimas semanas, los indios habían amenazado Arrecifes y los caseríos de Luján y la Matanza: no era imaginable que volvieran a golpear. Por eso, aquella noche trágica no había guardia que vigilara los linderos de las últimas estancias ni patrullas que recorrieran los campos con los sentidos alerta y el fusil pronto a disparar. Confiados, los magdalenenses estaban entregados al sueño.

Como sombras en la oscuridad, los atacantes se desplegaron en un frente de doce leguas y cayeron sobre los ranchos dispersos cuando aún no había amanecido. Nadie los sintió. Sin dar tiempo a que ladraran los perros, se introdujeron en las casas despachando a los hombres hacia el otro mundo de un certero bolazo en el cráneo, arrancando a las mujeres de las cobijas aún tibias y alzando a los aterrados niños a la grupa del caballo. Al capitán del pago lo lancearon en su misma cama. Quizás llegara a ver, impotente, cómo se proveían con las armas destinadas a su compañía, apoyadas contra la pared frente a su lecho. Quién sabe, antes que el filo de la punta de hierro, lo matara el asombro ante lo inconcebible. Afuera todo eran gritos, corridas entre las habitaciones en llamas, relinchos angustiados, ruido de cuerpos que caían y techos pajizos que ardían. Olor a humo, a bosta de vaca y a miedo animal. Un pánico desconocido se había apoderado de las gentes, que deambulaban de un lado a otro como enloquecidas, tropezando en los trigales aún verdes con cadáveres que podían ser los de un hermano, un vecino, un compadre o un patrón. Todos iguales al fin, absurdamente inertes en un revoltijo de barro sanguinolento.

La noticia viajó hasta Buenos Aires más rápido que las carretas cargadas de muertos. Los finados pasaban del centenar: a dos días del nefasto suceso los notables fallecidos, personas de renombre, hacendados con casa en la ciudad, superaban las sesenta personas, a las que había que sumar el pobrerío anónimo compuesto de modestos labradores y peones, que hoy se conchababan aquí y mañana en otro pago, sin que de ellos llegara a saberse siquiera el apellido. Cuando al día siguiente corrió el rumor de que los enemigos estaban listos a entrar en la mismísima ciudad, no fueron pocos los crédulos que se vieron en la mayor consternación. Mujeres y niños se agolparon en las iglesias, en una confusión de llantos y clamores, mientras los hombres se eclipsaban, demasiado asustados para hacer frente al peligro. "Muchos oficiales militares corrían por las calles, con la cabeza desnuda, en un estado de distracción, habiéndose llenado de gente las iglesias y casas religiosas, adonde se refugiaban, como si el enemigo estuviera a las puertas de la ciudad" (Falkner, 1969: 726). El pánico de los porteños iba a la par de su estupor. El mundo se había dado vuelta, el bárbaro se apoderaba de la mujer cristiana y de su tierna cría destinándolos a quién sabe qué abyecta servidumbre. Las relaciones de género y de casta propias de la sociedad colonial quedaban subvertidas. El varón de sangre española, habituado a reafirmar su dominio explotando el trabajo y el cuerpo de la mujer indígena, contemplaba atónito cómo el salvaje se hacía dueño de su bien más preciado, aquel de quien dependían su bienestar, su descendencia y su honra. Jamás se había visto osadía tan inaudita.

Buenos Aires no sería atacada. Ufanos con su victoria, celosos de su botín, los agresores prefirieron llevarse el ganado y los cautivos tierra adentro. Nadie indagó acerca de sus motivaciones: se fueron envueltos en misterio, indistinguibles y escurridizos como habían llegado. Los textos escritos en aquellos días no encuentran más móvil para su sangrienta acción que la "horrenda ferocidad", el "furor" y la "osadía" que serían su rasgo distintivo. En esos primeros testimonios no hay contexto, no hay historia. Es un indio esencial el que agrede sin motivo ni piedad a víctimas inocentes e indefensas.

¿Cómo nombrar la violencia indígena?

A lo largo del siglo XIX, este tipo de episodio recibiría la designación de "malón", una voz de origen mapudungun derivada del verbo "malocan" que significaba "hacer hostilidad al enemigo, entre sí por agravios, saqueando sus ranchos y robando cuanto topan" (Febrés, 1846: 42) y que hoy entendemos como «ataque sorpresivo a las poblaciones o establecimientos fronterizos, con apropiación de ganados y de cautivos, seguido de una rápida retirada tierra adentro» (Crivelli Montero, 1991: 7). Con el tiempo, el motivo del malón daría lugar a representaciones estereotipadas que se impusieron tanto en el discurso político y en la prensa como en la literatura y la plástica. En vísperas de la Campaña al Desierto, la inminente ocupación militar de los territorios indígenas y el destino final reservado a sus habitantes serían presentados como una "guerra al malón", recurso último para acabar con las invasiones indígenas que llegaban "hasta las puertas de Buenos Aires" (Prado, 1942: 9).

El asalto contra la Magdalena, si hemos de fiarnos en los traumáticos testimonios de los contemporáneos, constituyó en su tiempo una novedad sin precedentes. Sin embargo, una larga tradición historiográfica lo inscribe como un hito más en una sucesión de incesantes agresiones dirigidas hacia los colonizadores, que alimentaría la idea de una perpetua guerra de la barbarie contra la civilización. A mediados del siglo XIX, mientras la prensa debatía los medios a contemplar en aras de pacificar las fronteras con los indios, había quienes opinaban que la causa que motivaba las invasiones era el interés por los ganados mansos que se podían luego vender en Chile, mientras otros veían en esos mismos robos una reacción de los indios "contra los que se han apoderado por la fuerza de sus territorios": la guerra sería hija de las injusticias engendradas por la conquista (Quesada, 1864: 30). Dos décadas más tarde, esta explicación causal había sido desterrada del discurso: la violencia indígena respondía al carácter cruel, vengativo y despiadado de los naturales o bien a su inclinación por el robo como medio de vida. Ambas motivaciones se presentaban como complementarias. Esta caracterización se impuso en el imaginario social y sigue teniendo una fuerte impronta, coexistiendo con una interpretación de gran aceptación en la historiografía reciente, que ve al malón como empresa económica orientada a la captura de ganado tanto para el consumo propio como para la venta dentro de un amplio circuito que vinculaba las pampas con Chile.

En 1991, el arqueólogo Eduardo Crivelli Montero aportó una perspectiva novedosa. El malón podía pensarse como una estrategia que apuntaba a metas tanto económicas como políticas: los hechos bélicos buscaban reparar agravios o exigir el cumplimiento de una promesa. No habría que ver en ellos meros actos de destrucción y saqueo ni agresiones nacidas de un puro afán de venganza sino un medio para forzar la búsqueda de una solución negociada de las diferencias. El convincente análisis que propuso Crivelli acerca de las acciones bélicas, las negociaciones diplomáticas y los reclamos de los caciques de las pampas en el turbulento período de 1780 a 1783 abrió el camino hacia una nueva manera de pensar la violencia indígena, buscando restituir los contextos, comprender las motivaciones de los actores e identificar los objetivos perseguidos[1]. En esa línea de análisis, se llega a distinguir entre formas específicas de violencia indígena, que respondían a distintas causas y apuntaban a fines diversos. No cabría entonces amalgamar bajo un mismo concepto tres tipos de conflicto que, en las sociedades nativas, responden a lógicas y modalidades de acción propias: el *tautulun* o venganza (buscando compensación por una muerte previa, un robo, un adulterio o un presunto acto de brujería contra un miembro del grupo), el malón *stricto sensu*, con motivaciones esencialmente económicas (apropiación de ganados y de cautivos, evitando en lo posible el combate) y el *weichan*, verdadero acto de guerra que moviliza a toda una comunidad en defensa de su territorio y su autonomía, requiere de la anuencia de los caciques principales, se apropia de los bienes del enemigo dándoles valor de trofeo y supone una reafirmación de la libertad del grupo (Boccara, 1998: 113-114). Reducir las distintas manifestaciones de violencia indígena a la única noción de malón supone limitarlas a su aspecto económico y amputarlas de una eventual dimensión política.

¿Cuál de esas categorías nos permite comprender mejor los traumáticos hechos de noviembre de 1740 en el pago la Magdalena? ¿Qué móviles subyacieron a aquel feroz asalto? ¿Un atávico instinto de saqueo y masacre, como parecieron comprenderlo los contemporáneos, una venganza puntual, un calculado ejercicio de fuerza tendiente a equilibrar posiciones o una acumulación de agravios en un conflicto cuyas raíces se hunden en la noche de los tiempos?

Hoy está demostrado que el estado de guerra interétnica permanente que postulaba la historiografía clásica no fue tal y que, a lo largo de su primer siglo y medio de existencia, la población de Buenos Aires y sus alrededores no sufrió ninguna seria amenaza por parte de los indios circundantes y fue incluso percibida por muchos forasteros procedentes de Santa Fe y de los pueblos de la gobernación del Tucumán como segura tierra de asilo (Mandrini, 1997; Roulet, 2018). Si esto es así, ¿qué hechos desencadenaron las hostilidades? ¿A qué

---

1   Véanse Crivelli, 1991 y los trabajos de Carlón, 2014; de Jong, 2015; Cordero, 2016 y Roulet, 2018.

circunstancias responde la aparición de nuevas formas de violencia indígena? Para responder a estos interrogantes será preciso cuestionar ideas recibidas, reunir indicios, sopesar evidencias, contrastar hipótesis y colmar silencios, al paciente modo de los detectives.

La década de 1730 o el evasivo quiebre de viejos equilibrios

Mientras algunos autores hacen remontar las acciones ofensivas y represivas entre indios y blancos a principios del siglo XVII (Marfany, 1940; Tapson, 1962; Martínez Sierra, 1975), un llamativo consenso historiográfico sitúa el comienzo de las hostilidades durante el gobierno de Miguel de Salcedo, entre los años 1734 y 1737, cuando la campaña bonaerense habría sufrido una serie de grandes invasiones indígenas (Funes, 1816, II: 594; Quesada, 1864: 31; Marfany, 1938, IV: 445; Sierra, 1981: 120-121)[2]. No es que se ignoren hostilidades previas, sino que por primera vez se califica ese estado de cosas como una "guerra". Otros investigadores corren la fecha inicial hacia fines de la década de 1730 (Tabossi, 1989; Jones, 1999; Vasallo, 2024) o prefieren hablar de un largo ciclo de malones que habrían asolado las campañas de modo recurrente entre los años 30 y los 50 (Mayo y Latrubesse, 1993; Mayo, 1995). El historiador chileno Leonardo León Solís lo prolonga hasta 1765 y responsabiliza a los indios provenientes de Chile de ser "los principales protagonistas de las depredaciones que ocurrían en las zonas fronterizas" (León Solís, 1986: 85). Juan Carlos Garavaglia, retomando a León Solís, habla de un "gran ciclo de invasiones de los años 1730/1766) [que] se sucedían con una regularidad asoladora" (Garavaglia, 1999: 39). Florencia Carlón (2014) y Nahuel Vasallo (2017), por su parte, señalan una intensificación de la conflictividad interétnica a partir de la década de 1730 (que Carlón prolonga hasta 1785/90), cuyas causas habría que buscar en la competencia por recursos y en la voluntad de saldar agravios causados por las autoridades coloniales.

Estas citas, que están lejos de ser exhaustivas, coinciden en situar el inicio de la guerra en la década de 1730, aunque discrepan en cuanto a la fecha exacta de las primeras hostilidades (¿1734-1737? ¿1737-1739?), a la duración del conflicto (¿1730-1766? ¿1730-1790?) y al peso relativo que debe atribuirse a la presencia de indígenas de procedencia cordillerana y trasandina (designados en las fuentes de la época como pehuenches y aucas) en el incremento de la violencia interétnica. A pesar de tan notorias diferencias, los trabajos citados

---

2   Miguel de Salcedo y Sierralta fue Gobernador de Buenos Aires desde marzo de 1734 hasta el 21 de junio de 1742, fecha en que lo sucedió Domingo Ortiz de Rozas.

tienen dos características en común: la primera es que ninguno ofrece una reconstrucción cabal de los hechos de violencia; la segunda es que apuntan a los mismos responsables genéricos. Si hay conflicto, es porque los indios atacan, invaden, incursionan o malonean. Como lo señaló con justeza Daniel Villar, buena parte de los investigadores que estudiamos la historia de las sociedades indígenas –entre los que me incluyo– empezamos aceptando estas representaciones, lo que suponía "cargar sobre las espaldas de los indios una presunción de culpabilidad que sólo recientemente ha comenzado a ser puesta en cuestión" (Villar, 2011: 14). Quisiera retomar la bella invitación que en ese escrito hacía Villar de "andar por el camino de la duda" a fin de revisar las bases sobre las que se construyeron tales estereotipos.

¿En qué testimonios se apoyan los investigadores para llegar a una conclusión tan unánime acerca de la intensidad y la precedencia de la violencia indígena? ¿En qué medida se la puede calificar como actos de guerra?

El repertorio de fuentes

Interroguémonos en primer lugar acerca de las fuentes: los estudiosos, cuando no invocan los trabajos previos de otros historiadores, se fundan en una fracción del limitado conjunto de testimonios disponibles acerca del período, sin señalar las contradicciones evidentes entre esos textos. Los documentos son básicamente de dos tipos: fuentes generadas por la administración colonial (actas de los Acuerdos del cabildo de Buenos Aires, correspondencia del gobernador y del cabildo con la corona y de funcionarios locales con el gobernador, interrogatorios elaborados en el marco de procesos judiciales) y fuentes generadas por miembros de la Compañía de Jesús. De éstas, unas pocas son contemporáneas a los hechos. Se trata de las Cartas Anuas correspondientes a los años 1735 a 1743 –que se suponen redactadas por el padre Pedro Lozano, historiador oficial de la orden para el Paraguay y Río de la Plata, residente en aquellos años en Córdoba[3]– y de fragmentos de la *Historia del Paraguay* del padre Pierre François-Xavier de Charlevoix, historiador de la Compañía que nunca pisó la región pero escribía en Francia a partir de los informes de sus camaradas desde el Río de la Plata. Otras, más tardías, fueron redactadas en Europa después de la expulsión de la orden, a partir de recuerdos personales retocados por el editor (la *Descripción de la Patagonia*, del padre Thomas

---

3   Escritas en latín y conservadas en el Archivo Jesuita de Roma, las Cartas Anuas han sido traducidas al castellano por Guillermo Furlong (1938) y por Carlos Antonio Moncaut (1981), en quienes me baso.

Falkner) o bien en base a informaciones tanto verbales como escritas transmitidas al autor del texto por los jesuitas que habían estado en el terreno (como fue el caso de los padres Joseph Sánchez Labrador y José Peramás)[4].

A esta clasificación básica entre fuentes administrativas y fuentes religiosas propongo superponerle dos criterios adicionales. El primero es temporal y supone distinguir entre textos redactados contemporáneamente a los hechos

---

4   El jesuita inglés Thomas Falkner (1710-1784) es considerado el autor de la *Descripción de la Patagonia y de las partes adyacentes de la América meridional,* publicada en Londres en 1774, en inglés. El manuscrito original no se conserva y el texto que se conoce es producto del trabajo editorial del escritor William Combe, a pedido de Robert Berkeley –para quien trabajaba Falkner hacia 1771–, quien redactó un prefacio. Según Furlong (1938) Falkner había llegado enfermo al Río de la Plata a fines de 1730 en un navío negrero. Atendido por los jesuitas del Colegio de Buenos Aires, se convirtió al catolicismo e ingresó en la orden en 1732. Hizo su noviciado en Córdoba, donde residió hasta ser destinado en 1744 a fundar una misión entre los "puelches" o "serranos" de la sierra de Vuulcán o Volcán (Balcarce). De ese año datan sus primeros contactos con los indígenas de la región pampeano-patagónica. En 1746 fundaría con el padre Cardiel la reducción de Nuestra Señora del Pilar, donde permaneció hasta su abandono en 1751. Vivió luego en la estancia jesuítica de Areco, en la estancia de San Miguel de Carcarañá, en Santa Fe y en Córdoba, donde lo encontró la orden de expulsión, en 1767. Es decir que Falkner residió sólo siete años entre los indios de las pampas. Cuando redactó su *Descripción de la Patagonia,* hacía cerca de veinte que había abandonado la región. A las inevitables distorsiones que provoca el paso del tiempo hay que añadir las alteraciones del texto original producidas por el editor. Arthur Edward Schreiber Neumann, que prologó una edición facsimilar de la obra en Chicago en 1937, afirma que Robert Berkeley pidió a William Combe que eliminara todo lo que pudiera distraer del tema central. En su prefacio, el propio Berkeley reconoce que se alteraron tanto el lenguaje como el orden del texto de Falkner, sin añadirle nada a su narración. La obra fue inmediatamente traducida al castellano, al alemán y al francés y tuvo una inmensa repercusión. Es probablemente la fuente más citada por cuantos abordaron el estudio de los grupos étnicos de la frontera sur bonaerense En 1835, Pedro de Angelis reprodujo la traducción española en su *Colección de Obras y Documentos Relativos a la Historia Antigua y Moderna de las Provincias del Río de la Plata,* poniéndola al alcance del público argentino. Esta traducción y la edición de De Angelis contienen tantos errores que preferí basarme en la edición original inglesa de 1774 y proponer mi propia traducción.
El jesuita español José Sánchez Labrador (1717-1798) llegó al Río de la Plata como novicio en 1734 y se ordenó en Córdoba en 1739, donde residió hasta 1746, pasando luego a misionar en el Paraguay y el Chaco hasta la expulsión. Sus escritos sobre los indios pampas, puelches y patagones datan de 1772 y fueron publicados por Guillermo Furlong en 1936. El catalán Joseph Manuel Peramàs (1732-1793) llegó al Río de la Plata en 1754, residió cuatro años en Córdoba, dos en la reducción de San Ignacio Miní (1758-1760) y regresó luego a Córdoba como profesor de retórica hasta el momento de la expulsión. Fue, después de Pedro Lozano, redactor las Cartas Anuas. Durante su destierro en Faenza redactó *De vita et moribus tredecim virorum paraguaycorum,* obra póstuma publicada en 1793. Escribió también un Diario del destierro y, en castellano, *La República de Platón y los Guaraníes.*

o muy poco después –cuando el registro de los sucesos era aún fresco y no había pasado por el inevitable proceso de selección, idealización y olvido que involuntariamente opera la memoria– y escritos más tardíos, propios de un contexto histórico diferente. El segundo criterio considera la agencia de quien produce la información (¿fue protagonista o testigo directo de los hechos? ¿reproduce lo que otros le contaron?). Esto no significa que la información tardía o de segunda mano tenga menos valor, sino que es susceptible de otro tipo de deformaciones y que a la hora de inclinarme por una u otra versión contradictoria de un mismo hecho tiendo a privilegiar, con los habituales recaudos, los testimonios más directos y próximos a los sucesos.

Una primera constatación se impone: en un contexto de violencia estructural impuesta a los nativos por la situación colonial desde el momento inicial de la conquista, los españoles del Río de la Plata vivieron desde mucho antes que la década de 1730 una multitud de situaciones que percibieron como agresiones indígenas. Se trataba, en primer lugar, de fugas de indios encomendados hacia tierra adentro. En segundo lugar, de robo de ganado doméstico –en particular caballos, que se llevaban al escapar– y, cuando las vaquerías se realizaban en territorio indígena, de la amenazadora exigencia de un «pago» en ropa, animales, frenos, cuchillos, espuelas y otros bienes. Hubo también, desde ya, ataques a la propiedad (asaltos contra arrieros y comerciantes en los caminos hacia Córdoba y Mendoza) y agresiones que provocaron lesiones físicas graves, incluso fatales, a las víctimas. En su abrumadora mayoría, estos hechos afectaban a hombres adultos que circulaban en los desprotegidos caminos o bien incursionaban en territorio indígena para vaquear. Aunque los documentos de la época hablan hasta el cansancio de hostilidades, insultos, destrozos, robos y muertes, no se registran ataques contra poblaciones ni enfrentamientos en regla de tropas armadas. Mientras que los asaltos a las tolderías suelen culminar con varias decenas de muertos y cautivos, en el caso de los ataques indígenas las víctimas fatales, cuando las hay, rara vez superan las cinco personas (Roulet, 2018). En las primeras décadas del siglo XVIII se advierte un incremento de las hostilidades contra los vaqueros que realizan sus faenas en el territorio interserrano, ataques que las fuentes porteñas suelen imputar a los aucas procedentes de la cordillera y que los cordobeses y cuyanos atribuyen a los pampas (Campetella, 2006/2007; Bechis, 2004). Huidas; hurto de caballos; robos oportunistas a viajeros en situación de aislamiento y vulnerabilidad; exigencia de «derechos de peaje» a los vaqueros; asaltos que a veces degeneraban en asesinatos: las agresiones indígenas que registran las fuentes no reflejan una situación que podamos calificar de guerra, al menos hasta la crítica década de 1730.

Verificando datos, construyendo acontecimientos

Al abordar este período, los investigadores nos encontramos con una sólida masa de interpretaciones edificada sobre una base fáctica sorprendentemente endeble. A nadie le tiembla el pulso a la hora de hablar de un ciclo de invasiones pero, curiosamente, los ejemplos para ilustrarlas escasean. La práctica de hacer historia nos enfrenta al delicado ejercicio de reconstruir y narrar el acontecimiento, ese «fragmento de realidad percibida» que define un antes y un después, que revela mecanismos invisibles y tiene a veces tal potencia que parece detener el tiempo (Farge, 2002: 67-68). La tarea primera del historiador consiste en poner orden en la cacofonía de los testimonios e identificar el acontecimiento que va a estructurar relaciones sociales y generar memorias ancladas en el tiempo. ¿Qué nos dicen entonces los documentos acerca de este convulsionado período?

El historiador jesuita Pierre François-Xavier de Charlevoix fue el responsable de fechar el inicio de la «guerra» en 1734, primer año del gobierno de don Miguel de Salcedo. El sacerdote francés precisó que la habían comenzado los serranos, asaltando algunas habitaciones próximas a Buenos Aires. Su fuente de información fueron –al menos en parte– las Cartas Anuas redactadas por Pedro Lozano quien, sin hablar de guerra ni de asalto a viviendas, acusaba por su parte a los pampas de cometer varias fechorías aquel año, «robando los ganados de los pobladores de las aldeas cercanas a la ciudad» (Moncaut, 1981: 30; Furlong, 1938: 73). Los acuerdos del Cabildo de Buenos Aires correspondientes al año 1734 mencionan «la general hostilidad que padece la ciudad de Córdoba de los indios infieles»[5] pero no dicen una palabra sobre conflictos con los indios en la jurisdicción bonaerense. Suponiendo que Lozano y Charlevoix tuvieran razón y que, efectivamente, unos indios –¿serranos o pampas?– robaran ganado en algún pago bonaerense, estamos frente a un tipo de delito contra la propiedad que no implicó violencia interpersonal. Lo que en cambio tensó las relaciones fue la reacción española: Lozano nos dice que, en represalia, el gobernador hizo detener a unos indios pampas que terminaron siendo liberados por falta de pruebas. Sintiéndose víctimas de una injusticia, los agraviados convocaron a un grupo mayor y se llevaron todo el ganado de un estanciero (Moncaut, 1981: 31; Furlong, 1938: 73). Según Charlevoix, los pampas habrían sido tratados tan duramente en prisión que, una vez libres, buscaron vengarse aliándose con los serranos «reconocidos como los agresores» (Charlevoix, 1757: 156). Hasta aquí, no queda claro qué indios habrían iniciado

---

5   *AECBA* 1929, Serie II, tomo VII, libro XXIII: 123.

las hostilidades, pero sí que éstas se limitaron al robo de ganado. También se aprecia que son más bien los pampas quienes resultan víctimas inocentes de una violencia arbitraria ejercida sobre sus cuerpos[6]. Se advierte asimismo –y no se trata de una novedad– que ante cualquier desmán, los españoles se vengan en los primeros indios que encuentran. Si Charlevoix habla de guerra es porque escribe desde un tiempo (primeros años de la década de 1750) en el cual la profundización ulterior del conflicto es un dato conocido y el fragmento de realidad que selecciona como acontecimiento fundante le permite «crear el tiempo que sigue a su realización» (Farge, 2002: 68). Charlevoix sabe que habrá guerra y elige un momento que partirá aguas. Lozano, en cambio, redacta las Cartas Anuas «en caliente», sin poder anticipar el desarrollo de los hechos. Para él, los robos de ganado no son más que «fechorías».

Lozano menciona una segunda agresión indígena, aunque sin precisar el año: camino a Mendoza, al sur de Córdoba, seis indios pampas dieron muerte al comerciante Juan Gambao y a sus peones luego de una pendencia motivada por la desaparición de una mula. A continuación, se llevaron el rodeo de vacas que estos conducían (Furlong, 1938: 73. Tampoco esta vez aparece el menor registro del incidente en los acuerdos del Cabildo, que en cambio sí mencionan, en diciembre de 1736, que muchos forasteros de las ciudades comarcanas se instalaban en Buenos Aires huyendo de «las hostilidades que los bárbaros [mocovíes] en ellas hacen»[7]. Da la impresión, por contraste, que mientras otras regiones sufrían ataques indígenas, los porteños se sentían aquel año a salvo.

Los Acuerdos capitulares refieren, en cambio, un asalto de indios serranos en el pago del Salto del Arrecife el 29 de agosto de 1737, «maltratando a unos y mal hiriendo a otros», además de robar caballos y vacunos, ante lo cual el Cabildo pidió que saliera a castigarlos el capitán Juan de Melo. Los capitulares hablan de este incidente como «segunda hostilidad»[8], lo cual sobreentiende que hubo una primera que no quedó registrada en actas. Quizás se tratara de la agresión contra Gambao y sus peones en el camino a Mendoza. O quizás no, considerando otros indicios que podrían sugerir que ese ataque tuvo lugar recién en 1738[9]. No sabemos qué pasó con la expedición conducida por Juan

---

6   La práctica de tormento era legal y frecuente en las cárceles coloniales, en particular cuando los detenidos pertenecían a alguna «casta» (indios, negros, mestizos y mulatos). Aunque en este caso nuestras fuentes no la mencionan expresamente, es dable suponer que los pampas hayan sido objeto de alguna forma de tortura física.

7   *AECBA* 1929, Serie II, tomo VII, libro XXIV: 355.

8   *AECBA*, 1929, Serie II, tomo VII, Libro XXIV: 409.

9   Una representación del Procurador General ante el cabildo en enero de 1745 inicia el recuento de agresiones indígenas en el año 1738, «en el que despojaron dhos Yndios barias

de Melo. Lozano dice en cambio que, para vengar a Gambao, salió en 1737 el teniente Esteban del Castillo con doscientos soldados españoles «y logró alcanzar una parcialidad bastante numerosa de pampas, acabando con todos». Salvo con Manuel Calelián –sobrino del cacique homónimo y cabeza de la toldería–, ausente durante el ataque. El propio Lozano se interroga sobre lo fundado del exterminio de toda la tribu: los pampas «podían ser hechos prisioneros y ser llevados a la ciudad de Buenos Aires, donde se los hubiera podido juzgar según las leyes». Liderados por el joven Calelián, los pampas supérstites, junto con aliados aucas, se vengaron asaltando carretas en el camino a Mendoza, lo que según el autor de las Cartas Anuas resultó en la muerte de veintidós cristianos. En otro asalto contra un convoy de carretas cerca de San Luis los pampas sólo robaron caballos (Moncaut, 1981: 31).

Los Acuerdos del Cabildo corroboran la masacre ejecutada por del Castillo: en agosto de 1738 se supo que «por un indio pampa estaban convocados dos mil Aucaes que ya caminaban sobre La Punta [del Sauce, hoy La Carlota], Río Cuarto y estas estancias a vengar las muertes que en los pampas fascinerosos se ejecutó por el Alférez Esteban del Castillo»[10]. Hay otra versión tardía de los hechos, que llegó tempranamente a la imprenta y tuvo gran influencia en la tradición historiográfica posterior. Se trata del relato del jesuita inglés Thomas Falkner, quien menciona un ataque de los caciques Tseucanantu y Carulonco contra las estancias del río Areco y Arrecife, al cual habrían respondido los españoles con una entrada punitiva liderada por el Maestre de Campo Juan de San Martín, expedición que no pudo alcanzar a los ladrones pero, «para no volverse con las manos vacías», arrasó la toldería del viejo Calelián cuando sus ocupantes dormían. En represalia por la masacre, el joven Calelián habría asaltado el pueblo de Luján, matando a muchos españoles y tomando cautivos (Falkner, 1774: 104-105). Varios elementos de este tardío relato son erróneos, o cuanto menos, dudosos. Nos consta, como vimos, que hubo un

---

tropas del Comercio de Mendosa en el Camino de las panpas matando y Robando y no Contentos con Esto Se ynternaron a las Estancias de el Salto y Pontesuelas de esta Jurisdicción llebandose los ganados y ótros despojos» (AGN IX, 19-2-2). El acuerdo capitular del 8.06.1739 pide que se haga una entrada en las campañas de la jurisdicción para contener a los indios que hostilizaron estancias y tropas de carretas en el camino de Mendoza y San Juan, «como se experimentó el año pasado de setecientos y treinta y ocho, que destrozaron una tropa de carretas» (*AECBA*, 1929, Serie II, tomo VIII, Libro XXIV: 65). Ese dato se reitera en una carta al rey de don Miguel Antonio de Merlo, procurador general de la ciudad, fechada el 5.12.1740, quien menciona una salida en 1738 a cargo de Francisco Martínez Lobato «con la noticia de los insultos hechos por los infieles en los caminos de Mendoza» (en AGI Charcas, 317).

10 *AECBA*, 1929, Serie II, tomo VII, Libro XXIV: 495.

asalto contra Arrecifes el 29 de agosto de 1737, pero no tenemos elementos para establecer qué caciques lo lideraron. El nombre de Carulonco aparecerá asociado, en cambio, al ataque contra Luján de julio de 1744, al que nos referiremos en el capítulo 2. En base al testimonio de Lozano, corroborado por las actas capitulares, podemos afirmar dos cosas: la primera, que no fue Juan de San Martín sino Esteban del Castillo el responsable de la masacre de la tribu de Calelián en 1737; la segunda, que Luján no sufrió en esos años ningún ataque indígena. Mi impresión es que Falkner (o su editor) mezclaron sucesos diferentes, que tuvieron lugar con algunos años de intervalo.

Hasta aquí, los documentos no proveen evidencia alguna de guerra, «ataques de la indiada» o «grandes invasiones» en los primeros años del gobierno de Miguel de Salcedo. Hubo, sí, con creciente frecuencia, conflictos en las estancias y en los caminos, motivados por la apropiación de ganado manso. Estos altercados provocaron heridos en Arrecifes y varios muertos en el caso de las arrias que circulaban en el camino entre Córdoba y Mendoza. Inquietos por una sensación de inseguridad generalizada, los vecinos de Arrecifes resolvieron, a fines de 1738, construir un fuerte que los defendiera de «los indios infieles que andan haciendo varios daños»[11]. Admitiendo que la agresión contra el comerciante Gambao haya tenido lugar antes de la masacre de la tribu de Calelián, no se trató de una invasión sino de «daños» –retomando el vocabulario de los capitulares– análogos a los que sucedían entre la población criolla de las campañas, donde también había robos, riñas y muertes violentas. El incremento de conflictos en torno al ganado tiene una explicación plausible: desde fines de la década de 1720 la campaña bonaerense sufre un largo ciclo de sequías, en particular en verano, pero también en estaciones habitualmente lluviosas. Los pastos se secan, las aguadas se evaporan. Los caballos baguales y las vacas cimarronas mueren a montones en los campos y quienes dependen de esos animales para su sustento pasan hambre. Los indios se interesan entonces por el ganado manso de los españoles y éstos lo defienden con uñas y dientes. Cuando el conflicto estalla, no parece tener motivaciones étnicas sino económicas: nativos y cristianos se disputan un recurso que se ha vuelto escaso.

En cambio, la brutal agresión de Esteban del Castillo contra la tribu de Calelián tiene todas las apariencias de un acto de guerra. «Acabó con todos», sentencia Lozano. «Sin examinar si esos pampas eran los agresores –dice Falkner–, dispararon contra ellos mientras dormían y mataron a muchos, con sus mujeres e hijos» (Falkner, 1774: 105). Desde fines del siglo XVI, la modalidad

---

11 *AECBA*, 1929, Serie II, tomo VII, Libro XXIV: 509.

militar habitual en los asaltos a las tolderías era la *maloca* o «complejo masacre-reparto», que consistía en la matanza de los varones adultos, seguida de la captura y reparto de mujeres y niños entre la tropa, lo que generaba el doble beneficio de neutralizar la amenaza bélica de los guerreros y de proveerse de servicio doméstico (Alioto, Jiménez y Villar, 2018: 34-35). Esteban del Castillo derogó a esta arraigada práctica eliminando tanto varones adultos como mujeres, niños y ancianos. Su desmedida agresión recayó sobre un grupo que al parecer no tenía motivos para sentirse en peligro ni estaba en situación de defenderse: «A la hora de tomar revancha por algún motivo o de ejercer una violencia ejemplificadora, los *cristianos* parecían asumir que los grupos indígenas eran *intercambiables*» (Alioto, Jiménez y Villar, 2018: 32; destacados en el original). La desproporción entre el delito imputado y las represalias es tan flagrante que deja dubitativo al jesuita Lozano: quizás se deberían haber tomado prisioneros, quizás se los debería haber juzgado según las leyes. Los indios pampas interpretaron la agresión como una declaración de guerra y movilizaron a sus aliados aucas de la región cordillerana. Los naturales de las sierras bonaerenses quedaron por el momento al margen. Ante la amenaza que representaba el joven Calelián con dos mil aucas ejecutando hostilidades en los convoyes comerciales en el camino a Mendoza, salió de Buenos Aires en septiembre de 1738 una expedición al mando del coronel Francisco Martínez Lobatón, que no logró alcanzarlos por la deserción de los milicianos «y sublevaciones y tumultos al tiempo de las marchas, resistiéndose a las órdenes que se les dieron»[12].

Si recapitulamos hasta aquí, encontramos evidencias concordantes acerca de robo de ganados en los pagos bonaerenses por indios que unos identifican como pampas, otros como serranos, seguido de la prisión arbitraria de indios pampas, en 1734; un asalto –quizás dos– de serranos contra estancias de Arrecifes en 1737, con hurto de ganados y algunos heridos, al que siguió la expedición punitiva de Juan de Melo, cuyos resultados desconocemos. No tenemos certezas, en cambio, con respecto a la fecha en la que se habría producido la agresión fatal contra el comerciante Gambao y sus peones: ¿1737? ¿1738? Mientras que, según Lozano, este incidente fue el detonante de la salida de Esteban del Castillo y la masacre de la tribu de Calelián, que tuvo lugar en 1737, dos testimonios posteriores, fechados en 1739 y 1740 respectivamente, mencionan un solo evento en 1738 durante el cual fue destrozada una tropa

---

12 *AECBA*, 1929, Serie II, tomo VII, Libro XXIV: 512-513. El procurador Miguel Antonio de Merlo atribuye, en cambio, el fracaso de la salida a «la fuga acelerada del enemigo» (AGI Charcas, 317).

de carretas en el camino de Mendoza, seguido de una salida al mando de Francisco Martínez Lobatón[13]. Queda en pie la duda de si hubo dos ataques contra comerciantes en el camino a Mendoza, uno en 1737 y otro al año siguiente, o sólo uno en 1738.

Así las cosas, en junio de 1739 se produce un nuevo altercado «a distancia de cincuenta leguas de las últimas estancias», contra siete cristianos que se hallaban vaqueando. Según declararon cuatro de ellos, sus tres compañeros habrían sido asesinados por «indios pampas ladinos». El gobernador Salcedo despachó al capitán Juan de San Martín con cuatrocientos hombres a reconocer la campaña, donde en efecto «hallaron dos cadáveres hechas pedazos las cabezas a alfanjazos» —el alfanje es una espada corta, ancha y curva con filo en un solo lado—. Sin haber localizado tolderías, Juan de San Martín propuso realizar una segunda campaña en el mes de septiembre, cuando salieran las carretas a cargar sal en las Salinas[14]. El padre Lozano ignora este episodio pero menciona un asalto de cuatrocientos pampas contra Arrecifes, llevándose unas 3000 vacas y matando a diez forasteros refugiados en un rancho (Moncaut, 1981: 31-32). Por su parte, José Sánchez Labrador —que arranca su relato de la «guerra contra los indios australes» en el año 1739[15]— dice que los nativos, «llevados de sus ánimos guerreros, buscaron en sus casas a los españoles de Buenos Aires» y mostraron «su crueldad executando grandes insultos y muchas muertes en la jurisdicción de dicha ciudad» (Sánchez Labrador, 1936: 82). Ninguna otra fuente corrobora estas imputaciones, que más bien parecen reflejar lo sucedido durante el asalto al pago de la Magdalena, en noviembre de 1740.

En la carta que el cabildo de Buenos Aires escribió en 1739 al rey pidiendo autorización para recaudar fondos a fin de afrontar los gastos incurridos en las repetidas salidas contra los indios, se reitera la fórmula consagrada en similares circunstancias, sin presentar ninguna descripción de acontecimientos verificables: la ciudad se hallaba «de algunos años a esta parte repetidas veces hostilizada en sus estancias de los indios infieles que llaman serranos con muertes de sus vecinos y robos de considerables porciones de ganados»[16]. Nótese que los capitulares acusan a los serranos —y no a los pampas o a los aucas—, que el escenario de las agresiones son las estancias y que no consideran necesario brindar detalles sobre las hostilidades de los indios. Estas alegaciones en términos vagos y genéricos, donde no se identifica claramente ni al agresor ni a la víctima, donde

---

13 Vése nota 8.

14 Acuerdo del 8.06.1739, *AECBA*, 1929, Serie II, tomo VIII, Libro XXIV: 64.

15 Aunque en otro punto de su relato anota que la guerra de los serranos contra los españoles duraba «desde el año de 34» (Sánchez Labrador 1938: 93).

16 Carta del Cabildo de Buenos Aires al rey, 21.10.1739, AGI Charcas 317.

no se precisa el marco cronológico y se califican los hechos imputados sin describirlos, eran una forma de denuncia habitual en esa época, que fue tomada al pie de la letra por generaciones de historiadores. Bastaba con que varios testigos confirmaran que tenían conocimiento de los sucesos para que se los diera por probados. La fórmula «de algunos años a esta parte» permitía incorporar en una única acusación eventos acaecidos durante un largo período (diez, incluso veinte años), en distintos lugares (estancias, caminos hacia otras jurisdicciones, campañas tierra adentro), con diferentes modalidades (robo de ganado, asalto a arrias y caravanas, agresiones físicas y asesinatos) e implicando a distintos grupos étnicos. El procedimiento mismo de acumular delitos dispares en una única querella genera la impresión de un estado de inseguridad permanente, de magnitud tal que justificaría el pedido de recaudar fondos propios.

Los imprecisos términos de esta inculpación genérica contrastan con la minuciosa descripción que los mismos capitulares harían al año siguiente a propósito de la invasión al pago de la Magdalena. Por mi parte, no he encontrado otra evidencia sobre las invocadas agresiones que el testimonio de los vaqueros acusando a los pampas ladinos de la muerte violenta de sus tres compañeros. Por cierto, a Juan de San Martín le bastaron esos tres difuntos para justificar una campaña de mil hombres que no persiguieron a los pampas sino que se dedicaron durante cuatro meses a rastrillar las sierras del sur. Una de dos: o bien hubo en efecto asaltos indígenas y asesinatos que no dejaron huellas reconocibles en el fragmentario registro documental o bien, como lo señalan Alioto, Jiménez y Villar, los indios eran intercambiables y se volvía lícito hacer pagar a los serranos por un delito imputado a los pampas.

Lo cierto es que el Maestre de Campo Juan de San Martín salió nuevamente de Luján, en julio de 1739, convoyando las carretas que iban a cargar sal, con nutrida tropa y armamento. De las Salinas pasó a Casuhatí –sierra de la Ventana– y de allí a Tandil y Vuulcán –actual Balcarce–, donde «encontraron uno ú otro indio que vagueaba por las pampas y pagó su atrevimiento con la vida» (Sánchez Labrador, 1936: 82). Lozano afirma que en Casuhatí mataron a los indios que encontraron, «sin hallar resistencia». ¡Magra cosecha para tamaña movilización! Así es cómo, cuando ya estaban regresando a Buenos Aires, las tropas dieron a orillas del río Salado con la toldería de un cacique serrano amigo, que Lozano llama Maximiliano y Falkner designa con su nombre indígena de Tolmichi-ya, primo –o sobrino– del anciano cacique Cacapol o Bravo. «Confiado en su licencia documentada, recibida por el gobernador, vivía allí tranquilamente, tratando amistosamente con los españoles». Sin darle tiempo a explicarse, Juan de San Martín procedió a la ejecución sumaria de Tolmichi-ya y de sesenta «de sus vasallos de armas tomar», cautivando 111 personas entre mujeres y niños (Lozano en Moncaut, 1981: 32-33). Sánchez Labrador confirma: «Los grandes perdieron las vidas en el ardor de la refriega y los párvulos y mujeres hechos prisioneros fueron conducidos en triunfo a Buenos Aires» (Sánchez Labrador, 1936: 82). Thomas Falkner nos dice que Tolmichi-ya avanzó hacia San Martín blandiendo la licencia del gobernador y el maestre de campo en persona le descerrajó un tiro en la cabeza, matando luego a todos los hombres y capturando mujeres y niños (Falkner, 1774: 106). La expedición regresó a Buenos Aires a principios de diciembre, «con felicidad y buen suceso», celebrarían los capitulares. Un año después, ellos mismos propondrán una cifra más abultada de cautivos que la que da Lozano: «el año pasado en la corrida que hizo el Maestre de Campo don Juan de San Martín se logró la conquista de más de trescientas almas»[17].

Si el exterminio de la tribu de Calelián había soliviantado a los pampas y a sus aliados aucas, la matanza de la parcialidad de Tolmichi-ya exasperó a los serranos. Charlevoix dice que el cacique Bravo estaba particularmene irritado porque los españoles habían responsabilizado a toda su nación por los actos de pillaje cometidos por unos pocos particulares que no obedecían a ningún cacique (Charlevoix, 1757: 156). Si hacemos el esfuerzo de cambiar de perspectiva para adoptar el punto de vista de esos grupos nativos advertiremos que en el corto lapso de tres años (1737-1739) vieron penetrar cinco expediciones cristianas en sus territorios: la de Juan de Melo en 1737; la de Esteban del Castillo el mismo año, que destruyó la tribu del cacique pampa Calelián; la de Francisco Martínez Lobatón en 1738; y dos a cargo de Juan de San Martín en 1739, la primera de cuatrocientos hombres, la segunda de mil. Al menos dos de ellas perpetraron sangrientas masacres, aniquilando por completo a sendas parcialidades, al parecer ajenas a los robos y muertes que se les imputaban. A ojos de pampas y serranos, ¿quién había declarado la guerra? ¿Quiénes eran víctimas de insultos, invasiones, muertes y cautiverios?

El punto de ruptura

La previsible sed de venganza de pampas y serranos provocó en 1740 dos fenómenos relacionados: en febrero, algunos caciques que Lozano designa como pampas puelches (del este) o carayhetes (es decir, pampas que viven entre los «caraí», término guaraní que designa a los españoles) se presentaron ante el gobernador Salcedo rogando protección contra «sus acérrimos enemigos,

---

17 *AECBA*, 1929, Serie II, tomo VIII, Libro XXIV: 104; Carta del procurador general Miguel Antonio de Merlo al Rey, 5.12.1740, en AGI Charcas, 317.

los pampas serranos» (Moncaut, 1981: 33). Charlevoix y el deán Funes nos explican las razones de esa enemistad: es entre estos indios amigos que Juan de San Martín había reclutado a los guías que le permitieron penetrar en las sierras (Charlevoix, 1757: 157; Funes, 1816: 398). Los pampas carayhetes estaban entre la espada y la pared: tanto podían ser víctimas inocentes de la violencia cristiana y padecer las mismas desgracias que la gente de Calelián y Tolmichi-ya, como sufrir las represalias de los serranos, que no ignoraban quiénes habían guiado a las tropas porteñas. Solicitar el amparo del gobernador era el recurso último para protegerse de ambos peligros. Don Miguel de Salcedo accedió a la súplica de los caciques, a una condición: los indios con sus familias deberían en adelante vivir en reducción, a cargo de sacerdotes jesuitas. Y, para engrosar el número de los primeros neófitos de la misión que había de fundarse, mandó que todos los cautivos serranos traídos por San Martín –quienes entretanto habían sido repartidos entre particulares– se agregaran a los pampas carayhetes. La reducción de Nuestra Señora de la Concepción de Indios Pampas fue fundada en mayo de 1740 al sur de la desembocadura del río Salado. La forzada convivencia de pampas y serranos en su seno sería constante fuente de fricciones.

El segundo fenómeno perceptible aquel año fue la proliferación de rumores acerca de «la venida de los indios Aucaes convocados por Calelián». La inquietud cundía. Juan de San Martín volvió a salir en campaña ese invierno con 500 hombres, pero no logró su objetivo «por haberse retirado los infieles de la jurisdicción de Córdoba»[18]. Repentinos e inasibles, los indios golpeaban cuando querían. El 24 de noviembre de 1740, los miembros del Cabildo de Buenos Aires discutieron cómo financiar los indispensables gastos que requería la defensa de los pagos rurales, que en los últimos treinta días habían sufrido tres ataques indígenas: primero en las Fontezuelas, cerca de Arrecifes, donde los agresores tuvieron unas cincuenta bajas; luego en Luján arriba y por último en la Matanza, a sólo siete leguas de la ciudad, «con muertes de los vecinos, cautividad de algunos y robos de sus haciendas y ganados». Si tamañas hostilidades se repetían, la ciudad podría verse en pocos años «en el mismo mísero estado que la dicha Provincia del Tucumán»[19].

La preocupación de los capitulares era justificada: dos días más tarde, el 26 de noviembre poco antes del amanecer, una poderosa coalición indígena

---

18 Acuerdos del 30.07 y del 6.08.1740, en *AECBA*, 1929, Serie II, tomo VIII, Libro XXIV: 159-161 y Carta del procurador general Miguel Antonio de Merlo al Rey, 5.12.1740, en AGI Charcas, 317.

19 *AECBA*, 1929, Serie II, tomo VIII, Libro XXIV: 190-191.

liderada por el anciano Cacapol, su hijo Cangapol –serranos, conocidos como «los Bravos»– y Calelián –pampa cordobés–, invadió el pago de la Magdalena, masacrando a los pobladores. El gobernador Salcedo habla de 70 muertos, Lozano de 100, Charlevoix y Peramás de 200, el Cabildo de más de 120, el procurador general contabiliza más de 60 «personas conocidas y hacendados» y «muchos de la pobre gente y peones trabajadores»[20]. Como si esto fuera poco, los asaltantes se llevaron una cifra equivalente de mujeres y niños cautivos, que al año siguiente los capitulares estimarían en más de doscientas personas, «cosa nunca oída ni experimentada en estas dichas provincias»[21], amén de un importante botín en ganado –«crecidas haciendas», notará el Cabildo; «porción de ganado», denunciará el gobernador; «pérdidas de ganados, quema de las habitaciones, destrucción de sus mieses», se lamentará el procurador general; «cuatro mil vacas y gran número de caballos», contabilizará Lozano; «todo el ganado», exagerará Charlevoix[22]. Era tal la novedad en un pago bien poblado, a escasas cinco leguas de Buenos Aires, que los porteños temieron un ataque a la ciudad. El procurador general lo dice con todas las letras: «tan lamentable estrago [...] no tiene ejemplar en esta ciudad desde su población»[23]. Nunca antes habían atacado los indios a los pobladores en sus mismas casas, nunca habían causado semejante mortandad y nunca se habían llevado cautivos tierra adentro.

El asalto al rico pago de la Magdalena es un hecho inédito. Por primera vez, varios grupos que no siempre mantienen relaciones cordiales entre sí se unen bajo un liderazgo colectivo procurando causar al enemigo el mayor daño posible. A diferencia de las anteriores hostilidades contra hombres sueltos, esta vez agreden a las familias, reservándoles el mismo destino que ellos mismos han padecido en cada maloca contra sus tolderías. Ahora sí, serranos, pampas y aucas hacen la guerra a los habitantes de Buenos Aires. Matan, cautivan, roban, incendian viviendas y destruyen sembradíos con implacable saña. Acaban de descubrir el poder de la violencia como mecanismo que permite alcanzar simultáneamente una multitud de objetivos: amedrentar al enemigo

---

20 Carta del gobernador Salcedo al rey, 17.12.1740, AGI Buenos Aires 42; resumen de una carta de la ciudad de Buenos Aires al rey hecho en Madrid, 11.08.1742 y carta del Procurador General de la Ciudad de Buenos Aires, don Miguel Antonio de Merlo, al rey, 5.12.1740, en AGI Charcas, 317.

21 *AECBA*, 1929, Serie II, tomo VIII, Libro XXIV: 288.

22 Acta del cabildo del 26.11.1740, *AECBA*, 1929, Serie II, tomo VIII, Libro XXIV: 203; carta del gobernador Salcedo al rey, 17.12.1740, en AGI Buenos Aires, 42; cartas de la Ciudad de Buenos Aires al rey, del 2.03.1741 y del 31.12.1741, resumidas por la secretaría del rey el 11.08.1742, en AGI Charcas, 317; Furlong 1938: 103; Charlevoix 1757: 158.

23 Carta del procurador Miguel Antonio de Merlo al rey, 5.12.1740, en AGI Charcas, 317.

y desmontarlo, obtener caballos y vacunos, compensar las propias pérdidas con la incorporación de cautivos en sus tolderías y forzar negociaciones de paz.

Ante la mirada azorada de los españoles, la población indígena de las pampas aparece de pronto, pese a su dispersión geográfica y a su falta de unidad política, como un peligro real para la subsistencia misma de los establecimientos coloniales. Años más tarde se seguiría evocando

> ... la consternazion en que se vio esta Ciudad y sus habitadores, [...] que aun hasta ahora parece que resuenan los clamores de las Viudas, que perdieron sus maridos y padres que lloran a sus hijos, unos muertos, y otros que gimen opresos en barbaro cautiverio tanto, que las estancias de esta comarca se vieron en total exterminio; pues las que quedaron con ganados, las desampararon sus dueños, acosados, y temerosos de los repetidos rigurosos Asaltos, que practicaron los yndios pampas, y serranos sublevados, y confederados con los Aucaes, y peguenches.[24]

Con el asalto al pago de la Magdalena la invasión cambia de signo, los papeles se invierten. Los campos que circundan la ciudad ya no ofrecen protección y empiezan a verse como un espacio hostil, un ámbito ajeno y peligroso, una *frontera* que es riesgoso atravesar. Palabra de uso hasta entonces infrecuente en la región, la frontera hace irrupción a partir de esta época en el vocabulario de quienes discurren sobre el mundo rural, con su doble sentido de teatro de batalla entre dos adversarios que se "hacen frente" y de límite con un Otro concebido como políticamente externo y culturalmente distante (Roulet, 2005). Se siente de pronto la necesidad de erigir fuertes, de instalar guardias en las zonas pobladas y de prepararse para una guerra defensiva que conducirá más tarde a la creación de cuerpos militares profesionales –los blandengues– con asiento permanente en los pagos rurales. Los españoles pasan de la prepotencia a la cautela.

La humillante derrota altera la percepción que los habitantes de Buenos Aires tienen de sí mismos como baluarte de los valores cristianos en las más remotas posesiones del imperio. Ahora los aterra la perspectiva de «ver ocupado el terreno ganado por los españoles a costa de su sangre por la bárbara gentilidad, que ni da partido ni reserva sexo ni edad». Pampas, serranos y aucas tienen en sus manos un botín en cautivos y ganados que los coloca en una posición de ventaja relativa. Abatidos, los porteños dispondrán volver

---

24 Relación de méritos y servicios hecha por el Maestre de Campo don Christobal Cabral de Melo, 28.2.1744, en AGN IX, 19-2-2.

a salir en campaña «para darles algún castigo y recuperar los cautivos» [25]. El tono y el objetivo han cambiado: si bien encabeza la fórmula, el tímido «algún castigo» pasará enseguida a segundo plano.

Las milicias habían quedado amedrentadas y las arcas de la ciudad estaban desesperantemente vacías. En diciembre de 1740, el maestre de campo Juan de San Martín se quejaba por la inasistencia de los hombres convocados a movilizarse, amparados en la escasez de caballos y en la falta de agua y pasto que provocaba la seca[26]. La campaña punitiva fue un fracaso y hubo que acudir a la generosidad de los vecinos para costear otra, que saldría a fines del invierno al mando de un oficial más conciliador, el teniente de maestre de campo Cristóbal Cabral. Salcedo había resuelto apartar a Juan de San Martín del manejo de la política con los indios[27]. Entretanto, un nuevo asalto al pago de Luján, el 19 de julio de 1741, causó algunas muertes; en esos mismos días llegaban noticias acerca de muchos indios que pasaban la cordillera hacia la Punta, Río Cuarto y Punta del Sauce, resueltos a matar y robar cuanto pudiesen[28]. Ante semejante cuadro, Cristóbal Cabral proponía no salir en persecución de los indios sino "guarneser las fronteras y esperar en ellas a los enemigos"[29], mientras el gobernador Salcedo le daba órdenes «para que solicitase la paz y buena correspondencia con los expresados indios, según previenen las leyes de aquellos reinos». Pretender el castigo de un adversario que había demostrado su poder de destrucción parecía irrealista. La correlación de fuerzas se había invertido: humillados y temerosos, los españoles marcharían hacia las sierras del sur en la primavera, resueltos a implorar a los indios la restitución de sus seres queridos.

---

25 Carta del gobernador Miguel de Salcedo al rey, 17.12.1740, AGI Buenos Aires, 42.

26 *AECBA*, 1929, Serie II, tomo VIII, Libro XXIV: 212.

27 Años más tarde, Juan de San Martín daría su propia versión de los hechos: él había propuesto al gobernador Salcedo un proyecto de entrada general —el primero del que tenemos noticia–, que suponía coordinar acciones con el Presidente de Chile y el Gobernador del Tucumán, pero su idea se había malogrado «por haber dispuesto dicho Gobernador que mejor era tratar paces con dichos Indios, lo que repu[g]nado por dicho Maestre de Campo con el respecto de que Primero combenia darles el castigo y ver si se podia quitar las haziendas que hauian robado y las captibas que se abian lleuado no habiendose condescendido con su propuesta pidio se le admitiese la dejacion de su empleo porque no combenia dar la paz a enemigo que no tenia fidelidad» (AGN IX, 19-2-2).

28 *AECBA*, 1929, Serie II, tomo VIII, Libro XXIV: 289; 293.

29 Acta capitular del 12.8.1741, *AECBA* XXV: 294.

¿Malón o weichán?

Desde la perspectiva indígena, el asalto a la Magdalena tenía un claro componente de venganza (pero, a diferencia del *tautulun* o venganza de sangre practicada entre linajes, no iba dirigido contra los responsables directos de las agresiones sufridas sino contra el Otro genérico representado por la población rural). Tenía también un componente económico, propio del malón, dado por el copioso botín en ganado y cautivos obtenido. Pero era sobre todo una forma de lenguaje no verbal que expresaba una novedosa disposición a «pensar la guerra», a poner en práctica el *weichán*, superando diferencias étnicas, aunando liderazgos y sumando lanzas para atacar de modo coordinado una extensa porción de la campaña bonaerense. Los serranos de Cacapol y los pampas cordobeses de Calelián organizaron y lideraron el combate, secundados por sus aliados aucas y pehuenches.

Las hostilidades indígenas registradas en la década de 1730 en la campaña bonaerense y en los caminos a Córdoba y Mendoza tuvieron características similares a las formas de violencia conocidas desde inicios de la conquista (robo de ganado en las estancias, asaltos contra comerciantes y otros transeúntes en los caminos, riñas seguidas de violencia física y eventualmente de muertes), si bien fueron más frecuentes que en el siglo anterior. Esta recurrencia de eventos que agredían a la población hispanocriolla puede explicarse en parte por las consecuencias del ciclo de sequías, que afectó la disponibilidad de ganados cimarrones en las campañas, y en parte por la mayor dotación demográfica de las sociedades indígenas pampeanas, que empezaban a recuperarse de la catástrofe inducida por la colonización (guerras, difusión de enfermedades, trabajos forzados, desplazamientos, disgregación de familias, etc.). Esta tímida pero sostenida restauración de los efectivos indígenas se veía fortalecida por el aporte de contingentes llegados de la cordillera y de allende los Andes, que mediante matrimonios mixtos, parentescos simbólicos, acuerdos comerciales y alianzas militares iban tejiendo una vasta red de relaciones que vinculaba entre sí a los volubles segmentos del mundo nativo.

Aun teniendo en cuenta estos factores para explicar el incremento de los actos de violencia indígena, un elemento determinante fue la frecuencia, intensidad y desproporcionalidad de las agresiones españolas: cárcel y maltratos físicos, castigos indiscriminados, ejecuciones ejemplares, masacres y cautiverios fueron moneda corriente en las relaciones hispano-indígenas y provocaron reacciones de venganza en espiral, hasta desembocar en el acto de guerra que constituyó el asalto a la Magdalena. Y éste, a su vez, pondría en evidencia que, a pesar de incontables malocas y expediciones punitivas, el Otro no había podido ser integrado ni eliminado. Su "alteridad irreductible" (Samaniego, 2012: 114) se erguía impávida y desafiante. De ahí en más, los indios serían reconocidos como interlocutores. Si querían recuperar a sus mujeres e hijos cautivos, los españoles debían resignarse a negociar con ellos. El alcance de este giro político es inmenso. Un hecho singular, el asalto al pago de la Magdalena, devino en un acontecimiento que generó un cambio en las relaciones sociales, produjo memorias ancladas en el tiempo y marcó un antes y un después.

La flamante política española hacia los indios no sometidos del ámbito bonaerense se sustentará en las décadas siguientes en tres ejes o dispositivos de poder complementarios: la negociación de tratados de paz con los grupos indígenas más influyentes, el repliegue defensivo sobre una línea de guardias y fortines que jalonarán la frontera militar y el establecimiento de misiones jesuíticas en el espacio pampeano, proyecto este último que terminaría siendo de efímera duración y resultados poco concluyentes. La breve experiencia habrá tenido por lo menos el mérito de dejar a la posteridad, en las obras de los jesuitas Falkner, Charlevoix, Lozano, Sánchez Labrador y Cardiel, los más completos testimonios etnográficos de que disponemos para la época. Y habrá servido para ensayar una estrategia colonial diferente, desterrando por un tiempo la lógica de la conquista, que pretendía imponer la sumisión por la fuerza y el temor, para intentar atraer a los indios con la prédica evangelizadora y los seductores embelecos del comercio.

Las Capitulaciones de paz de 1742, ¿el tratado más antiguo de la frontera bonaerense?

Si los hechos que configuran un acontecimiento se muestran elusivos al historiador, ¡cuánto más las palabras, esos sonidos que se esfuman en el aire ni bien dejaron de resonar en los oídos de sus destinatarios! Los interlocutores se encuentran, se saludan o se increpan, cruzan acusaciones y protestas e intentan llegar mediante el diálogo a un acuerdo que no satisface del todo ni a unos ni a otros. ¿Cómo dar cuenta de los inevitables escollos de una plática que obligaba a traducir conceptos, reclamos, amenazas y promesas recíprocas no sólo de una lengua a otra, sino de una cultura en la que el pensamiento y la palabra discurrían según formatos propios de sociedades que no habían sido rozadas por la tecnología de la escritura, a otra que, al convertir el sonido en dibujo y aprisionarlo en un soporte material, seleccionaba, jerarquizaba, sintetizaba, reordenaba y descartaba contenidos, mientras aplanaba las modulaciones del habla en el trazo uniforme de la tinta sobre el papel? ¿Cómo vislumbrar desde nuestro distante presente la postura y gestos de cada orador, su timbre de voz, su aplomo o su vehemencia? ¿Cómo restituir las crudas denuncias y recrear la elaborada elocuencia de un discurso marcado por monótonas reiteraciones, cambios de tono repentinos, réplicas agudas y calculados silencios? ¿Cómo volver a situar en un contexto preciso la multitud de voces que intervenían en un debate, a partir de las fragmentarias huellas que hayan podido dejar en un manuscrito? Los desafíos son múltiples para quienes estudiamos las relaciones diplomáticas de los estados coloniales con los pueblos originarios. De esas deliberaciones no nos queda a veces sino una fugaz alusión, otras un texto invariablemente escrito en la lengua del colonizador, que tiende a presentar el resultado de los intercambios verbales bajo la luz más favorable a sus intereses.

En el extremo sur de América, las negociaciones de paz entre indígenas y españoles tuvieron lugar en encuentros multitudinarios conocidos como «juntas» o «parlamentos», espacios de mediación que en mapudungun –la lengua de los nativos de la Araucanía, de uso general en la cordillera y las pampas desde por lo menos mediados del siglo XVIII– se designan *coyagh*, *coyaghtun* o *coyantun*. En ellos, durante varios días, se deliberaba colectivamente atendiendo a la forma tanto como al contenido de las arengas. El poder de los argumentos y la calidad retórica de los oradores eran decisivos para convencer a la asamblea de aceptar o rechazar una propuesta (Zavala Cepeda, 2012). Un parlamento era, como su nombre lo indica, una instancia pública de intercambio de discursos –pero también de gestos y de obsequios– del que resultaba alguna clase de acuerdo que podía o no volcarse en un documento escrito, esto es, en un instrumento jurídico que denominamos «tratado», en el cual se recogía la versión castellana de los compromisos acordados, omitiendo con frecuencia varias (cuando no todas) las concesiones que había debido hacer la parte española (Roulet, 2004). De ahí que su lectura sacada de contexto suela dar la impresión de una correlación de fuerzas desbalanceada, siempre en detrimento de la parte indígena.

Los primeros acuerdos de paz que dejaron una traza escrita entre los habitantes de Buenos Aires y los indios pampas, serranos, aucas y pehuenches que habitaban las campañas al oeste y al sur del río Salado tuvieron lugar entre fines de 1741 y 1742, como consecuencia directa del asalto indígena contra los pobladores de la Magdalena[1]. De esas negociaciones se conoce un texto, las «*Capitulaciones de las paces hechas entre los indios Pampas de la Reducción de Nuestra Señora de la Concepción y los Serranos, Aucas y Pegüenches, que se han de publicar en presencia del cacique Brabo, y de otros caciques, y también en la dicha*

---

1   Existe un antecedente de tratativas previas con caciques de las pampas: en febrero de 1717, el Cabildo de Buenos Aires designó al capitán Juan Cabral de Melo para que viajara tierra adentro con el objeto de atraer con regalos a «los yndios Gentiles panpas nombrados Manipilquan y Yatil, q. habitan assia las Serranias muy distante desta dha. Ziu.d». Cabral debía darles nombramiento de «Guarda mayor» de las pampas, y comprometerlos a hacer correrías en la zona y dar noticias al Cabildo de cualquier movimiento de gentes. El objetivo de esa vigilancia era evitar la extracción y matanza de ganado vacuno cimarrón –que los porteños reivindicaban como propio– por los vecinos de las ciudades de Santa Fe, Córdoba, San Luis y Mendoza. Cabral se había ofrecido a quedar como rehén en los toldos mientras ambos caciques o al menos uno de ellos bajaba a la ciudad «a llenar las hordenes y disposiciones q. se les hubiere de Subminis trar» (*AECBA* 1926, S. II, T. III, L. XVII: 379). No se conserva ningún registro escrito del eventual encuentro de Juan Cabral con los caciques en las sierras ni de estos con las autoridades porteñas. Sobre estas primeras alianzas hispano-indígenas, véanse Crivelli Montero, 2004 y Campetella, 2006/2007.

Reducción por orden del Sr. Don Miguel de Salcedo, gobernador y capitán general del Río de la Plata», que el jurista Abelardo Levaggi y el gremio de los historiadores consideran el «tratado más antiguo que se conserva correspondiente a esta frontera». De su contenido se deduce –a su entender– que los indígenas se encontraban «en una posición de vasallaje respecto de la Corona» (Levaggi, 2000: 107-108). Asimetría en las relaciones entre los contratantes (Briones y Carrasco, 2000), resignación de soberanía de la parte indígena en beneficio de la española: estas Capitulaciones serían la prueba de una «forma de conquista pacífica, pero conquista al fin» (Bechis, 2003: 54), aunque entre los investigadores también hay quienes objetan que el cacique Bravo se reconociera como vasallo del rey y observan que «como acuerdo entre dos partes [el tratado] no parece poner a alguna de ellas en clara ventaja o desventaja con respecto a la otra» (Nacuzzi, 2006: 441).

A mis ojos, el texto de las Capitulaciones no refleja lo discutido y acordado con los caciques. Examinando a la luz de sus rasgos intrínsecos el documento existente en la Colección Mata Linares del Archivo de la Real Academia de la Historia de Madrid y, tomando en cuenta la coyuntura, quisiera demostrar que ese escrito no es un tratado –en la medida en que no reproduce el resultado final de una serie de transacciones–, sino la propuesta de máxima de una de las partes que intervinieron en las conversaciones. En un segundo tiempo procuro reconstruir las deliberaciones que tuvieron lugar en 1742 para identificar cuáles fueron los acuerdos alcanzados –que, de haberse volcado en un texto de tratado, no llegaron a nosotros en esa forma– y hacer un seguimiento de los acontecimientos. Pretendo verificar así en qué medida se respetaron o no los compromisos, hasta que el malón de julio de 1744 hiciera tambalear ese breve ensayo de convivencia pacífica. Mi hipótesis es que el incumplimiento por los españoles de las principales demandas de los indígenas fue uno de los elementos que desencadenaron el asalto de 1744 contra el pago de Luján.

Lo primero entonces, es situar el escenario y presentar a los protagonistas de las paces.

Las serranías bonaerenses, donde convergen actores distantes

En octubre de 1741, transcurrido casi un año del traumático asalto contra el pago de la Magdalena, el maestre de campo Cristóbal Cabral salió en campaña con ochocientos hombres hacia las sierras del Cairú o Cayrú[2] –actual Curicó–

---

2 Sobre la ocupación humana de esos territorios entre los siglos XVI y XIX, véase Pedrotta, 2015.

y Casuhatí, la «montaña alta», que hoy llamamos Sierra de la Ventana. Esperaba encontrar allí a Cacapol y Cangapol –los Bravos, padre e hijo– y a Calelián, los tres caciques que habían liderado la coalición indígena. Los únicos con autoridad suficiente para contener a los guerreros y definir el destino de los cautivos. Las tres «cabezas» con quienes pretendía firmar la paz.

Su posición no era la de quien, con implacable rigor, se dirige a ejecutar un castigo ejemplar. Durante la marcha hacia las sierras, el agua y los víveres escaseaban y la tropa estaba desmotivada, juzgando a los indios ufanos con su victoria, «soberbios, arrogantes y aun invencibles, por lo fuertes que estarían con tanta suma de caballos que habían robado»[3]. Los expedicionarios intuían al enemigo observando sus movimientos, vigilándolos de cerca, quizás preparándoles una emboscada. Cada noche, las deserciones mermaban los efectivos del medroso ejército, pronto reducido a poco más de un centenar de hombres, tan asustados que daban más motivo de escarnio que de temor.

Recién en Casuhatí tendría Cabral un primer encuentro con algunos caciques, entre ellos un nieto y dos sobrinos de Cacapol. Los Bravos y Calelián, que vivían muy lejos de allí, no estaban presentes. El maestre de campo tuvo que conformarse con invitar a esos líderes de segundo orden a acompañarlo hasta Buenos Aires para asentar las paces con el gobernador, no sin antes ordenar a sus hombres que se cuidasen de hacerles el menor agravio, «antes sí los gratificasen y obsequiasen». En su desventajosa situación, cualquier incidente haría peligrar la expedición. Los caciques aceptaron la invitación de Cabral, pero antes debían ir a sus toldos, en la banda sur del río Colorado, a reunir los caballos necesarios para el viaje. Cabral desconfió. Si los dejaba partir sin más, ¿quién le aseguraba que volverían a reunírsele para seguir juntos a Buenos Aires? Peor aún: quizás regresaran, sí, pero en mayor número y con intenciones hostiles. De modo que se arriesgó a acompañarlos con una parte de su tropa, «diciéndoles que quería irme a divertir».

Y diversión no le faltó, pues ya cerca de la tolderia fue recibido con intimidantes escaramuzas que los indios ejecutaban para poner a prueba su coraje, «porque en ellos es de fe que el hombre de valor no engaña». Superado el trance sin un rasguño, indios y oficiales formaron en filas enfrentadas y se dieron las manos, tras lo cual «se capitularon y asentaron las paces». En su informe al gobernador, Cabral no precisa ni los nombres de los concurrentes al parlamento ni el contenido del acuerdo: sólo que dos caciques, Juan Gallo –un indio de prestigio que representaba a los caciques Bravos– y un líder auca

---

3 Relación de méritos y servicios del Maestre de Campo Cristóbal Cabral, 28.02.1744 (AGN IX, 19-2-2).

que había llegado a las tolderías con un poderoso séquito, darían parte a los Bravos del arreglo alcanzado y procurarían «sacar los cautivos», mientras los hermanos Felipe y Josef Yatí –o Yahatí– se comprometían a mandar chasque a Calelián para que bajara a dar la paz y entregara las familias cristianas en su poder, so pena de que «le quitarían la vida». Tampoco fue más explícito el gobernador Miguel de Salcedo en su escueta carta al rey: los indios se habían obligado a bajar a la reducción jesuítica de Concepción de los Pampas para concluir formalmente las paces en su presencia y restituir las cautivas, «ofreciendo guardar aquellas justas condiciones bajo las cuales se les ha empezado a ajustar la paz»[4]. ¿Qué justas condiciones? ¿A cambio de qué estarían dispuestos esos guerreros tan ufanos a devolver las mujeres y niños capturados en acción de guerra?

Según sus propios dichos, Cabral había entregado a Juan Gallo y al cacique auca algunas vasijas, yerba, tabaco, cuchillos y ganado con el cual mantenerse ellos y los cautivos durante el largo viaje que les esperaba hasta los toldos de los caciques Bravos. Esto es: no parece haberles ofrecido ningún bien de valor que compensara la restitución del codiciado botín humano. Si no estaba en condiciones de presionarlos con amenazas ni de colmarlos de regalos prestigiosos, ¿qué promesas les hizo para convencerlos de desprenderse de sus prisioneros? Lo que sea que ellos le exigieran, lo que sea que él haya convenido, Cabral lo comunicaría verbalmente al gobernador, sin dejar evidencias escritas de las concesiones que por fuerza debió consentir. Un escrito más tardío de Luis de Escobar, el Procurador General de la ciudad, afirma que, antes de salir en campaña, Cabral habría asegurado al gobernador Salcedo y otras autoridades del cabildo, «como los indios pedian la Paz y que se la auia prometido con el cargo de que de parte a parte se volviesen los cauptibos»[5]. La principal condición de las paces parece ser por tanto la mutua devolución de cautivos. La carta de Cabral a Salcedo, anexada a la que el gobernador enviaría poco después al rey, concluye anunciando desde la sierra de Cairú su pronto regreso a Buenos Aires, acompañado por cuatro caciques. La primera visita oficial de una comitiva indígena a la ciudad –que el gobernador Salcedo no menciona

---

4   Carta del gobernador Miguel de Salcedo al rey, 20.11.1741, AGI Buenos Aires, 302 y Relación de méritos y servicios del Maestre de Campo Cristóbal Cabral, 28.02.1744 (AGN IX, 19-2-2). El 8 de noviembre de 1741 el alcalde Thomas Arroyo y Esquivel escribió a Cabral «dándole las gracias por su buena negociación con los caciques infieles» (Funes, 1816: 399).

5   Expediente seguido para esclarecer si el Cacique Calelian y sus parciales han sido complices en el robo de haciendas, despoxo de casas, muertes y cautiverios que executaron los Indios en el Pago de Luxan por el mes de Julio de 1744, AGN IX, 19-2-2.

en su correspondencia con el rey– sólo dejó testimonios indirectos acerca de la promesa de los caciques de regresar al cabo de tres lunas trayendo los cautivos[6].

Las negociaciones preliminares de paz

Pasó noviembre, pasó diciembre y pasó enero sin que se presentaran los caciques. El gobernador convino entonces con los jesuitas en enviar como embajadora ante el joven cacique Bravo a su hermana, catecúmena de la Concepción, de quien se esperaba que lo convenciera de dar las paces. Escoltada por un puñado de neófitos, la india emprendió viaje el 4 de febrero de 1742 y, arribada al pie de las sierras en plena sequía, se internó sola tierra adentro hacia las tolderías (Charlevoix, 1757, 6: 161). Si creemos el testimonio de Thomas Falkner, que conoció al cacique Cangapol o Bravo pocos años más tarde, éste residía en Huichín, junto a la cordillera, no lejos del lago Huechulaufquen. Semejante distancia requería un viaje de varios meses.

A pesar de alguna señal auspiciosa, como la llegada en abril de dos cautivas traídas por los indios en señal de buena voluntad[7], los caciques demoraban su llegada a la ciudad. El 21 de junio de 1742, el gobernador Miguel de Salcedo fue reemplazado por don Domingo Ortiz de Rozas. No sabemos cuál de los dos tomó la decisión de organizar una segunda expedición a las sierras para ofrecer la paz al cacique Bravo y, «si la rechazaba, hacerle la guerra». Nuevamente, Cristóbal Cabral condujo las tropas, contando esta vez con el invalorable apoyo del sacerdote Matías Strobel, jesuita de la reducción de la Concepción, y de tres neófitos intérpretes que lo secundaron en las negociaciones (Charlevoix, 1757, 6: 161-162). El 22 de octubre, el Procurador General presentó un escrito en el Cabildo acerca de lo conveniente que resultaría aceptar la paz con los indios «con las condiciones que sean necesarias y convenientes»[8].

---

6   Cristóbal Cabral aseguró años más tarde que los caciques don Agustín Mayú, «sobrino carnal del Cacique Bravo», don Joseph Yahatí, Guenulepe y Ayalepe (también sobrino de Bravo) habían bajado con él a la ciudad, donde hicieron las paces con el gobernador «en presencia de don Thomas de Arroyo y don Francisco de Vieyra alcaldes que eran en ese tiempo» [año 1741], luego de lo cual se volvieron «a llamar al Cacique Bravo, Calelián y otros caciques». Según el capitán Pedro Leguizamón, «los tratados que se hizieron en la primera expedizion fue de que a las tres lunas auian de boluer con todos los casiques y los cauptiuos christianos» (AGN IX, 19-2-2).

7   Acuerdo capitular del 12.04.1742, *AECBA* 1929, libro XXV: 334 y Relación de méritos y servicios hecha por el Maestre de Campo don Cristóbal Cabral de Melo, 28.02.1744 (AGN IX, 19-2-2).

8   Acuerdo capitular del 22.10.1742, *AECBA* 1929, libro XXV: 359.

No disponemos de ningún informe de Cristóbal Cabral sobre esta segunda expedición a las sierras. Las actas del Cabildo de Buenos Aires nos informan que, entre principios del mes de septiembre y por lo menos el mes de noviembre, estuvo movilizado con sus hombres[9]. Los testimonios más completos acerca de las negociaciones son los escritos de los jesuitas Charlevoix y Sánchez Labrador, ninguno de los cuales fue testigo directo de los hechos. Estos cronistas afirman que Cabral logró parlamentar en la Sierra de Casuhatí con un cacique principal y cinco caciques de menor rango (cuyos nombres no transcriben), en un clima marcado por el temor que inspiraba a los españoles la mayoría numérica de los indios, quejosos por los muchos agravios que habían recibido de los cristianos[10]. Sólo «el favor divino», la pericia oratoria del padre Strobel y el respeto del que gozaba entre los indios −aseguran los jesuitas− hicieron posible ajustar las paces. Charlevoix admite que también colaboraron al éxito de las deliberaciones los dichos en favor de los padres de la Compañía del cacique Yahatí −ex-catecúmeno de la Concepción−, las noticias que había dado la hermana del cacique Bravo y los esfuerzos de los neófitos «para inspirar a sus compatriotas sentimientos de conciliación». Es decir: no parece haber sido la coerción ni la amenaza de las armas españolas lo que llevó a los serranos a conceder las paces, sino los esfuerzos de persuasión desplegados por un puñado de hábiles mediadores, uno de ellos jesuita, los demás, indígenas que habían vivido en la reducción de la Concepción.

Las «Capitulaciones de las Paces» con el cacique Bravo

¿Qué hay entonces del texto que conocemos como el primer tratado de paz escrito en la frontera bonaerense? El documento que existe en el tomo VIII de la Colección Mata Linares del Archivo de la Real Academia de la Historia en Madrid (que transcribo en el Apéndice 1) es una copia manuscrita tardía, en un papel con un sello que lo hace valer para el reinado de Carlos IV

---

9   En noviembre se habla de «más de seiscientos hombres en campaña por muchos meses con el maestre de campo don Cristóbal Cabral» (*AECBA* 1929, libro XXV: 367). Charlevoix da la misma cifra mientras Sánchez Labrador, por su parte, habla de 700 hombres e insinúa que hubo dos campañas a las sierras en 1742, la primera aún durante el gobierno de Salcedo, la segunda durante el de su sucesor. En ambas habrían actuado tanto el maestre de campo Cabral como el padre Strobel (Sánchez Labrador 1936: 94-95). Los demás testimonios citados indican, en cambio, que hubo ese año una única expedición, durante la primavera austral.

10 Thomas Falkner, por su lado, amalgama en un solo episodio las dos salidas de Cabral (1741 y 1742) y describe a un maestre de campo intimidado por la mayoría numérica de los indios, que contarían con 4.000 hombres en armas (Falkner, 1774: 108).

(1788-1808) y otro sello que lo asigna más precisamente a los años 1790 y 1791[11]. El oficio está suelto, no forma parte de un expediente ni viene acompañado de ninguna pieza que permita restituir sus contextos de producción y circulación. Carece de fecha, de firma, de señalamiento de lugar en el que fue escrito, de mención de autor ni de destinatario así como de toda indicación de que se trate de una copia de un instrumento legal formal. Tampoco identifica ningún actor interviniente en una eventual negociación. Su título es desconcertante en muchos sentidos: *Capitulaciones de las paces hechas entre los Yndios Pampas de la reducción de Nuestra Señora de la Concepción y los Serranos, Aucas y Peguenches, que se han de publicar en presencia del Cacique Brabo y de otros caciques, y también en la dicha reducción por orden del Señor Don Miguel de Salcedo Governador y Capitán General de la Provincia del Río de la Plata.*

La palabra «capitulaciones», que hoy tendemos a interpretar en el sentido de «convenio en que se estipula la rendición de un ejército, plaza o punto fortificado»[12], se entendía entonces como un pacto que abarcaba una seguidilla de artículos o «capítulos», sin prejuzgar acerca de una eventual relación asimétrica entre las partes. No debemos por tanto anticipar a partir de ese título un contenido que apunte a la pérdida de soberanía de la parte indígena.

El segundo elemento que llama la atención en el encabezado del documento es que las paces no son entre indios y españoles sino que involucran como partes a dos colectivos indígenas antagónicos: los pampas de la reducción jesuítica de la Concepción versus los serranos, aucas y pehuenches de tierra adentro. Los españoles se sitúan como árbitros externos de un conflicto intertribal, impresión reforzada en el capítulo o artículo 1°: «se han de olvidar sus diferencias pasadas que hubo entre el Casique Brabo y la casa del Casique Mayupilquia, y con cualquier otro Yndio de la Reducción». Valga aquí un paréntesis: mencionamos en el capítulo 1 que la reducción de la Concepción se creó a principios de 1740 respondiendo a un pedido de amparo de los indios pampas, que «a la sazón estaban en guerra con otra tribu y estaban apremiados, por eso sus grandes instancias»[13]. Siguiendo a Charlevoix y Funes, sugerimos que el motivo de esa enemistad era que los pampas habían servido de baqueanos a Juan de San Martín en su mortífera incursión a las sierras en 1739. Sabemos que, justo después de asolar el pago de la Magdalena, el cacique Bravo intentó un asalto a la reducción, probablemente en afán de

---

11 Levaggi (2000: 108) afirma que hay una segunda copia del tratado en el tomo LXVI de esa misma colección.

12 Real Academia Española, *Diccionario de la Lengua Española*, 21 ed., 1992, I: 401.

13 Carta de Matías Strobel, 3.10.1740, en Moncaut, 1981: 47.

venganza contra los guías de las tropas españolas. La oportuna detonación del cañón lo hizo desistir de su propósito, pero no parece haber cancelado su intención de escarmentar a los pampas reducidos. El texto de las Capitulaciones nos permite identificar a estos últimos como miembros del linaje del cacique Mayupilquia, a quien Thomas Falkner menciona dos veces en su embrollado relato acerca de los orígenes del conflicto entre indios y cristianos. Según el jesuita inglés, Gregorio Mayu Pilqui-Ya era un cacique amigo de los españoles, quienes con gran ingratitud lo obligaron a retirarse a distancia de la ciudad, donde quedó expuesto a la furia de sus enemigos. Estos lo mataron en un ataque contra su toldería, cerca de la laguna de Lobos. A pesar de sus inconsistencias cronológicas, el relato de Falkner nos hace sospechar que Mayu Pilqui-Ya y su gente pudieran ser los baqueanos de Juan de San Martín en 1739 y que Bravo se vengó asolando sus tolderías, lo que habría detonado el pedido de protección de los pampas a principios de 1740. Dos años más tarde, las enemistades continuaban entre Bravo y la «casa» –los parientes– de Mayupilquia, haciendo peligrar la existencia misma de la reducción. Este riesgo explica el carácter prioritario que asigna el documento a la reconciliación de los linajes enemistados[14].

Tercer elemento: el texto presenta una aparente incongruencia en el uso de los tiempos verbales, donde la referencia a las «paces hechas» hace pensar en un acuerdo que ya ha sido concluido –interpretación a la que adhiere Martha Bechis (2003: 52)– mientras que, inmediatamente después, el escrito anuncia que «se han de publicar» –lo cual anticipa una acción futura– en dos ámbitos diferentes: en presencia del cacique Bravo y sus acólitos así como en la propia reducción. Por mi parte, entiendo que, en la instancia de redacción del documento, las paces no han sido concertadas aún y que el autor de las capitulaciones está formulando una serie de condiciones que deberán ser enunciadas durante las negociaciones, quizás como complemento de un futuro acuerdo entre españoles e indios.

Cuarto y último elemento: la referencia explícita al gobernador Miguel de Salcedo lleva a fechar las Capitulaciones entre fines de 1741 y la primera mitad del año 1742, cuando aún no había llegado su sucesor y se esperaba que Salcedo concretara en persona la reunión con los caciques Bravo y Calelián en la reducción de la Concepción, tal como lo había anunciado en carta al rey

---

14 El linaje de Mayu Pilqui-Ya aparece mencionado en las fuentes coloniales desde principios del siglo XVIII y este Mayupilquia o un antepasado homónimo había sido nombrado por el cabildo de Buenos Aires guarda mayor de la campaña en 1717 (cf. Campetella, 2006/2007: 83-109 y Bechis, 2003: 39-45).

el 20 de noviembre de 1741. Lo cierto es que la demora de los caciques llevó a organizar la segunda expedición de Cristóbal Cabral, que recién tuvo lugar durante el gobierno de Domingo Ortiz de Rozas. El escrito presentado por el procurador general en octubre de 1742 sobre la conveniencia de hacer las paces con los indios confirma que, a esa fecha, éstas aún no se habían celebrado. Esto es: el documento de las capitulaciones no puede reflejar acuerdos alcanzados en el ajuste de un tratado –puesto que no hubo tal antes del reemplazo de Salcedo– sino las instrucciones que debían orientar a los negociadores españoles.

El contenido de las Capitulaciones, absolutamente unilateral, apoya la impresión de una lista de condiciones a exigir. Una vez hechas las paces con los españoles –propone el capítulo 1°– los indios del cacique Bravo (quien aparece como el interlocutor designado) deberán extenderlas a los pampas de la reducción, a quienes deberán considerar «como a vasallos del Rey»; pondrán sus tolderías en el Tandil y Cairú y avisarán a los misioneros cuando se concrete la feria de los ponchos; Bravo, como «Maestre de Campo de toda la Sierra», impedirá que bajen a Buenos Aires indios e indias sin licencia del gobernador; se definirá el Saladillo como lindero entre ambos territorios –español e indígena– y todo indio que lo transgrediere sin licencia será puesto en la cárcel; los indios amigos podrán visitar a los reducidos en la Concepción cuando quisieren, pero no podrán llevarse ninguno de los allí avecindados; Bravo castigará y restituirá a cualquier indio que huyere de la reducción; en caso de conflicto entre indios amigos e indios reducidos, los jesuitas castigarán todo agravio de los reducidos y el cacique Bravo los de los amigos, entregando al gobernador a quien mereciere pena de muerte; no entrarán muchos indios amigos a la vez en la reducción, sino sólo los caciques; si algún indio quisiera avecindarse en la reducción los caciques deberán autorizarlo; los padres podrán predicar cuando quisieren en las sierras y los indios «tendrán en grande veneración a los Padres Misioneros, como a personas enviadas de Dios y del rey Nuestro Señor».

Estas cláusulas presentan algunas características que merecen destacarse. La primera y más llamativa es que las paces entre indígenas y españoles no son materia de propuesta alguna. No se habla de cese de hostilidades ni –omisión aún más notable, puesto que era el objeto principal de las dos campañas de Cabral– de restitución de cautivos. Tampoco se enuncian compromisos de índole militar contra enemigos comunes ni represalias en caso de incumplimiento, que suelen ser los puntos principales de los tratados de paz hispano–indígenas. Las paces con los españoles se dan por «hechas» y se pasa a otra cosa.

El segundo rasgo observable es que los artículos conciernen casi exclusivamente las relaciones de los indios de Bravo y sus «vasallos» serranos, aucas y pehuenches (que el texto designa como «indios amigos») con los pampas avecindados en la reducción de la Concepción («vasallos de Su Majestad»), así como las prerrogativas de los sacerdotes jesuitas tanto en materia de justicia como en lo relativo al comercio de ponchos, al control de los movimientos de indios hacia y desde la reducción y a lo propiamente espiritual, la predicación tierra adentro. Salta a la vista que las capitulaciones reflejan los intereses de los jesuitas de la reducción de la Concepción, quienes sufrían un doble embate: el peligro latente que representaban los indios del cacique Bravo, deseosos de ejecutar su venganza contra los parientes de Mayupilquia, y los rumores malintencionados de quienes en Buenos Aires no aprobaban el control que los jesuitas ejercían sobre sus neófitos y veían con desconfianza la existencia misma de la reducción.

Lo primero explica que el único cacique designado en el texto sea Bravo, cuya autoridad se reconoce mediante el nombramiento simbólico de «Maestre de Campo de toda la Sierra», al tiempo que se le asignan funciones de control destinadas a garantizar la seguridad en las fronteras[15]. Calelián está muy lejos, en el territorio de las Salinas; no tiene agravios que vengar contra estos pampas y no representa ningún riesgo en principio para la reducción. Las Capitulaciones ni siquiera lo mencionan.

Lo segundo está ampliamente documentado en los escritos jesuitas: algunos vecinos de Buenos Aires hacían correr rumores de que los pampas de la Concepción eran cómplices de los asaltos de los serranos y debían ser tratados como enemigos; otros envidiaban los beneficios que lograban los religiosos al centralizar en la reducción el comercio con serranos, aucas y pampas no reducidos; otros aún «veían con muy malos ojos un establecimiento de cristianos recién convertidos a la fe, que no podían ser dados en encomienda» (Charlevoix en Moncaut, 1981: 56), mientras que los pulperos despotricaban contra los misioneros que querían prohibir el comercio de aguardiente. Todos, en fin, coincidían en que los indios reducidos y los jesuitas «eran un estorbo para el libre trato que querían tener los comerciantes bonaerenses con los dichos Serranos» (Lozano en Furlong, 1938: 104).

Sin duda, a los religiosos no les faltaban enemigos. Estaba por tanto en su interés controlar que ningún indio serrano o pampa cruzara sin previa autorización el Saladillo en dirección a Buenos Aires o a las estancias. También se

---

15 Maestre de Campo era un grado militar análogo al que detentaba Cristóbal Cabral (designado en 1741 por el gobernador Salcedo «Maestre de campo de las milicias»), pero con jurisdicción sobre los indios «de toda la Sierra». El nombramiento simbólico de Maestre de Campo no supone una autoridad delegada por el gobernador español –como lo interpreta Levaggi (2000: 108) sino un gesto de reconocimiento del liderazgo de Bravo que, en un universo constelado de jefaturas indígenas concurrentes, lo destaca como interlocutor legítimo.

comprende que, para precaver envidias y maledicencias, les importara que «la feria de los ponchos siempre [se hiciera] en el Tandil y Cayrú» –adonde cualquier individuo podía en principio acudir–, asegurándose al mismo tiempo que los indios amigos fueran autorizados a «bajar y visitar a los Yndios de la reducción de los Pampas, quando quisieren», lo que daría ocasión de seguir los tratos comerciales en la reducción. Las demás cláusulas de las Capitulaciones tienden a regular la demografía de la Concepción (impidiendo las huidas y favoreciendo la radicación de nuevos catecúmenos)[16], a prevenir asaltos y a delimitar jurisdicciones en materia de justicia. Las Capitulaciones distinguen dos ámbitos políticos separados: el que corresponde a la jurisdicción española, que incluye a todos los «vasallos del Rey» –tanto españoles como pampas neófitos de la reducción– y el que corresponde a la jurisdicción de Bravo, donde los indios que le responden son caracterizados como «sus vasallos». Sorprende por tanto la apresurada conclusión de Abelardo Levaggi, quien interpreta que las Capitulaciones «colocaron a los indígenas en una posición de vasallaje con respecto de la Corona» (Levaggi, 2000: 108). El documento que conocemos, que no contiene sino una expresión de deseos, afirma todo lo contrario: entre los indígenas, sólo los pampas reducidos figuran expresamente como «vasallos del rey» mientras los de Bravo permanecen bajo jurisdicción indígena. Por último, el artículo final de las Capitulaciones enuncia el objetivo de los misioneros ignacianos de extender la evangelización hacia los territorios patagónicos, requiriendo la autorización de los caciques «para predicar el Evangelio a sus vasallos y para que puedan hacerse cristianos todos los que quisieren».

Por su titulado y por su contenido, estas Capitulaciones constituyen una suerte de hoja de ruta que sólo puede haber sido redactada por un jesuita: probablemente el padre Matías Strobel o tal vez Manuel Querini –ambos responsables entonces de la reducción de la Concepción– o, en su defecto, Antonio Machoni, provincial de la orden en el Río de la Plata[17]. Sospecho que su destinatario fuera el gobernador Miguel de Salcedo, gran amigo y sostenedor de la Orden, quien asumiría la responsabilidad política de incorporar esas sugerencias, en todo o en parte, cuando parlamentara en persona con los

---

16 Sánchez Labrador (1938: 90) cuenta que a dos años de fundada la reducción «se huyeron como unas 20 familias, o cansadas de verse detenidas en un lugar contra su genio andariego, o más bien fastidiadas de la Doctrina que les enseñaban los Misioneros, muy contraria a su brutal vida».

17 La ubicación de este documento en el tomo VIII de la Colección Mata Linares, que contiene materiales relativos a la orden jesuítica en Sudamérica, refuerza mi convicción. El tomo LXVI, donde Levaggi identifica una segunda versión de las capitulaciones, reúne copias de documentos de los siglos XVI a XIX relativos a las misiones jesuitas americanas, a la Inquisición y a otros temas.

caciques. Las Capitulaciones no reflejan por tanto el fruto de un acuerdo sino la máxima aspiración de un actor aún poderoso pero minoritario –la Compañía de Jesús–, interesado en la concreción de unas paces que facilitaran su proyecto evangelizador en la Patagonia.

El verdadero tratado de 1742

Don Miguel de Salcedo no tendría la satisfacción de sellar las paces con pampas y serranos. Le tocaría ese mérito a don Domingo Ortiz de Rozas, mediante los esfuerzos diplomáticos de Cristóbal Cabral, del padre Matías Strobel y de algunos mediadores indígenas: el cacique Felipe Yahatí, la hermana de Bravo y los tres neófitos intérpretes que acompañaron al sacerdote. A falta de un tratado escrito, ¿es posible reconstruir esas negociaciones e identificar los acuerdos alcanzados? La tarea es compleja, porque las fuentes no reflejan cabalmente las exigencias indígenas[18]. Pero vale la pena intentarla.

Charlevoix afirma que las tropas de Cabral llegaron a la sierra de Casuhatí, «donde a menudo se ven Aucaes y Peguenches que vienen a comprar carne de yegua». Allí recibió la visita de un principal, del que casi todos dependían, acompañado por otros cinco caciques. Y el principal empezó «por hacer grandes quejas de los españoles, añadiendo incluso que toda su nación estaba a punto de partir con una tropa numerosa de indios de la parte meridional para hacer a Buenos Aires lo mismo que el cacique Bravo había hecho en la Magdalena». Entonces intervino el cacique Yahatí, que había vivido un tiempo en la Concepción, y convenció a los quejosos de que «los padres de la Compañía trabajaban por una paz general, de la que todos quedarían satisfechos». Si bien no afirma explícitamente la presencia del cacique Bravo (que bien podría ser «el principal, del que casi todos dependían»), el texto de Charlevoix la insinúa indirectamente: como su hermana le había asegurado las mismas impresiones favorables que Yahatí, Bravo pensaba enviar a uno de sus parientes a la reducción para cerciorarse de la disposición en la que se encontraban los españoles (Charlevoix, 1757, 6: 161-164).

Sánchez Labrador, por su parte, describe una escena que a la distancia resulta cómica, aunque a los españoles no les causó ninguna gracia. Cuando

---

18 Nuestras fuentes son esencialmente jesuitas: Charlevoix, Sánchez Labrador, Peramás y Falkner. Ninguno de ellos fue testigo presencial del parlamento. Sus crónicas, por ende, se basan presumiblemente en un informe del padre Strobel a su jerarquía. Ese texto de base no ha llegado a nosotros, pero quizás el deán Funes –quien brinda datos que no figuran en los demás escritos– haya podido consultarlo. El Maestre de Campo Cristóbal Cabral tiene que haber producido alguna minuta de lo convenido con los indios, que tampoco se encuentra en archivos.

llegó el día de concluir los tratados, los soldados levantaron una tienda de campaña y en su interior acomodaron sillas y taburetes destinados a «los diputados españoles y caciques». Pero ni bien entraron estos últimos, ocuparon todos los asientos salvo dos, que reservaron al Maestre de Campo Cabral y al padre Strobel, para gran consternación de los oficiales asistentes. Involuntaria o premeditada, la maniobra indígena descolocó a los cristianos alterando la *mise en scène* prevista. Los asientos serían ocupados por los caciques como anfitriones, reconociendo sólo a dos interlocutores legítimos: Cabral y Strobel. Si tenemos en cuenta que el espacio físico donde se desarrolla todo parlamento hispano-indígena es «un lugar de disputa simbólica y de marcaje político que determina el grado de poder atribuible a cada uno de los participantes en función de la mayor o menor neutralidad o propiedad que ostente sobre dicho espacio» (Zavala, 2012: 159), el gesto de los caciques cobra una indisimulada dimensión política. Por segunda vez, son los hispano-criollos quienes hacen el desplazamiento hasta Casuhatí para solicitar paces. E incluso en la tienda que allí disponen, con los muebles traídos desde Buenos Aires, los caciques modifican la escenografía prevista, manejándose como dueños de casa.

«No para aquí el quebranto –prosigue Sánchez Labrador– pues empezando a hablar un cacique de los más respetados, dixo…». Ni Charlevoix ni Sánchez Labrador dan el nombre de este cacique. Pero, a través de múltiples mediaciones, la pluma del jesuita toledano transcribe –en una luz siempre favorable a su Orden– parte del discurso de este líder:

> Por respecto y veneración de este Padre de la Compañía unicamente se determinan mis Paisanos á entablar la paz con los Españoles; y la razón en que fundamos nuestra estimación es, porque nos consta, que estos Padres nos quieren de corazón, nos tratan con amor, nos regalan, y miran con cariño[19]; pero no así vosotros Españoles, de quienes hemos recibido muchos agravios en todos tiempos; y si bien nos buscáis, es por vuestro interés, que se endereza sólo a sacarnos los Ponchos, que os vendemos. Mas estos Padres nos quieren, y estiman sin engaño, sin interés (Sánchez Labrador, 1936: 95-96).

Ambos jesuitas coinciden: el parlamento se inició con una arenga indígena que pasó revista a los agravios recibidos de los españoles. Los dos resaltan el papel pacificador de los sacerdotes y la consideración que merecían,

---

19 Los jesuitas solían obsequiar a los indios para inclinarlos a recibir el catecismo: «Cada día después de la Doctrina se distribuía alguna cosa á todos, para animarlos. Á los Adultos se daba un poco de yerba del Paraguay ó un pedazo de Tabaco; á los chicos algunos Higos ó un pedacito de Bizcocho» (Sánchez Labrador, 1936: 107).

condiciones indispensables a la mediación intercultural. La particular correlación de fuerzas que refleja la crónica de Sánchez Labrador –los caciques ocupando el espacio previsto para los oficiales y vociferando sus demandas frente a españoles reducidos a la impotencia– no puede ser minimizada a la hora de calibrar el contenido de los acuerdos: acá no hay sumisión, vasallaje ni cesión de soberanía. Son los cristianos quienes se presentan atemorizados en Casuhatí, al punto que causan «la irrisión de los Indios Serranos. Estos en muy lucidas tropas excedían en mucho a los Españoles, que no eran sino como 700 [...]. Viéndose superiores á los Españoles, cogían los Indios las armas, y Aguardiente, en cuyo pago daban cosas de muy poco valor, y despreciables. Clamaban los Españoles, viéndose engañados; pero el miedo les hizo pasar por todo» (Sánchez Labrador, 1938: 94-95). Podemos imaginar sin dificultad que, para la mayoría de los españoles, aquello era el mundo al revés: los indios concedían las paces a regañadientes, poniendo condiciones y lucrando en los tratos. Un joven sargento, destinado a tener una larga actuación en la frontera bonaerense como militar, próspero hacendado y miembro del cabildo de Luján, quedaría impactado por la experiencia. Se llamaba Manuel de Pinazo y nunca olvidaría aquella afrenta. El sentimiento de humillación y despecho de oficiales y soldados no contribuiría a aumentar el prestigio de Cristóbal Cabral –ya cuestionado por quienes se inclinaban por la «mano dura»– ni el de los sacerdotes de la Compañía de Jesús[20].

Según los cronistas ignacianos, tras la arenga de los caciques tomó la palabra el padre Strobel. Esta precedencia llama la atención, considerando que quien lideraba la misión era el Maestre de Campo Cristóbal Cabral, interlocutor respetado de los indios. En el relato jesuita, Cabral es sacado de la escena. Sánchez Labrador es lacónico: «El P. Estrobel, valiéndose de la estimación que mostraba el Cacique y todos los Indios de los Jesuitas, manejó con tanta suavidad el negocio que se celebraron las Pazes» (Sánchez Labrador, 1936: 96). Muchos años más tarde, en cambio, el deán Funes –basándose en fuentes de las que no disponemos– sostendría que «Cabral abrió la conferencia en la sierra de Casuati á presencia del cacique Bravo y de otros sus aliados», explicándoles las ventajas que obtendrían de la paz con los españoles, «cuyas armas siempre sería peligroso despreciar». Habló luego un cacique anónimo, que empezó por referir las incontables injurias que su pueblo había recibido de los españoles y respondió a la insinuación de Cabral con una velada amenaza: con

---

20 En 1744 don Juan de San Martín resumiría en pocas y despectivas líneas la entrada de Cabral: «Hizo segunda salida dicho Maestre de Campo Cabral, al resgate de las Cauptibas lleuando generos al proposito para el efecto y solo pudieron resgatar unas 8 o 9, auiendose quedado todas las demas tierra adentro» (AGN IX, 19-2-2).

su gente, él «se hallaba preparado a hacerles ver que nadie los ofendía impunemente». La versión del deán Funes introduce en este punto al cacique Bravo –probablemente se tratara del joven Cangapol, que sería conocido en adelante como Nicolás Bravo–, quien se expresó con altivez, demostrando «que quedaba tan entero entre las amenazas como entre los halagos, y que no daba mucho crédito à su hermana sobre la sinceridad de la paz à que lo inclinaba». Sólo a continuación habría hablado Strobel, enunciando las ventajas de la paz y pidiendo echar un manto de olvido sobre los responsables de las violencias pasadas: «no era cordura entretenerse en buscar los agresores, y sembrar de disgustos el momento que iba à servir de consolación» (Funes, 1816: 400). El relato del deán Funes ilumina el papel de Cristóbal Cabral –invisibilizado por los jesuitas– y nos confirma que el cacique Bravo estuvo presente en Casuhatí. Una presencia que, junto a la de Calelián, corroboran otros testigos contemporáneos –el sargento mayor don Juan de Melo Cuitiño, el capitán don Pedro de Leguizamón–, quienes declararon en una información levantada en 1745 que, en la segunda campaña de Cristóbal Cabral a las sierras, «se hicieron las Pazes con el dicho Casique Brauo, Calelian y otros caciques»[21].

Charlevoix nos muestra al cacique Yahatí y los neófitos trabajando eficazmente para «inspirar a sus compatriotas sentimientos de conciliación», y aporta algunos detalles acerca del contenido de las conversaciones, en las que se acordó «que cesaría toda hostilidad de ambas partes y que se haría un intercambio de prisioneros». El cacique Bravo «se comprometió incluso a retirar a los españoles que habían sido vendidos a los Aucaes y Peguenches», para lo cual repartió obsequios entre quienes se encargarían de esa comisión (Charlevoix, 1757, 6: 162). Cese de hostilidades e intercambio recíproco de prisioneros: estos acuerdos mínimos sí reúnen las condiciones de un tratado de paz. Pero el hecho mismo de que se realizara en territorio indígena lo convierte –a ojos de los españoles– en acuerdo provisorio que sólo una visita al gobernador podrá validar.

Quien completa tardíamente el panorama de las negociaciones es Cristóbal Cabral, interrogado en octubre de 1744 tras un malón contra Luján del cual se acusó a Calelián. Preguntado si dos años atrás había celebrado paces con los indios, «y en especial con los que superitaban entre ellos, como hera, el Cazique brabo, Caleliano y otros dichos Casiques», contestó que primero Bravo, Calelián y veinte otros caciques habían bajado a Buenos Aires llevando catorce cautivos en señal de paz y que los tratados

---

21 Información sobre las operaciones de los Yndios Serranos y Pampas por el mes de julio en las fronteras de Luján, en AGI Charcas 317.

se redujeron a que traerían los demás cautivos, que guardarían buena correspondencia con los españoles, y si algunos yndios la quebrantassen no se darían por sentidos en que fuessen castigados los tales, antes sí ayudarían a ello, y darían Abiso de los que fuessen dañinos como también si acaso benian otros yndios afin de hazer mal al Español.[22]

Redención de cautivos cristianos, cese de hostilidades, castigo a transgresores y aviso de intenciones hostiles de otros indios: más completa que la versión de los jesuitas, la declaración de Cabral es igualmente parcial. Sólo consigna las concesiones que arrancó a los caciques, pero no menciona las que debió otorgarles. El procedimiento es habitual en los documentos que transcriben las interacciones diplomáticas entre españoles e indígenas. Dado que sólo podemos acceder a los textos generados por la parte española, los investigadores somos conscientes de que sus plumas omiten –en particular las demandas indígenas–, ocultan la realidad presentándola bajo una luz favorable a quien redacta y exaltan los logros de los negociadores coloniales (Roulet, 2004). A veces, sin embargo, los intereses encontrados de los propios españoles hacen aflorar las exigencias indígenas, lo que se verifica en este caso. En lo que respecta a la cuestión central de la restitución de los cautivos nos dice el jesuita Thomas Falkner que Cabral, temeroso de las consecuencias que pudiera acarrear una ruptura con los indios, ofreció a los caciques la devolución sin condiciones de todos los prisioneros indígenas, propuesta que escandalizó al padre Strobel, pues a esa altura la mayoría de ellos ya había recibido el bautismo. Y no sólo eso: Cabral les habría prometido además un pago por la redención de cada cautivo cristiano, mientras Strobel sugería un canje de cautivo por cautivo (Falkner, 1774). Según Falkner, la modalidad acordada habría sido la propuesta por Cabral, de liberación irrestricta de los prisioneros indígenas y devolución de los cautivos cristianos contra pago. Otros testimonios parecen indicar que se convino más bien un intercambio de uno por uno, tal como

---

22 AGN IX, 19-2-2. El testimonio de Cabral suscita dudas en cuanto a la cronología de los acontecimientos. Si la visita de los caciques Bravo y Calelián tuvo lugar antes del parlamento de Casuhatí, sorprende que el gobernador no aprovechara la ocasión para ratificar de una vez el tratado pendiente desde fines de 1741, lo que le habría ahorrado a Cabral (y al escuálido erario de la ciudad) una segunda entrada. En 1744, otros testigos interrogados (don Pedro Leguizamón y don Roque Romero) confirman una primera entrega de 14 cautivos, pero no precisan la fecha. Todo indica que la visita de Bravo y Calelián a Buenos Aires fue posterior a los acuerdos pactados durante la segunda entrada. El propio Cabral así lo sugirió en un Memorial presentado en julio de 1744 al gobernador, donde menciona los gastos incurridos en sus entradas «y en mantener algunos casiquez en las Vezes q. se han benido a esta Ciu.d con sus parçiales gratificandoles para q. se ratifiquen en la paz y traigan los Caup.os Christianos que llebaron â su poder» (Acuerdo capitular del 13.07.1744, en *AECBA*, XXV: 548).

había pedido Strobel. Bajo una u otra forma, lo que resulta aparente es que los caciques recibieron en Casuhatí la garantía de recuperar a sus familiares.

Concluido el parlamento –afirma Charlevoix– «no quedaba más que hacer firmar el tratado al Gobernador del Río de la Plata», enunciado que sugiere la existencia de un acuerdo asentado por escrito. Dos caciques serranos y dos pehuenches se ofrecieron a llevárselo y fueron muy bien recibidos en Buenos Aires[23]. «Don Diego [sic, por Domingo] Ortiz de Rozas los colmó de amistades y les hizo bellos regalos» (Charlevoix, 1757, 6: 163). Según Cabral, «el Casique Brabo quedó de Bajar a esta Ciudad a dar la Paz al Señor Governador y a la Señoría del Cabildo como efectivamente lo hizo, en nombre de los demás Casiques y como superior a todos ellos»[24]. ¿Hubo entonces un documento escrito, firmado por Ortiz de Rozas ante Bravo y Calelián? Es probable, si bien no llegó a nosotros ni lo tuvieron a la vista los miembros del Cabildo, como lo señaló en su momento el Procurador General de la ciudad cuando reconoció los méritos de Cabral en la consecución de la paz, «aunque los Ascientos y tratados de ella no constan como deven constar»[25]. A pesar de ese silencio documental, sabemos bastante acerca de su probable contenido.

Además de los puntos arriba señalados, los españoles abordaron dos cuestiones con el cacique Calelián: su participación como guía en las próximas expediciones a las Salinas Grandes –suspendidas desde la campaña de Juan de San Martín en 1739– y el establecimiento de sus tolderías a proximidad de las zonas habitadas de la campaña. En febrero de 1744, Cabral dice tener a los indios de Calelián «puestos a distancias moderadas donde sirven de frontera y resguardo a esta Jurisdiccion». Con esa medida, está «la ciudad y Campo tan sosegado y quieto que las muchissimas estancias, que se auian exterminado, y consumido, se hallan restablecidas, y se han extendido otras muchas campo afuera»[26]. Ya en diciembre de 1742, apenas concluido el tratado, don Juan de San Martín había acudido al cabildo solicitando licencia para traer sal, seguramente confiado en la coyuntura propicia que inauguraban las paces. Los capitulares, prudentes, le contestaron que por el momento no convenía que

---

23 En un informe al rey sobre su visita a los pueblos de las Misiones, el obispo de Buenos Aires escribía, el 8.01.1743 con respecto a los indios Pampas: «Y auiendo lleuado el Exercito vn Religioso Jesuita desta nueua Doctrina con unos Yndios interpretes, los redugeron a paz, y vinieron quatro Casiq.es de ellos á confirmarla, obligandose á restituir todos los Cautivos, que tenian apressados en diferentes ocasiones» (AGI Charcas, 373).

24 AGN IX, 19-2-2.

25 Acuerdo capitular del 13.07.1744, en *AECBA*, XXV: 550.

26 Relación de méritos y servicios de Cristóbal Cabral, en AGN IX, 19-2-2. El procurador general Luis de Escobar afirma en octubre de 1744 que Cabral había instalado a los indios de Calelián a una legua del santuario de Luján (AGN IX, 19-2-2).

saliera en persona, sino que sumara sus carretas a la expedición prevista para febrero o marzo del año siguiente[27]. ¿Habrán estimado que su mera presencia haría peligrar el delicado equilibrio recién alcanzado? Excluido San Martín, la expedición se realizó sin inconvenientes y en febrero de 1744 se preparaba una nueva salida bajo la conducción de Cristóbal Cabral y la guía de Calelián. Sin embargo, la falta de agua en el camino obligó a postergarla.

Hasta aquí, hemos puesto en evidencia las ventajas obtenidas por los españoles con las paces de 1742. En cuanto a los indígenas, su motivación primera era recuperar a todos sus parientes cautivados en años pasados. Según el Procurador General del Cabildo, Luis de Escobar,

> fue uno de los capítulos [de las paces] que mutuamente se auian de debolber de una parte á otra de todos los cauptibos y cauptibas que se tenian [para lo qual] se recogieron todas las familias Pampas cauptibas que estauan repartidas en el Vezindario y como Capítulo tal en el tratado de dicha Paz, se les entregaron a los expresados casiques.[28]

Teniendo en cuenta que a principios de 1740 se había hecho una recogida general de cautivos indígenas para poblar la reducción de la Concepción, ¿cuántos quedaban aún en poder de particulares? ¿Qué caciques recuperaron a sus familiares? Las fuentes no arriesgan ninguna cifra, pero otros testimonios nos acercan un poco más al punto de vista indígena.

«Hubo sin embargo algunas dificultades a propósito de varias mujeres, que habían sido cautivadas por los españoles y enviadas a la Concepción, donde habían abrazado la religión cristiana», dice Charlevoix. «Como no querían oír hablar de regresar a su país, a riesgo de perder su fe, el gobernador no quiso forzarlas a ello. Tal parece que los caciques no insistieron sobre este punto» (Charlevoix, 1757, 6: 164). También el jesuita Peramás menciona el asunto: cuando bajaron a Buenos Aires los cuatro caciques que debían ratificar la paz, trataron con el gobernador el punto «relativo al canje de prisioneros». Nótese que se habló de canje, es decir de intercambio de cautivo cristiano por prisionero

---

27 La expedición tuvo lugar en efecto en esas fechas. Cabral declaró en 1744 que «en prueba de esta amistad el casique Calelian salio comboyando una tropa de sesenta carretas que fueron a traer sal a las Salinas, y las llebó y trajo con diez yndios suios y dio buena quenta de dichas carretas, y que para ello dejo su familia en estas ynmediaciones al cargo, y cuydado de el que declara» (Interrogatorio de Luis de Escobar, AGN IX, 19-2-2).

28 Luis de Escobar sostiene que "aun el muchacho, que su señoría [el gobernador] se auía adjudicado, y estubo doctrinando y criando (siendo christiano) no lo retuvo"; Juan de San Martín asegura que el gobernador les había devuelto "todos los Cauptibos indios e yndias y aun algunos de ellos ya cristianos" (AGN IX, 19-2-2).

indígena. «No era de suyo cosa difícil, pero aquellos caciques exigían la devolución de las mujeres que los españoles habían apresado y que se hallaban en la Reducción de la Concepción». Si consideramos lo mermada que estaba la población de la reducción –que contaba con 350 almas a principios de octubre de 1740, reducidas a 57 en noviembre de 1742 (Moncaut, 1981: 48, 62, 61)– y que varias familias habían pedido licencia a los sacerdotes para situarse lejos del pueblo por temor al contagio de viruelas (causa de la reciente muerte de 7 niños y 37 adultos), la devolución de esas mujeres hubiera vaciado la reducción de su población femenina. «El Gobernador manifestó a los caciques que el volver ellas o quedarse en el Pueblo no les pertenecía a ellos ni a él, sino tan solo a las interesadas. Fuéronse a conversar con estas y pudieron persuadirse que eran allí felices y que les gustaba la vida civil y las prácticas cristianas allí existentes» (Furlong, 1936: 124). ¿De veras habían abrazado la religión cristiana y declinaban volver a los toldos, como pretendía Charlevoix? Cuesta creerlo, cuando los mismos jesuitas se lamentaban de que los neófitos no se interesaban en las cosas de la religión: «Entre tantos, solas unas tres familias daban á entender que de corazón eran christianas» (Sánchez Labrador, 1936: 91). Cabe entonces preguntarse qué grado de libertad tuvieron las indias para formular sus preferencias. Lo cierto es que la negativa a devolverlas coincide con uno de los puntos que contemplaban las Capitulaciones: los indios amigos podrían visitar a los reducidos en la Concepción, pero de ningún modo llevarse a los allí avecindados.

Todo indica que los caciques no consiguieron redimir más parientes que los que se les entregaron la primera vez que bajaron a la ciudad. Esto supone que se pasó de la propuesta inicial (ya sea de devolución sin condiciones, ya de canje recíproco) a la demanda unilateral de restitución de cautivos cristianos. Semejante alteración del acuerdo convenido en Casuhatí produjo dos consecuencias mayores: por un lado, el escaso incentivo que tuvieron los indios para restituir a los cautivos con quienes convivían desde hacía ya dos años; por otro, la mercantilización de la operación de redención o «rescate» de esos cristianos. Puesto que no podían canjearlos por sus parientes retenidos en la Concepción, los indios exigían un pago en bienes por los cautivos, muchos de los cuales habían circulado de toldería en toldería mediante transacciones que implicaban alguna contrapartida material. Cristóbal Cabral declara en 1744 que, además de los primeros 14 cautivos que Bravo y Calelián llevaron en persona a Buenos Aires, trajeron luego unos 16 «y estos an sido rescatados por los precios que ellos an pedido, y que es cierto que restan muchos en su poder y que la razon que an dado los yndios para no auerlos conducido es que dizen que an tenido guerra con los yndios aucaes los que les quitaron algunas familias, y entre ellas muchos de los cauptibos christianos, y otros dicen que an muerto»[29]. Ningún testimonio refleja, en cambio, la previsible decepción de los caciques al clausurarse la opción de canje por sus familiares. Una primera cláusula negociada con Cabral en Casuhatí no se estaba cumpliendo.

Hay por lo menos otras dos cuestiones de interés para los indígenas que fueron abordadas en el parlamento: el comercio y los agasajos. El primer tema estaba presente en las Capitulaciones, cuyo autor mencionaba la feria de ponchos en Tandil, un concurrido encuentro en el que convergían pampas, serranos, aucas y pehuenches de origen cordillerano. En el parlamento de Casuhatí se habló de extender la esfera del comercio tanto a la reducción jesuítica como a los pagos de la campaña y a la ciudad de Buenos Aires. «Hechas las paces, vinieron al Pueblo de la Concepción muchos Indios Puelches –otra designación que se daba a los Serranos–, y Aucaes ó Muluches. Celebraban con los Neophytos sus tratos, y comunicaban más de cerca á los Misioneros» –dice Sánchez Labrador (1936: 96). El interrogatorio del procurador Luis de Escobar menciona que a partir de las paces, los indios habían bajado a vender ponchos varias veces a Buenos Aires, donde fueron bien recibidos por el vecindario «y los Casiques han sido regalados por el Sor. Gov.or Maestre de Campo; y de otros varios capitanes de esta frontera y vezinos de ella…»[30].

Comercio y regalos eran indisociables ya que presuponían una relación personal entre vendedor y comprador, sustentada en una corriente continua de dones y contradones: «… para mantener esta amistad con los dichos yndios es precisso (segun su estilo de ellos) el auerlos de regalar cada vez que bienen a uissitarle (porque en este punto son selossisimos)», explicó Cristóbal Cabral[31]. Las fuentes resaltan el interés cristiano por los ponchos, pero la oferta de bienes era mucho más vasta: pieles, cueros, plumas, bolas, quillangos, botas de potro, entre otros. ¿Qué esperaban obtener los indios a cambio? Sánchez Labrador dejó constancia de su inclinación por el alcohol y las armas, esto es, cuchillos de metal usados en la fabricación de puntas de lanza. También les interesaba el ganado. Pero pronto encontrarían vedado el acceso a esos productos. El 10 de julio de 1744, el gobernador Domingo Ortiz de Rosas prohibió a todo español, indio, negro o mulato llevar a los indios vino, aguardiente o armas[32].

---

29 AGN IX, 19-2-2. Según Rosa y María Josefa –dos indias tapes (guaraníes) que habían sido cautivadas en el asalto a la Magdalena y huyeron de las tolderías de Bravo en 1744– había otra razón: «el cacique Bravo no trae a las demás cautivas que tiene en su tierra porque no se las pagan bien».

30 AGN IX, 19-2-2.

31 AGN IX, 19-2-2.

32 Disposiciones para el comercio de indios pampas en la ciudad, 10.07.1744, en Colección Mata Linares, II.

Tampoco podían vendérseles vacunos. Cuando en esos días llegaron a Luján los pampas de Calelián y sus aliados serranos, aucas y pehuenches con ponchos para vender, obtuvieron apenas cierta cantidad de yeguas a cambio. La única excepción fue Calelián, a quien se acordaron algunas vacas, por disposición de Cabral. Un testigo, don Joseph de Zárate, dice que los indios se habían marchado «disgustados por dicha prohiuicion». La medida debió parecerles una flagrante violación de los acuerdos. En efecto,

> … en el tratado de paz celebrado con estos naturales se estipuló el que pudiesen comerciar libremente en esta ciudad trayéndola perdices, plumeros, lomillos, riendas, lazos, raíces de teñir, piedras besares [bezoares], caballos mansos y otros efectos, y que pudiesen sacar de ella lo que necesitasen para su manutención. Por lo tanto, fuera tácitamente faltarles a lo estipulado si se les negase la bebida que es el objeto principal de sus continuas venidas…[33]

El consumo de alcohol entre los indios preocupaba a los religiosos en general y a los jesuitas en particular: cuando propusieron a los serranos fundar otra misión en sus tierras, ellos «enagenados en sus tratos de Ponchos por Aguardiente, mas querian acercar sus toldos á las estancias ó haciendas de los Españoles, que se los compraban, que retirarse de ellos al Volcan[34], en donde no tendrían tan a mano las ocasiones» (Sánchez Labrador, 1936: 96-97). Son conocidos los graves efectos del consumo de alcohol en los indios, que bebían sin parar varios días seguidos, hasta que acababan la provisión de alcohol. En ese estado de ebriedad «reviven en ellos los movimientos de sus iras, donde resaltan sus odios, donde se suscitan sus venganzas […] y de allí proceden a reñirse, a herirse, matarse bárbaramente» (idem: 296-297). Al tiempo que liberaba inhibiciones y favorecía conflictos entre grupos e individuos, el alcohol los hacía dependientes de pulperos inescrupulosos que lo vendían con ganancias de entre 400 % y 600 % (García de Loydi, 1968: 296). Para mejor realizar su negocio, los pulperos se situaban cerca de la reducción, ejerciendo el efecto de un imán. Los comerciantes «mantenían muchos meses á los Indios en un lugar, repitiendo ellos sus viajes á Buenos Ayres, á traher mas Aguardiente, y cebarles el apetito desenfrenado de beber, hasta que los dexaban desnudos» (Sánchez Labrador, 1936: 104). A fin de mitigar los trastornos que

---

33 Acuerdo del Cabildo de Buenos Aires del 4.09.1747, en García de Loydi 1968: 298. En un acuerdo anterior (15.07.1747), los capitulares afirmaban que el libre comercio con los indios era «una de las condiciones de las paces que con ellos se tiene hechas: el que pudiesen entrar a esta ciudad y comerciar en ella comprando y vendiendo» (García de Loydi, 1968: 293).

34 Volcán, deformación hispanizada de Vuulcan, era la denominación indígena de un abra entre las serranías del Tandil y la costa atlántica.

provocaba el alcohol, los jesuitas introdujeron en las pampas el consumo del mate, «no sin agrado de los indios» (Furlong, 1938: 101).

En síntesis: si con las paces los cristianos pensaban haber obtenido el cese de hostilidades, la redención de cautivos por canje o pago, el acuerdo de los caciques para castigar a los infractores, su compromiso de dar aviso sobre intenciones dañinas de otros indios, su colaboración en las expediciones a Salinas y en la defensa de la frontera, los indios esperaban como mínimo recuperar a sus parientes trocándolos por cautivos cristianos y obtener una apertura comercial tanto en la Concepción como en los pagos rurales y en la ciudad de Buenos Aires, donde serían agasajados por los vecinos y el gobernador. Cuchillos, vacas, yeguas y alcohol eran los artículos que más demandaban. A su entender –y al de varios vecinos interesados en este lucrativo negocio[35]– los acuerdos comerciales aprobados en el parlamento de Casuhatí contemplaban la posibilidad de adquirir estos bienes en sus intercambios con los cristianos. Cuando esa vía les fue negada, intentaron obtenerlos por la fuerza.

¿El fin de una breve tregua o el comienzo de una paz armada?

En «las muchas vezes que [los indios] an bajado a esta dicha Ciudad, despues de las Citadas pazes» –esto es, entre fines de 1742 y julio de 1744– no se registró ningún incidente: los caciques y sus indios «han estado [...] en quieta y pazifica posesion, sin que por parte del español se les ayga ostilizado, ni hecho daño alguno»[36] y sin constituirse ellos mismos en objeto de quejas. El 13 de julio de 1744 se debatía en el Cabildo un memorial de Cristóbal Cabral acerca de la inminente salida de la expedición a Salinas bajo escolta de Calelián, quien acababa de llegar al pago de Luján con un cacique serrano[37] y dos aucas, al mando de unos doscientos indios –en su mayoría aucas y pehuenches–, trayendo una provisión de ponchos para vender. Todo estaba tranquilo. Una vez iniciados los tratos, los indios se encontraron con la novedad de la prohibición de adquirir alcohol, armas y vacunos. Al cabo de tres días se retiraron descontentos y seguramente convencidos de que, como lo había enunciado en 1742 el principal orador en el parlamento de Casuhatí, el único interés de los cristianos era «sacarles sus

---

35 En particular, don Juan de San Martín, quien en julio de 1747 instaba al cabildo eclesiástico a levantar las sanciones a quien vendiera alcohol a los indios, argumentando «que dicha bebida cuasi es natural en los indios y que de faltarles se recela justamente que quebranten la paz» (en García de Loydi, 1968: 293).

36 Interrogatorio del procurador general Luis de Escobar, en AGN IX, 19-2-2.

37 Según Cristóbal Cabral, el cacique serrano era Sausemillan, quien sospechamos fuera el que Thomas Falkner llama Sausimian, hermano del cacique Bravo.

ponchos». Calelián anunció a Cabral «que se yba solo a sacar a los otros tres casiques para que se fuessen a su tierra, y que de allí a quince ó veinte dias, hauia de bolver, para conducir las carretas que auian de yr a las Salinas»[38].

Las cosas no sucederían sin embargo como estaba previsto. El 28 de julio de 1744 doscientos aucas y pehuenches (de los que habían acompañado días antes a Calelián) atacaron las estancias del pago de Luján y Cañada de la Cruz, matando a trece hombres, cautivando unas treinta personas y llevándose mucho ganado. Reponiéndose a la sorpresa, los vecinos se organizaron enseguida y persiguieron a los atacantes hasta el paraje de los Monigotes donde los alcanzaron, recuperando algunos cautivos y ganado tras una pelea en la que murieron al menos treinta indios y tres caciques[39]. El asalto indígena hizo peligrar las paces tan trabajosamente conseguidas. Los capitulares volvieron a hablar de guerra y responsabilizaron a los indios de haber «roto las Pazes á ellos tan bentajosas»[40], lo que sin duda era cierto pero no contemplaba el punto de vista de los indios. Es de suponer que, al no obtener por sus ponchos aquellos artículos que anhelaban, habrán concluido que los españoles no estaban cumpliendo lo acordado en Casuhatí.

Enseguida se hizo cargo a Calelián de ser partícipe o cuanto menos cómplice del ataque. El procurador Luis de Escobar, encargado de averiguar quiénes eran los responsables, alegó que este pampa y sus parciales se habían vuelto dignos «de ser castigados y pasados por las armas, sin admitírseles disculpa alguna ni menos las pazes, que ahora nuebamente pretenden respecto hauer faltado al tratado de ellas». Tampoco se debía exceptuar del castigo al cacique Bravo ni a los pampas reducidos en la Concepción, «por ser todos unos y darse la mano». Tal razonamiento lo llevaba a sugerir la trasmutación de la reducción

---

38 AGN IX, 19-2-2.

39 Casi todos los testigos interrogados por Luis de Escobar hablan de trece muertos españoles. Uno aclara que ocho lo fueron en el ataque a las estancias y cinco en pelea ulterior con los indios. Las cifras de cautivos varían de 19 a 35, de los cuales se rescataron 8 o 9 y se recuperaron 1000 cabezas de ganado. Según Cristóbal Cabral, «un Casique Auca nombrado Cancalca fue quien hizo estos destrozos y sobre el caso riñó con el dicho Calelian». Cabral declaró que, en el asalto, los aucas mataron a allegados de Calelián (su tío Francisco el Colorado y su cuñado Samiyú) y cautivaron a las mujeres de ambos. Durante las escaramuzas que tuvieron lugar cuando las tropas españolas los alcanzaron murieron por lo menos 30 indios (la cifra más alta da 48), entre ellos los caciques aucas Cancalcá (promotor del asalto), Carloncó (¿el Carulonco que menciona Falkner?) y Guenulepe. Un indiecito pehuenche cautivo declaró que tras el asalto los indios tuvieron una pelea a propósito del reparto del botín, en la que murieron diez hombres (AGN IX, 19-2-2).

40 Acuerdo capitular sobre los medios mas oportunos de hacer la guerra a los indios, 26.09.1744 (AGN IX, 19-2-2).

de la Concepción a Maldonado, en la otra banda del Río de la Plata[41]. En sintonía con el Procurador General, los capitulares exigían al gobernador prohibir la entrada a la ciudad a los indios de la reducción, a quienes tenían «por enemigo mas perjudicial (por disimulado) q. el mismo Calelian»[42].

Si bien no alcanzó ni de lejos la magnitud del ataque al pago de la Magdalena en 1740 (en términos de muertos, cautivos y ganado robado), el malón contra el pago de Luján hizo peligrar los acuerdos y tuvo duraderas repercusiones tanto en el futuro de las relaciones entre indígenas y españoles como en la profundización de líneas internas de quiebre a uno y otro lado de un límite imaginario, que empezó a concebirse como una frontera. Los linderos de las últimas estancias se militarizaron. Las autoridades rioplatenses –gobernador, obispo y cabildo– renovaron sus clamores al monarca para que autorizara el cobro de un impuesto al tránsito de carretas, con el fin de solventar los gastos de defensa; se deliberó acerca de la creación de nuevas compañías de milicias y la erección de una línea de fuertes bien municionados. En lo inmediato, se dispuso la salida alternada de exploradores para el reconocimiento de las campañas.

Se podría pensar que el período de paces inaugurado en 1742 no había sido sino una breve tregua en la guerra intemporal que, según cierta versión de la historia, se libraban indios y cristianos. Sin embargo, no todos los acuerdos caducaron. El 28 de agosto de 1744, apenas un mes después del traumático atropello perpetrado por aucas y pehuenches, Ortiz de Rozas tomaba las habituales disposiciones para la salida de la expedición a Salinas. El bando ordenaba que las carretas recibieran escolta militar y que en cada una se dispusiera de un arma de fuego o lanza[43]. No sabemos si la expedición llegó a concretarse entonces o si debió postergarse[44], pero el solo hecho de que Ortiz de Rozas la imaginara factible es indicio de que no percibía la situación como de guerra total. Un mes más tarde, tres indios ladinos enviados por Calelián anunciaban que éste se hallaba cerca de la ciudad, «dando muestras de querer la amistad con el Español y reducirse á estar sujeto con sus toldos y parcialidad en el paraje que se señalase»[45]. Al mismo tiempo, el cacique Bravo despachaba

---

41 AGN IX, 19-2-2.

42 Acuerdo capitular del 8.10.1744, en *AECBA* 1929, libro XXV: 585-586.

43 Bando del gobernador Ortiz de Rozas, 25.08.1744, en Colección Mata Linares II.

44 La expedición a Salinas al mando del maestre de campo Cristóbal Cabral, se realizó del 8 de marzo al 28 de mayo de 1745, con 155 carretas y una escolta militar de 300 soldados milicianos (acuerdos capitulares del 9.02.1745 y del 28.05.1745, *AECBA*, Serie II, t. IX, L. XXV, 1931: 26 y 58-59).

45 Carta del gobernador Domingo Ortiz de Rozas al rey, 7.09.1745, en AGI Charcas 215. Según el intérprete, los indios correos enviados por Calelián decían que el cacique pedía la paz «por que se hallaua aCosado de todos los demas Casiques y especialmente del Brauo

emisarios a la Concepción preguntando si él y sus indios podían considerarse a salvo de represalias. Estas aperturas diplomáticas indican que pampas y serranos esperaban, cada quien por su lado, preservar los acuerdos alcanzados.

Convencido de la inocencia de Calelián, el gobernador consiguió en un principio imponer una línea moderada. Frente a las exigencias extremas formuladas por los capitulares y por Juan de San Martín –nuevamente convocado a dar su opinión acerca de la política a seguir con los indios–, Ortiz de Rozas resolvió que la reducción de la Concepción permanecería en su sitio; que se permitiría a Calelián establecerse con su gente a una legua de la capilla de Luján y que los caciques «de las sierras y mediaciones de Chile» podrían fijar sus tolderías en el paraje de Volcán, desde donde deberían dar avisto de cualquier proyecto de invasión de indios enemigos. Sólo podrían ingresar a la ciudad presentándose primero en las guardias, «para que los acompañen algunos Soldados»[46]. El cacique Bravo quedaba libre de sospechas en el incidente.

Con este compromiso –que implicaba un ligero ajuste en las cláusulas relativas a la libertad de comercio en Buenos Aires y su campaña–, Ortiz de Rozas aceptaba algunas de las recomendaciones hechas por Juan de San Martín y los capitulares, descartando las más radicales. En principio pareció posible retornar al *statu quo* previo al asalto. Pero la ilusión duró poco. Al cabo de unos meses los vecinos del pago de Luján se quejaron de que los indios de Calelián les robaban caballos, maltrataban a los individuos que encontraban solos en el camino y acogían a indios de la sierra sospechosos de albergar malas intenciones. El gobernador no consiguió contener por más tiempo a los promotores de la «mano dura». En julio de 1745, tal como lo había exigido inicialmente don Juan de San Martín, la tribu de Calelián fue apresada. El cacique, con «12 indios de los mas robustos y 4 pequeños» fueron embarcados en un buque de guerra para ser deportados a España, adonde nunca llegarían: después de haber estado a punto de tomar la nave, los pampas «se arrojaron al mar, y se ahogaron en colera y agua» (Sánchez Labrador, 1936: 98). Sesenta mujeres, entre adultas y muchachas, fueron remitidas a la reducción de Santo Domingo Soriano en la orilla oriental del río Uruguay y los «17 Indios grandes y 4 pequeños restantes» fueron desnaturalizados a Montevideo, donde se los emplearía en las obras del fuerte. Junto a esta drástica medida, las milicias salieron a batir las campañas en busca de indios espías y se dispuso una salida de 400 hombres, que se internaron

---

quienes le quieren matar haciendole cargo de que por que rrazon queria estar bien el dho Calelian con el español y que los demas de ellos estubiesen mal...» (AGN IX, 19-2-2).
46 Carta del gobernador Domingo Ortiz de Rozas al rey, 15.01.1745, en AGI Charcas 215.

tierra adentro sin encontrar novedades[47]. En diciembre de 1745 don Juan de San Martín era repuesto en el cargo de Maestre de Campo y Comandante de todas las milicias de Caballería e Infantería[48]. La captura y destierro de Calelián dio por tierra con las posturas más conciliadoras hacia los indios y terminó de desacreditar a quienes las sostenían: Cabral, los jesuitas y el propio gobernador. En el frente español, los «halcones» habían ganado la partida.

Convencido por su hermana, el cacique Bravo había admitido que los ignacianos fundaran otra reducción al sudoeste de la primera (Charlevoix, 1757, libro XXII: 168). El sacerdote Thomas Falkner, enviado a tantear las disposiciones de los indios en la Sierra del Volcan, se encontraba allí cuando Calelián fue capturado. Los indios, «aterrados con la prisión de Galelian y sus vasallos, temieron nuevo rompimiento con los Españoles. Sin decir palabra al Misionero, levantaron sus toldos [...] y buscando seguridad se internaron en el Pais, donde ellos saben esconderse» (Sánchez Labrador, 1936: 98). Enterado de la prisión, destierro y muerte en alta mar de Calelián y su gente, el cacique Bravo manifestó su sentimiento «con expresiones de enojo y deseos de vengarse». Sin embargo, no tomó represalias. Bravo y sus indios siguieron acudiendo a Buenos Aires a vender ponchos y visitar al Gobernador, quien pudo amonestarlos «para que se contengan y cunplan Con la amistad Verdadera que tienen Ofresida». El gobernador esperaba que evitaran que otros indios hostilizaran la frontera, «pues del daño q.e Estoz Cauzaren se les Ara cargo»[49]. Bravo respetó el trato, diferenciándose como «indio amigo» de quienes los españoles tildaban ahora de «indios infieles enemigos», en un contexto discursivo de renovado belicismo. El frente indígena aparece resquebrajado, las previas solidaridades se han debilitado: los pampas de Calelián pagan por la agresión de aucas y pehuenches, mientras los serranos de Bravo se mantienen prescindentes.

Entretanto, se observa una sensible discordancia entre el vocabulario de los documentos de la época, que insisten en denunciar «las continuas imbaciones de los Yndios Ynfieles» y proclaman una estrategia de «guerra defensiva»[50] y

---

47 Carta del gobernador Domingo Ortiz de Rozas al rey, 7.09.1745, en AGI Charcas 215.

48 Acuerdo capitular del 13.12.1745 (*AECBA*, Serie II, t. IX, L. XXV, 1931: 95).

49 Acuerdo capitular del 18.08.1746 (*AECBA*, Serie II, t. IX, L. XXV, 1931: 184).

50 Si bien las disposiciones para la defensa de Buenos Ayres contra invasiones de indios pampas, del 17.02.1745, el bando del gobernador Ortiz de Rozas, del 23.02.1745 (ambos en Colección Mata Linares, t. II) y el memorial de don Domingo Marcoleta, del año 1745 o 1746 (en AGI Charcas, 317) no ofrecen una definición de lo que en el contexto bonaerense se entiende por «guerra defensiva», las medidas adoptadas sugieren una analogía con la política seguida en Chile a principios del siglo XVII, donde se suspendió todo ingreso de soldados al sur del río Bíobío [el Salado, en Buenos Aires], autorizando solamente el paso de misioneros (Valenzuela, 2012: 190).

la realidad que se vive en el terreno, donde la vida retoma su curso normal. El proyecto jesuita de evangelizar la Patagonia sigue adelante: en noviembre de 1746, los padres Joseph Cardiel y Thomas Falkner fundan la reducción de Nuestra Señora del Pilar a orillas de la laguna hoy conocida como «de los Padres», en Mar del Plata, a la que seguirá un poco más al sur la reducción de Nuestra Señora de los Desamparados, en 1750. Mientras tanto, las relaciones comerciales con los indios amigos no se interrumpen, pese a algún episódico hurto de ganados mansos que no impide la presencia de indios en la ciudad. Un bando de don Joseph de Andonaegui –nuevo gobernador que reemplazó a Ortiz de Rozas– confirma indirectamente la continuidad del trato con los pampas[51]. En sus propias palabras, «la guerra de los indios, en aviendo cuidado, es de más molestia que peligro», siempre y cuando se tomen medidas defensivas eficaces[52]. Las milicias recorren la frontera y salen al campo ante cualquier rumor. Como mencionamos, en 1747 el cabildo porteño y el rehabilitado Maestre de Campo Juan de San Martín –que dos años antes habían sido acérrimos oponentes a la política de paces con los indios– reclamaban al cabildo eclesiástico que levantara la pena de excomunión decretada contra los pulperos que les vendían alcohol. Su argumento sorprende: tal prohibición violaría lo convenido en los tratados y podría llevar a quebrantar «la Paz que con dichos Indios se tiene, la que sirve de sosiego â todo el Vecindario»[53]. Más aún: «faltando el Comercio de los Españoles con los Indios se [vería privado] este Vecindario del abasto de efectos que continuamente introduzen y de las noticias de los otros indios brabos, y de tierra adentro para las prevenciones de Armas en caso de alguna sublebacion»[54]. A la hora de defender sus intereses comerciales, los mismos que pregonan la guerra incesante alaban los imponderables beneficios de la paz. Como en tantas otras ocasiones, la tan mentada «guerra» tiene más existencia en el imaginario que en la realidad. ¿No sería entonces más apropiada la idea de una frágil paz armada para describir esos tiempos inestables?

---

51 El bando, fechado el 6.12.1745, prohibía bajo severas penas a los pulperos y personas de cualquier calidad y condición la venta de armas, vino o aguardiente a los indios pampas, ni en sus pulperías ni donde los indios se hallaren (Colección Mata Linares, tomo II).

52 Primer informe de Andonaegui al rey sobre el infeliz estado de la Provincia, su tropa, Armas, etc., 18.01.1746, en AGI Buenos Aires 49.

53 Acuerdo del 15.07.1747 (*AECBA*, Serie II, t. IX, L. XXVI, 1931: 263).

54 Parecer del alcalde Juan Antonio de Alquizalete, Acuerdo del 7.09.1749 (*AECBA*, Serie II, t. IX, L. XXVI, 1931: 297).

La guerra y la paz

El asalto de noviembre de 1740 contra el pago de la Magdalena fue un punto de inflexión que invirtió la correlación de fuerzas imperante desde inicios de la conquista: por primera vez, diferentes grupos indígenas reunieron bajo un liderazgo colectivo un impresionante número de guerreros –entre mil y cuatro mil según Falkner (1774: 107)– dispuestos a vengar con saña los agravios padecidos. Forzaron así un cambio de estrategia que tuvo su expresión más visible en la sustitución del belicoso maestre de campo Juan de San Martín por el diplomático Cristóbal Cabral. La primera campaña de Cabral a las sierras, en octubre de 1741, no apuntaba al escarmiento sino a unas paces preliminares, que tenían por objeto la mutua devolución de cautivos.

La Compañía de Jesús, interesada en la preservación de la nueva reducción de Nuestra Señora de la Concepción de Indios Pampas y deseando expandir su tarea evangelizadora hacia la Patagonia, se erigió en un actor de peso en las negociaciones con los indios. El texto de las Capitulaciones de las Paces de 1742, considerado el primer tratado de la frontera bonaerense, resulta ser en realidad una hoja de ruta de claro sello jesuítico, destinada a promover los intereses de la Compañía en el acuerdo que se proyectaba con el cacique Cangapol o Bravo. Las deliberaciones a este efecto tuvieron lugar en la sierra de Casuhatí en los últimos meses de 1742, durante las cuales el jesuita Matías Strobel y los mediadores indígenas de la Concepción tuvieron una decisiva intervención. Los acuerdos fueron luego ratificados en Buenos Aires por Bravo, Calelián y otros caciques principales, ante el gobernador Ortiz de Rozas. Si bien no se ha conservado un texto que fije por escrito los artículos del tratado, el cotejo de diversos testimonios nos permite colmar en parte esa carencia y restituir los acuerdos que no quedaron fijados en un documento. Podemos afirmar con un alto grado de certeza que los compromisos consistieron en un cese de hostilidades, un canje recíproco de cautivos, libertad a los indios para comerciar sus productos, el consentimiento y eventual colaboración de los caciques en el castigo a los infractores, el compromiso de dar aviso de cualquier intención hostil de indios enemigos, la promesa de agasajos a los caciques en sus tratos con autoridades y particulares, la colaboración del cacique Calelián en las expediciones a Salinas Grandes y el asentamiento de su toldería cerca de la capilla de Luján, como defensa de la frontera.

Las paces inauguraron un período de calma e hicieron posible en un breve lapso el restablecimiento de las estancias de ganado y un desarrollo exponencial del comercio. Serranos o puelches, pampas, aucas y pehuenches se acercaban a la reducción de la Concepción, a los pagos de la campaña y a la ciudad a comerciar.

Los caciques visitaban al gobernador y recibían agasajos. Los pulperos se arrimaban a las tolderías a comprar ponchos a cambio de alcohol. Se reanudaron las expediciones a Salinas y los jesuitas iniciaron el reconocimiento de la región del Volcán con la mira de fundar una segunda reducción. Sin embargo, dos acuerdos no se estaban cumpliendo a entera satisfacción de la parte indígena: el principio de canje recíproco de cautivos –que, luego de la devolución inicial de algunos prisioneros indígenas, fue transformado en exigencia de redención unilateral de cautivos cristianos a cambio de rescates, mientras se obturaba la opción de sacar indias avecindadas en la Concepción–, y la libertad de comercio, inhibida por la prohibición de venta a los indios de los bienes que más apetecían: vacas, alcohol y cuchillos. El asalto de julio de 1744 contra el pago de Luján puede interpretarse como la expresión violenta de la frustración generada por estas interdicciones, que violaban manifiestamente los acuerdos pactados en Casuhatí.

El *impasse* generado por el asalto al pago de Luján puso en evidencia las líneas de fractura que dividían a los grupos en presencia. En el frente español, el maestre de campo Juan de San Martín, la mayoría de los miembros del Cabildo y los vecinos hacendados de la campaña impulsaban una agresiva política de fronteras, que tratara a todos los indígenas como enemigos a sacar de la escena, dando por tierra con el experimento jesuita. Frente a ellos, y con una mirada más amistosa hacia los indios, el teniente de maestre de campo Cristóbal Cabral y los ignacianos procuraron preservar los acuerdos logrados. Entre ambas facciones, el arbitraje del gobernador empezó favoreciendo la postura más moderada, para terminar cediendo a la presión de los «halcones» y proclamando una «guerra defensiva».

En el frente indígena, observamos un mundo hecho de segmentos movidos por fuerzas centrífugas y centrípetas que no necesariamente se organizan según lealtades étnicas: los sólidos vínculos del parentesco entrelazan individuos de distintos grupos, favoreciendo alianzas como facilitando desmembramientos. El linaje, en cambio, aparece como principio organizador más poderoso. Para vengar el exterminio de su parentela, el pampa Calelián convocó en su auxilio a guerreros aucas y pehuenches oriundos de la cordillera. Algunos llegaron a las pampas para quedarse, otros regresaron a sus tierras en cuanto obtuvieron lo que habían venido a buscar, a veces de modo conflictivo. Recordemos las explicaciones de Cabral, argumentando que si los indios no habían restituido más cautivos es porque tuvieron guerra con los aucas, situación que parece haberse repetido cuando el cacique auca Cancalcá riñó con Calelián a propósito del botín obtenido en el asalto contra Luján, al tiempo que su gente mataba al tío y al cuñado de Calelián y cautivaba a sus mujeres. Las circunstanciales alianzas entre diferentes grupos no eliminaban la posibilidad del conflicto.

Entre los serranos o puelches que comandaba el cacique Bravo también se advierte una fuerte presencia de indios aucas, aunque no parecen ser tan numerosos como entre los pampas de Calelián. En la expedición de 1741 a las sierras, Cristóbal Cabral parlamentó tanto con caciques serranos como con varios aucas. Unos y otros lo acompañaron a Buenos Aires donde se entrevistaron con el gobernador y parecen haber sido parte de las paces definitivas al mismo título que lo fueron Bravo y Calelián. También en este caso observamos que las solidaridades entre pampas, serranos, aucas y pehuenches, puestas en juego durante el asalto contra la Magdalena, no perduraron en el tiempo. En 1741, los serranos no vacilaron en prometer que si Calelián no bajaba a dar las paces «le quitarían la vida»[55]. Como Calelián adhirió a los acuerdos al año siguiente, no hizo falta poner a prueba aquella promesa. Pero luego del asalto a Luján, Calelián se sintió «acosado de todos los demas Casiques y Expesialmente de el Casique brauo quienes le quieren matar»[56]. El riesgo era tan real que prefirió acogerse a la incierta protección de los españoles antes que retirarse a sus tierras, donde quizás también pudieran esperarlo con malas intenciones los aucas, que habían matado a algunos de sus parientes durante el asalto a Luján. En aquella ocasión, los capitulares mandaron decir a Bravo que «si no traya la Cabeza de dho. Calelian no [se] le tendria por Amigo»[57]. Sin embargo, Bravo no se movió ni para entregar a Calelián ni, cuando éste fue apresado y deportado, para vengarlo. Su única preocupación era asegurarse de que él y sus vasallos estarían a salvo de la ira española. Ninguna amistad era eterna.

El asalto a Luján en 1744 significó un cimbronazo para las paces pero no selló su final. Cristóbal Cabral fue desplazado en beneficio de Juan de San Martín y el gobernador acabó autorizando la captura y destierro de la tribu de Calelián, a pesar de lo cual los acuerdos con Bravo se mantuvieron vigentes. En los años siguientes, mientras en la frontera se edificaban fuertes de estacada con guardias de gente armada, los jesuitas fundaron otras dos reducciones al sur del río Salado y los intercambios comerciales no sufrieron interrupción. Durante varios años no se volvió a hablar de hostilidades de los indios. A la larga, sin embargo, quienes habían quedado al margen de la alianza hispano-indígena en la frontera bonaerense vieron cerrada la opción del comercio pacífico y reanudaron la práctica del asalto oportunista a las caravanas de carretas que transitaban los despoblados caminos. En 1749, una nueva agresión «causó mucha turbacion en los ánimos de los Españoles y puso á riesgo

---

55 En Carta del gobernador Miguel de Salcedo al rey, 20.11.1741, AGI Buenos Aires, 302.
56 Interrogatorio del procurador general Luis de Escobar, AGN IX, 19-2-2.
57 Acuerdo capitular del 8.10.1744, *AECBA* 1929, libro XXV: 585.

las Misiones Australes» (Sánchez Labrador, 1936: 119). Los responsables del estrago eran indios pampas del linaje de Calelián, siempre secundados por sus impredecibles aliados aucas. Estrechamente vinculados al territorio de las Salinas[58], emparentados con aucas y pehuenches y marcados por una indeleble fama de salteadores de caminos, se los conocería muy pronto con el nombre de rancacheles, ranquelches o ranqueles[59].

Mientras tanto –y a pesar de que estuvo involucrado en el abandono y destrucción de las reducciones de Nuestra Señora de los Desamparados y Nuestra Señora del Pilar (1751)– el cacique Bravo renovaría las paces en 1753 (Vasallo, 2024) y sería considerado cacique amigo hasta su muerte, en 1757. Durante ese lapso brindó fieles servicios a sus aliados cristianos, dando aviso de intenciones hostiles, combatiendo a otros indios señalados como enemigos y auxiliando con sus guerreros a las tropas españolas.

Vistas en una perspectiva de mediano plazo, las paces de 1742 fueron un primer intento de consensuar unas condiciones mínimas de convivencia en la frontera bonaerense. Nacieron forzadas por la pujanza de una inédita coalición indígena, que amedrentó y humilló a los habitantes de Buenos Aires. Tensionadas por un cúmulo de presiones que respondían a intereses divergentes de los distintos actores –gobernador, miembros del cabildo, sacerdotes jesuitas, vecinos hacendados, pulperos de la campaña y simples labradores, en el campo español; pampas cordobeses o de las Salinas, serranos, aucas y pehuenches, en el campo indígena– las paces suponían un imposible ejercicio de equilibrio que terminó revelando su fragilidad intrínseca. Por eso mismo –o a pesar de ello–, las paces con Bravo y Calelián se constituirían, para bien o para mal, en una referencia obligada en los ulteriores debates sobre política fronteriza.

---

58 En 1757, el sargento de la Matanza informa que «un cacique que está sobre las Salinas de la parcialidad de Caleliano no ha querido bajar» donde Yahatí (oficio de Joseph Antonio López, 14.04.1757, AGN IX, 1-4-5).

59 En septiembre de 1749, el padre Matías Strobel avisó desde la reducción del Pilar que se estaban juntando en Mar Chiquito (sic) unos dos mil aucas «con ánimo de dar sobre el Pago de Luján o de Areco. Sus capitanes son dos hermanos del difunto Galelian» (AGN IX, 19-2-3 y acuerdo del 26.09.1749 en *AECBA*, Serie II, t. IX, L. XXVI, 1931: 499). Al final, parecen haber preferido atacar una tropa de carretas procedente de Chile: Sánchez Labrador cuenta que en 1749 «Los Indios *Sanquelches*, capitaneados de dos hermanos de aquel famoso Galelian [...] asaltaron una carretería» y mataron a casi todos los viajeros (Sánchez Labrador, 1936: 119).

Capítulo 3

Los protocolos de tierra adentro o cómo negociar paces a la manera indígena[1]

En todas las latitudes, la diplomacia tiene sus reglas y sus rituales: enterrar el hacha de guerra, fumar la pipa de la paz, enarbolar una rama de canelo, intercambiar regalos, vestirse de etiqueta, firmar un compromiso escrito, darse un apretón de manos o saludarse con una reverencia son gestos que asociamos con una voluntad de acercamiento. Un acuerdo de paz es mucho más que un acto político. Es un instante que marca con ceremonia el fin de un estado de cosas –la guerra, la desconfianza y el odio recíprocos– y el nacimiento de una nueva relación, que se espera basada en el olvido de los pasados agravios, en la buena fe y en la cooperación. Dar vuelta la amarga página de la violencia es un proceso que demanda un meditado balance de las ventajas e inconvenientes del antes y del después. Precisa también de una cierta inclinación a alcanzar un arreglo mutuamente satisfactorio, acompañado de actos propiciatorios que allanen el camino a la deseada reconciliación. Si algunos gestos parecen tener una significación universal evidente, otros se inscriben en las tradiciones culturales propias de cada grupo y deben ser explicados o decodificados a fin de que las negociaciones se desarrollen según las reglas del arte y los acuerdos alcancen la eficacia requerida. Las desprolijidades en materia de etiqueta pueden tener consecuencias enojosas.

Es ahí donde intervienen las y los mediadores, los hombres y mujeres que, con un pie en cada cultura, asumen la función de traducir y explicar los usos y costumbres del Otro. Para que haya diálogo, intercambio e incluso disputa es imprescindible interpretar discursos e intenciones, tarea

---

1   Este capítulo es una versión actualizada y ampliada del Capítulo IV, «¿Huéspedes o intrusos? Los huincas frente a los protocolos de tierra adentro», de mi libro *Huincas en tierra de indios* (Roulet, 2016).

que implica no solamente el aprendizaje de otras lenguas sino cualidades de apertura y adaptabilidad que hagan posible comprender la cultura ajena y volverla inteligible a los propios (Murray, 1991). Quienes asumen esa delicada función deben "transformar el barullo en palabras" y hacer del Otro, ese ser de inquietante apariencia y desconcertantes modales, alguien menos extraño (Merrell, 1999: 32).

Por indispensables que fueran en la comunicación, los intérpretes y mediadores que la hicieron posible han dejado rastros tenues en la documentación y suscitado un limitado interés de parte de los historiadores, más atentos a consignar el resultado de las transacciones –los textos de los tratados, los informes de los jefes de frontera, los diarios de viaje– que a reconstruir el proceso de las negociaciones, en las que estos intermediarios jugaron un papel esencial. Dotados de competencias lingüísticas y de capacidad de escucha, sensibles a los valores del Otro aunque no los compartieran, conocedores de la etiqueta de la diplomacia nativa, estos individuos (baqueanos, intérpretes, "bomberos" o espías, indios e indias que habían vivido entre cristianos, pulperos, secretarios de caciques, cautivos escapados o redimidos de las tolderías, renegados que habían elegido la vida tierra adentro) estaban hechos a un diferente manejo de los tiempos y sabían desentrañar las expectativas de sus interlocutores[2].

Mientras que los funcionarios coloniales definían la política indígena sentados en sus despachos, alternando con caciques, chinas y mocetones sólo cuando estos visitaban los centros urbanos, los intermediarios se pasaban la vida yendo y viniendo entre la frontera y los toldos. Si no eran indígenas o mestizos ellos mismos, compartían el quehacer cotidiano de los nativos, comían con ellos carne de yegua apenas asada, dormían con sus mujeres y participaban en sus ceremonias. La íntima convivencia con la gente de la tierra los hermanaba hasta terminar pareciéndoseles tanto que solían provocar desconfianza. Sobre el imprescindible intermediario, del que dependía en gran medida el éxito de toda negociación interétnica y a veces incluso la vida de quienes la llevaban adelante, recaían sospechas de falsedad, de doblez y de traición (Ratto, 2005; Roulet, 2009).

A algunos ya los hemos entrevisto en acción en el capítulo 2: la hermana del cacique Bravo, probablemente capturada en la incursión de Juan de San Martín a las sierras en 1739 e incorporada a la reducción de la Concepción de indios pampas, desde donde fue enviada como embajadora ante Bravo a principios de 1742; el cacique Felipe Yahatí, que había sido catecúmeno de

---

2   Para un panorama más completo acerca de estos personajes mediadores, véase Volweiller, 2017.

la misma reducción, de la que huyó para regresar a sus tierras y sin embargo obró para convencer a su gente de las buenas intenciones de los negociadores españoles; y los anónimos neófitos que en la misma ocasión asistieron al padre Matías Strobel en su prédica a favor de las paces. También estaba el indio Francisco "el Colorado", tío del cacique Calelián, que sirvió de baqueano en la primera expedición de Cabral a las sierras y fue quien trajo a su presencia a los caciques con quienes se harían los acuerdos preliminares: "llegué a la Sierra de Cairú donde Esperé al Yndio Fran.co a q.n hauia embiado Con vnos Españoles á Rexistrar dha sierra abajo", diría Cabral. Antes de seguir su marcha hacia Casuhatí, el Maestre de Campo despachó como avanzada "al dho Yndio Fran.co el Colorado con dos Españoles a la dha Sierra". Con tanta eficacia cumplió el baqueano su misión que, al llegar Cabral a Casuhatí se le reunió "el dho Yndio Fran.co con vn Cazique Aucá á q.n regalé del mejor modo que pude"[3]. Algunos años más tarde, tras la fallida operación comercial de Calelián y sus aliados aucas y pehuenches en la villa de Luján, un testigo habla de Francisco el Colorado no sólo como baqueano sino también como intérprete y da cuenta de cómo había avisado a los cristianos que los pehuenches que acababan de retirarse intentarían volver sobre sus pasos, con intención de robar las vacas que no les había sido permitido comprar. Quizás fuera su ambivalente figura de intermediario la que signara trágicamente su destino: en el asalto a Luján de julio de 1744, los asaltantes "mataron al yndio francisco que era tio de Calelian y a su cuñado", llevándose cautivas las mujeres de ambos[4]. La delicada posición del mediador entrañaba serios riesgos.

Cuando las negociaciones tenían lugar en las tolderías, allá donde no llegaba la autoridad estatal y eran los nativos quienes dictaban los términos de contacto e imponían sus códigos a los forasteros, las y los intermediarios culturales debían explicar a los funcionarios coloniales los protocolos de tierra adentro[5]. Esto es, el conjunto de conductas, rituales y normas tácitas que regulaban el comportamiento esperado por los indígenas de la cordillera y las pampas de parte de quien ingresaba en su territorio en son de paz.

Las reglas de etiqueta que ritualizaban las relaciones entre las sociedades indígenas y sus vecinos cristianos manifiestan una dinámica de relación con

---

3 Carta de don Cristóbal Cabral a don Miguel de Salcedo, 2.11.1741, inserta en la carta del gobernador Salcedo al rey, 20.11.1741, AGI Buenos Aires, 302.

4 Testimonios de Pedro Leguizamón y de Cristóbal Cabral de Melo, 1.10.1744, en AGN IX, 19-2-2.

5 Para un completo análisis de las formas de negociación política prehispánicas y de la adaptación de los españoles a esas prácticas, que incluían aspectos rituales, económicos y verbales, en el marco de los parlamentos en la frontera chilena, véase Zavala, 2000: 128-145.

el Otro de matriz básicamente nativa, reveladora de tradiciones diplomáticas muy elaboradas en las que el parlamento y los acuerdos escritos que eventualmente se suscribieran no eran sino momentos particulares. Instancias estas últimas de gran importancia simbólica, desde ya, pero que debían ser precedidas y seguidas de procederes escrupulosamente pautados, investidos de análoga trascendencia. A falta de testigos letrados que describieran las juntas celebradas entre indios, apenas contamos con algunos atisbos de los protocolos seguidos en esas ocasiones. En 1658, un fiscal de Mendoza describía algunas ceremonias propias de pehuenches y puelches "en sus parlamentos para capitular": la convocatoria se realizaba mediante señales de humo; luego se sacrificaba un caballo, que era repartido y consumido entre todos los presentes; por fin, los jinetes hacían escaramuzas, "con grandes algazaras de gusto", tras lo cual los asistentes se disponían en círculo y los convocantes distribuían regalos a sus invitados (Cabrera, 1928: 48). Los hispanocriollos que ingresaban tierra adentro no siempre estaban familiarizados con tales usos. Nuestras fuentes revelan un permanente esfuerzo pedagógico de los caciques y sus intérpretes para explicar las conductas que esperaban de los forasteros, dándoles de paso su propia visión acerca de los términos en los que consideraban posible coexistir.

Los protocolos de la diplomacia hispano-indígena, tal como se verificaban en los encuentros tierra adentro, son un producto híbrido de siglos de convivencia y adaptaciones recíprocas a lo largo de la frontera sur, de Chile al Río de la Plata. Se los puede descomponer en una serie de momentos sucesivos: 1) las presentaciones; 2) la escolta familiar; 3) el anuncio de la llegada; 4) las ceremonias de recibimiento; 5) las parlas; 6) la distribución de regalos; 7) la incorporación del Otro mediante un parentesco real o simbólico; 8) el cumplimiento de las promesas[6].

Con ligeras variantes, dependiendo de si los negociadores coloniales se presentaban como viajeros con una limitada escolta, o bien a la cabeza de una expedición fuertemente armada, dependiendo también de si era un primer encuentro o si los protagonistas habían entablado previamente una relación personal, estas reglas de etiqueta daban el marco ceremonial que hacía posible transitar el camino hacia la paz.

---

6   Mi categoría de protocolos de tierra adentro se inspira en la descripción de los *treaty protocols* que propone Daniel Richter para el período colonial norteamericano (Richter, 2001: 135-150).

Las presentaciones

Tierra adentro, esa extensión desconocida que los ideólogos del siglo XIX describieron como un "desierto", no estaba despoblada ni carecía de dueños. Los transeúntes que se internaban en ella sin ser invitados, sin guías nativos ni vínculos previos con sus habitantes, eran intrusos potencialmente riesgosos y, dada la distancia social existente, se exponían a las formas más drásticas de la reciprocidad negativa[7]. Es decir, la apropiación egoísta obtenida por subterfugios o mediante la fuerza, que se traduce en regateo, estafa, robo, cautiverio, e incluso en asesinato.

Las presentaciones tienen, por lo tanto, la finalidad de crear o reactualizar la relación social gracias a la cual quedará suprimida la reciprocidad negativa, dando seguridades al viajero de que su vida y sus bienes serán protegidos durante el trayecto. En esta instancia juegan un papel decisivo los mediadores que facilitan el primer contacto. Durante la primera misión de Cristóbal Cabral a las sierras, ese papel lo desempeñó el indio Francisco el Colorado, que en Casuhatí condujo ante Cabral a los caciques Agustín Mayú y Juan Gallo, a un nieto y dos sobrinos del cacique Bravo y a un hermano del difunto Tolmichi-ya. Llegados a la prudente distancia de una legua del campamento, uno de ellos se adelantó a dar aviso al Maestre de Campo y éste avanzó solo hacia donde lo esperaban los caciques. Entonces habrán tenido lugar las presentaciones, cuya ceremonia Cabral apenas insinúa diciendo que recién "despues de hauerles dado la paz los traje al Real"[8]. En el caso del viajero chileno José Santiago de Cerro y Zamudio, quien en 1803 pretendía viajar de Buenos Aires a Chile cruzando territorio indígena, la necesidad de contar con un intermediario que facilitara las presentaciones a lo largo del trayecto parecía una evidencia. Antes de salir de Buenos Aires, Cerro solicitó al virrey que lo recomendara "al cacique más inmediato de nuestra frontera con objeto de que lo acompañe hasta el Río Diamante"[9].

---

7   Sigo aquí la definición de reciprocidad negativa dada por Marshall Sahlins, quien subraya que en sociedades regidas por el parentesco y organizadas por la reciprocidad, la distancia social —es decir, la distancia de parentesco— es también una distancia moral: "los que vienen de lejos son peligrosos y no merecen ningún tipo de consideraciones morales" ya que el "'no pariente' lleva implícito la negación de la comunidad (o del tribalismo); a menudo es un sinónimo de 'enemigo' o 'extraño' y las normas de conducta que se aplican son relativas y situacionales, dependiendo de quién sea el 'otro'" (Sahlins, 1983: 209, 215, 218).

8   Copia de la carta de don Cristóbal Cabral a don Miguel de Salcedo, 2.11.1741, inserta en la carta del gobernador Salcedo al rey, 20.11.1741, AGI Buenos Aires, 302.

9   Oficio del consulado al virrey del Pino. Buenos Aires, 7.6.1803, en AGN IX, 39-5-5. En el pasaporte que escribió para Cerro y Zamudio, el virrey solicitaba «al cacique Amigo a

En ocasión de las presentaciones, el protocolo nativo exigía que estuvieran en persona el oficial que lideraba la expedición o las máximas autoridades fronterizas. Así como se había adelantado solo en Casuhatí a saludar a los caciques traídos por Francisco el Colorado, Cristóbal Cabral, como líder del cuerpo expedicionario, repitió la maniobra llegando a las tolderías del río Colorado, mientras sus tropas quedaban a retaguardia. Una vez ante los indios, que lo recibieron con una demostración ecuestre, "vinieron los tres caciques a darme la mano y me dijeron que Creian elque hiba á darles la Paz respecto de hauerme hido solo sin tenerles miedo y que tenía Valor y buen corazón"[10]. Darse la mano, ese gesto de amistad universal, fue el lenguaje que usó Cabral a continuación para presentar los caciques a sus oficiales, formados en fila. Una imagen que volvemos a encontrar décadas más tarde en la frontera cordobesa, cuando luego de haber conversado sobre paces con los ranqueles Cheglen y Carripilum en el fuerte de La Carlota, el comandante de frontera don Simón de Gorordo acompañó a los caciques algunas leguas hasta donde se hallaban los guerreros ranqueles, que lo esperaban formados en ala, con sus caciques y capitanejos al frente. Gorordo hizo entonces formar a la partida de soldados

> y me encaminé solo con mis oficiales a dichos Indios, de los que salieron, después de haver jugado diestramente un Indio varias escaramuzas, salieron los dos Casiques y capitanejos a recibirme, acompañándome hasta el frente de sus Indios, los que permanecieron con la mayor quietud y silencio en su formación, y después de darme a conocer Cheglen a sus Indibiduos, me dixo: me pasease por el frente para que me conociesen, pues todos lo deseaban, lo que verifique, manifestándome todos los Indios grande amor con un alborozo inesplicable, y después pasé con los Casiques al frente de mis Partidas y se les satisfizo con las mismas demostraciones[11].

Tierra adentro, las relaciones sociales no tenían lugar entre entelequias que representaban abstracciones, sino entre personas de carne y hueso, en un vínculo cara a cara. En 1806, cuando Luis de la Cruz, alcalde de la ciudad chilena de Concepción, iba a iniciar el viaje que debía llevarlo desde el fuerte de

---

quien entregare esta Carta que atienda y auxilie [al comisionado]», prometiéndole que «a proporción del esmero que ponga en desempeñar este encargo [...] será el que experimente en la retribución de él» (Buenos Aires, 14.6.1803, en AGN IX, 39-5-5).

10 Copia de la carta de don Cristóbal Cabral a don Miguel de Salcedo, 2.11.1741, inserta en la carta del gobernador Salcedo al rey, 20.11.1741, en AGI Buenos Aires, 302.

11 Comunicación del comandante Simón de Gorordo al Marqués de Sobremonte sobre el tratado de paz concretado con los caciques Cheglén y Carripilum, 7.09.1796, en AHM, EC, Carpeta 42/documento 33, en adelante abreviado 42/33.

Antuco, en la cordillera, hasta Buenos Aires, atravesando territorio pehuenche y ranquel, su primer cuidado consistió en solicitar el permiso de paso a los pehuenches, amos de los valles andinos, en una junta celebrada en la plaza chilena de Los Ángeles. Semanas más tarde, en vísperas del viaje, de la Cruz compareció en Antuco ante los caciques, que lo vieron llegar acompañado de un oficial de rango menor, un teniente de dragones. Enseguida le pusieron "el reparo de no ver la persona del gobernador intendente, o del comandante de los Ángeles en la junta, y la del comisario o lengua general, intérpretes necesarios por costumbre para parlamentar, y que por ese defecto más bien esperarían a que viniesen que quebrantar un antiguo uso" (Cruz, 1969a: 51, 56 y 57). De la Cruz tuvo que convencerlos de llevar adelante la junta a pesar de tan notorias ausencias. Su argumento fue que el permiso había sido acordado durante el encuentro previo en Los Ángeles ante el comandante de aquel fuerte, y que en la instancia presente sólo se trataba de "una ceremonia solemne para que me recibiesen en sus manos los que me debían acompañar hasta Buenos Aires" (Cruz, 1969a: 58), ceremonia que ya no requería del mismo elenco.

En segundo lugar, el protocolo indígena exigía que durante la presentación se hiciera explícito el motivo del viaje. Nadie podía ingresar tierra adentro porque sí, de paseo. Hacía falta una buena razón para cruzar la frontera, una razón que aparejara beneficios a los dueños del territorio: comercio, asistencia militar, recuperación de ganado extraviado o robado, rescate de cautivos, parlamentos de paz o tareas de evangelización, ocasiones que daban lugar a la distribución de obsequios. La enunciación de los motivos del viaje era una cuestión delicada ya que los expedicionarios manejaban a menudo una doble agenda, una pública –que era la razón invocada ante los caciques– y otra oculta, que consistía en reconocer los terrenos ya fuera para ubicar las tolderías y calcular el número de lanzas, anticipando una futura campaña militar, ya para determinar los sitios más favorables a un adelanto de la frontera[12]. Hacia fines del siglo XVIII, cuando los caciques empezaban a estar familiarizados con la tecnología de la escritura y algunos contaban incluso con secretarios que leían y redactaban cartas en su nombre, la finalidad manifiesta del viaje se hacía explícita tanto verbalmente como por escrito, en los pasaportes que los viajeros llevaban consigo y que eran leídos a los caciques en cada etapa del trayecto. Por las mismas razones, los caciques que concluían paces con las autoridades coloniales solicitaban papeles que los identificaran como indios amigos en cualquier otro punto de la frontera.

---

12 Por ejemplo, Luis de la Cruz había recibido instrucciones confidenciales del gobernador de Chile para estimar "las ventajas que de [nuestra internación] puedan resultar al comercio *y a la entera reducción y posesión de estos grandes espacios*" (Cruz, 1969a: 48, 51; la cursiva es mía).

Gracias a los pasaportes, los indios podían reconocer al forastero que se acercaba a sus tolderías como un enviado mandatado para negociar, acreditación de la que carecían los renegados y conchavadores que solían ingresar ilegalmente a sus tierras. El expedicionario chileno Justo Molina, que viajó de Buenos Aires rumbo a Chile en 1805, recibió un pasaporte del virrey Sobremonte y dio anticipado aviso de su venida al cacique ranquel Carripilum, despachando a su propio hijo a la toldería para anunciarle que iba a "darle un abrazo, y mi diligencia de hacer unas firmes paces entre ellos"[13]. Por su parte, el alcalde chileno Luis de la Cruz exhibía un documento firmado por el gobernador de Concepción en el que hacía saber "a los gobernadores y caciques del tránsito" hacia Buenos Aires que la expedición tenía el propósito de "hacer un nuevo reconocimiento del camino más directo a la expresada capital, que es el único objeto de este viaje, sin que sea la intención del Soberano hacerles ningún perjuicio o daño [...] que antes bien, se solicitan y quieren su amistad, trato y comunicación" (Cruz, 1969a: 50-51).

En tercer lugar, las presentaciones incluían la ceremonia de entrega en manos propias, "como lo acostumbran cuando recomiendan a sus correos". El ritual implica que los viajeros serán escoltados por indígenas encargados de ir "acompañando, guiando, recomendando y sirviendo de auxilio" a los cristianos, cumpliendo por añadidura funciones de vigilancia para asegurarse de que la expedición marchara por donde ellos decidían (Cruz, 1969a: 215)[14]. Sin una escolta indígena eran pocas las chances de llegar vivos a destino. El explorador Justo Molina admitió que "no hubiérase internado jamás por estas tierras si en estas fronteras no se hubiera encontrado con indios de Carripilum, y principalmente con Llancan, quien conocía a Molina en nuestras fronteras y le prometió llevarlo sin novedad, ocultando siempre nuestros proyectos"[15].

La escolta se formaba con caciques y mocetones que se ofrecían a hacer el largo viaje. Luis de la Cruz narra lo dificultoso que le resultó fidelizar a pehuenches de renombre cuyo prestigio impusiera respeto a los ranqueles. Una vez convencidos los indios de sumarse a la expedición, se procedía al "rito que acostumbran": la máxima autoridad presente (en este caso, el teniente de dragones) tomó la mano de Luis de la Cruz y la dio a los caciques, "con el

---

13 Diario de Justo Molina, AGN IX, 19-7-4.

14 Luis de la Cruz describe esta función de vigilancia con una anécdota elocuente: "son tan recelosos [estos indios] que, yendo el agrimensor en Auquinco a ver un escarpado de piedras toscas de cantear [...] le fueron a decir que ¿si iba a buscar oro? Que ¿qué hacía? y que se retirase" (Cruz, 1969a: 168).

15 Contestación de Luis de la Cruz al dictamen de la Comisión del Consulado, en Buenos Aires, 18.12.1806, en Llavallol y Molino Torres, 1972: 74.

cargo de entregarla del mismo modo al señor virrey, y ellos me entregaron las de sus diputados, para que a mi regreso se los devolviese de la misma suerte en presencia del señor gobernador intendente, a quien me presentarían" (Cruz, 1969a: 52). La ceremonia descrita por Luis de la Cruz ilustra la transferencia de potestades que opera el inminente cruce de la frontera: hasta ese momento, el alcalde se ampara en la autoridad del oficial a cargo del fuerte, quien representa a sus superiores (el jefe de frontera, el gobernador de Concepción y el Capitán General del Chile). Pero una vez que ha sido puesto literalmente en manos de los caciques, ha cruzado simbólicamente un umbral y se halla bajo la responsabilidad de aquellos, que se comprometen a velar por él como un padre lo haría por sus hijos. Aunque, como veremos, el alcalde no sólo evita esta delicada metáfora que lo colocaría en posición subordinada, sino que procura revertirla.

Por último, las presentaciones debían ir acompañadas de regalos para los asistentes a la parla. Luego de la ceremonia de las manos, los caciques se retiraron prometiendo volver al día siguiente "a despedirse y a recibir los agasajos que en [la junta de] los Ángeles se les ofertó les darían para esta ocasión", que consistían en "chupa, sombrero, añil, tabaco, chaquiras y bastón" (Cruz, 1969a: 62). Estos presentes no deben verse como una mera retribución por los servicios que se esperan de ellos sino como el signo material de la relación social que se pretende establecer, fundada en un delicado equilibrio de reciprocidades: los españoles, que procuran colocarse simbólicamente en lo alto de una relación jerárquica frente a los indios (de los que en la práctica dependerán enteramente para moverse tierra adentro), deben mostrarse generosos. Porque los regalos no sólo "hacen amigos", sino que generan deuda, obligan a quien los recibe, suscitan las lealtades que debe movilizar quien aspira al liderazgo y fortalecen el vínculo social. En comunidades donde impera una moral del parentesco, el hombre rico debe ser dadivoso hacia quien menos tiene si aspira a cosechar fidelidades y prestigio. La tacañería es incompatible con unas jefaturas que exigen del líder un desprendimiento total, análogo al del padre hacia sus hijos (Sahlins, 1983: 226-231; Godelier, 1996). Cuando los españoles contrastaban discursivamente la opulencia de la sociedad colonial con la escasez de bienes y consiguiente pobreza de los indios, apelando a la envidia y al deseo de emulación, se colocaban de hecho —quizás sin darse cuenta— en una posición jerárquica que exigía de ellos, según los códigos indígenas, una ilimitada generosidad.

Considerando la importancia crucial de las presentaciones, podemos hacer una lectura más rica del insistente pedido de pasaportes de los caciques en los parlamentos: el ranquel Quechureu, por ejemplo, expresaría a Luis de la Cruz que para probar su condición de amigo en las fronteras y que había autorizado el paso por sus tierras "le debía dar una constancia de ello para salir a su comercio con franqueza. Le prometí que le daría un papel que acreditase su amistad" (Cruz, 1969a: 272-273). "No hay un casique que deje de tener Despachos de Presidentes, o Governadores, y quando vajan a los Pueblos los presentan como un testimonio de la entidad de sus Personas", diría años más tarde el Comandante de Frontera de Mendoza[16]. Estos líderes de sociedades orales habían comprendido que los salvoconductos escritos, en los que mágicamente quedaban enunciados sus nombres y la finalidad de sus desplazamientos, cumplían ante los españoles la misma función que sus ceremonias de presentación[17].

Promediando la primera década del siglo XIX, las desventuras de los viajeros Santiago de Cerro y Zamudio, Joseph Sourryère de Souillac y el capitán de blandengues Esteban Hernández en tierra de indios nos muestran qué sucedía a quienes omitían tales rituales. Cuando el primero, apurado por cruzar la cordillera hacia las pampas, decidió no asistir a la junta de los Ángeles y se dirigió directamente a las tolderías pehuenches de Malargüe, fue retenido por el cacique Pañichiñé, quien le exigió retroceder hasta Santiago para obtener un despacho del Capitán General de Chile "sin haber podido recabar de él la razón de esta repulsa. Esta es la causa que me ha obligado a venir a esta Capital y tomar esta ruta para Buenos Aires"[18]. No es que Pañichiñé desconociera a Cerro y Zamudio ni que el propósito de su viaje fuera un misterio[19]. El cacique penalizaba a Cerro, que en su precipitación había prescindido de las formalidades de uso, y le recordaba las reglas de etiqueta vigentes.

Idéntico contratiempo conocieron Esteban Hernández y Sourryère de Souillac cuando se presentaron en los toldos del cacique Colipi. Ambos habían salido de Talca sin cumplir con las ceremonias prescritas, y al llegar

---

16 Oficio de José de Susso al Gobernador San Martín, 30.11.1814, en AHM, EI, 235/46.

17 Por la misma razón, los caciques insistían en poseer pasaportes individuales. Luego del parlamento celebrado en el río Diamante en 1805 (cf. Capítulos 5 y 6), el comandante Teles Meneses reclamó que «faltan los pasaportes del cacique Carilef, por venir incluso en el de Guarquillan, y del cacique Millatur por también estar incluso con el de Millaguin, y por olvido no anoté los dos capitanejos Quinchau hijo de Carilef [y] Mariñam hijo de Cominan» (oficio de Teles Meneses a Sobremonte desde San Rafael, 27.6.1805, en AGN IX, 3-5-2).

18 Oficio de Cerro y Zamudio a Luis Muñoz de Guzmán. Santiago, 9.5.1804, en AGN IX, 30-7-4.

19 El año anterior el chileno había pasado dos meses enteros en los toldos de Malargüe, había celebrado una parla formal en la que prometió volver por sus tierras —logrando incluso el compromiso de algunos caciques de que viajarían con él a Buenos Aires— y había sido escoltado por mocetones pehuenches a Talca (Informe de Cerro y Zamudio sobre la junta realizada en los toldos de Pañichiñé del 4 al 14 de agosto de 1803, AGN IX, 30-7-4).

donde Colipi exigieron caballos a los indios, "que no debían [darlos] sino con paga". Colipi se negó a autorizarles el paso y los obligó a parlamentar. Al cabo de dos días de inquietud y "después de las ceremonias acostumbradas, que son las dádivas [...] nos dieron el paso libre", amén de un obsequio de carneros, un novillo, varios caballos y una escolta de indios "para que nos acompañasen hasta el fuerte de San Rafael del Diamante". Los animales y la autorización de paso no se daban sin condiciones: Colipi exigió "una certificación para el juez real, subdelegado de Talca" –léase, un pasaporte– y quitó a los expedicionarios toda libertad de movimientos, obligándolos a seguir la ruta marcada por los guías pehuenches (Sourryère de Souillac, 1972a: 501, 508).

La escolta familiar

Los indios nunca viajan solos. En parte por razones de seguridad en los largos trayectos, donde el número impone respeto y permite subvenir a las necesidades de la marcha mediante cazas colectivas, y en parte también porque la propia composición del grupo en desplazamiento es reveladora de la índole del viaje. Una partida de cazadores o guerreros estará integrada por hombres jóvenes armados –con boleadora o lanza, según el caso–, dirigidos por uno o dos caciques. Una partida comercial estará formada por un corto número de caciques, sus mocetones (generalmente hijos y sobrinos) y algunas de sus esposas. La presencia de mujeres es un indicador fiable acerca de las intenciones pacíficas del grupo, tanto porque simbólicamente se las asocia con la paz y la alianza como porque, gracias a sus competencias lingüísticas y a sus contactos en ambos mundos, se sitúan en una posición privilegiada para la mediación interétnica (Barr, 2007; Roulet, 2008, 2009, 2025). Así lo ilustra, entre tantos ejemplos, la conformación del grupo indígena que en 1774 se acercó al baqueano de una partida de milicianos del fuerte de Pergamino que exploraba la campaña. Los soldados habían advertido la presencia de un centenar de indios y destacaron al baqueano "para reconocerlos". Entonces "salieron de ellos el cacique llamado según dijo Casuel, con la Cazica, y dos mas desarmados, y el Cazique trahia vn Baston colorado; les digieron que ellos no venían â hacer daño a los Christianos, sino a Potrear"[20]: cada detalle de esta presentación ha sido cuidado. Mientras el grueso de los indios permanece a retaguardia, el cacique se adelanta acompañado de su esposa y de otros dos hombres, todos desarmados, y viene enarbolando un bastón, que indica su condición

---

20 Oficio de Francisco Faijó y Noguera al gobernador Vértiz, 10.06.1774, en AGN IX, 1-5-6.

de cacique de paz, habituado a parlamentar en las fronteras y distinguido por este atributo simbólico que vale tanto o más que un pasaporte (Roulet, 2024).

Cruzar la frontera como emisario de paz suponía, para un indígena, una misión de alto riesgo. La memoria tribal almacenaba incontables ejemplos de caciques, capitanejos y mocetones que habían sido apresados, torturados, ejecutados o deportados a Santo Domingo Soriano, a Montevideo o a las islas Malvinas, desde donde casi nunca regresaban. En situaciones tensas, los caciques evitaban exponerse, despachando como embajadores a parientes cercanos –un hermano, un primo, un sobrino– o, con frecuencia, alguna de sus mujeres (Roulet, 2009). En señal de paz, las embajadas indígenas solían integrar también algún cautivo o cautiva cristianos, para canjearlos por parientes prisioneros. Y alguien –indio o cristiano– que "fuera ladino", esto es, que hablara castellano y facilitara la comunicación interétnica.

Una embajada indígena se componía de caciques renombrados, acompañados por sus familiares directos. Esto se advierte en la escolta pehuenche que acompañó a Luis de la Cruz en su viaje de Antuco hacia Buenos Aires, en 1806: el cacique Puelmanc llevaba consigo a dos de sus hijos y dos mocetones, Manquelipe a su hijo, y el cacique gobernador Manquel a su esposa, doña Carco, y a dos mocetones. Una vez en Mamilmapu –territorio ranquel–, Puelmanc pasaría por lo de sus cuñados, de donde quería "llevar dos cabezas de mis parientes, un hijo que tengo por esas tierras, y otros mocetones para no entrar solo a lo del señor virrey" (Cruz, 1969a: 281). Dispuesto a acompañar a Luis de la Cruz hasta la capital del virreinato, el ranquel Carripilum emprendió viaje con su esposa, un hijo casado, su nuera y otras dos mujeres, un hijo soltero, un yerno y dos mocetones (Cruz, 1969a: 291). Del mismo modo, armada por los propios pehuenches, la escolta de Santiago Cerro y Zamudio en su viaje de 1804 entre Mendoza y Buenos Aires estaba compuesta de caciques y cacicas estrechamente emparentados: Caripan y María Josefa Roco eran primos entre sí y tíos de Juan Neculante y de María del Carmen Quintuipan. Lo mismo se observa entre los caciques puelches que al año siguiente guiaron al teniente Esteban Hernández hacia la frontera puntana, acompañados de sus mujeres y varios mocetones (Hernández, 1972: 26).

Así pues, cuando marchan en son de paz, los indios viajan en familia. Los españoles no tienen ese hábito. Don Luis de la Cruz no llevó a ningún familiar en su periplo por las pampas. Pero, astutamente, al formar la escolta indígena recurrió a la metáfora del parentesco para transformar simbólicamente a los pehuenches que lo guiaban y protegían en sus "hijos". Transcurrido un mes de trayecto, el cacique gobernador Manquel, que se había comprometido a hacer todo el viaje con él, se quiso echar atrás, lo que contrarió profundamente al alcalde chileno pues era el miembro más relevante de su escolta. De la Cruz mandó entonces llamar a los pehuenches pidiéndoles "que viniesen a acompañarme en el mate, porque estaba triste, acordándome de mi mujer e hijos". Sensibles a la nostalgia del viajero, "al punto vinieron". Durante la larga charla que siguió, de la Cruz les dijo que si algo lamentaba era que en vez de los cinco pehuenches que pensaba llevar, sólo veía cuatro. "No tengo pues completo mi deseo, uno me falta". El simbolismo de la cifra tenía que ver con que los hijos de Luis de la Cruz eran cinco: "Si se consigue [mi deseo] llevaré en el número de mis cinco amigos y compañeros uno igual al de mis hijos, que todos los días miraré en vosotros [...] pues la familiaridad engendra un amor parecido al de la sangre" (Cruz, 1969a: 171-173). De este modo, no sólo consiguió ablandar el corazón de Manquel, quien aceptó acompañarlo el resto del viaje, sino que acabó desplazándose, como buen pehuenche, con sus "hijos".

El anuncio de la llegada

Antes de acercarse a una toldería, antes de penetrar en tierras de otro grupo, la costumbre quería que se anticiparan mensajeros anunciando la llegada, lo que daba tiempo a los anfitriones de prepararse para recibirlos. En 1783, invitado a tratar paces en Mendoza por don José Francisco de Amigorena, comandante de frontera de la provincia de Cuyo, el cacique gobernador pehuenche Ancán Amún anunció su pronta llegada mediante una carta —seguramente escrita por el lenguaraz chileno que le había transmitido la invitación de Amigorena— declarando que estaba dispuesto a encontrarlo donde él mandara e indicando la fecha en que saldría hacia Mendoza (Roulet, 2005b). Dos décadas más tarde, el explorador Santiago de Cerro y Zamudio avisó a los pehuenches de Malargüe desde el fuerte de San Carlos su intención de viajar a las tolderías: "Y por unos Indios que se regresaban a su tierra de la de Mendoza, le mandé aviso al cacique Pañichiñé [...] y a los pocos días me mandó encontrar con dos mocetones y cabalgaduras para mí y los soldados". Pero no era cosa de apurarse en llegar: "a los dos días me mandó otro chasque, a que le diese un día más de espera para recibirme con todos los caciques y mocetones de esta costa". Y, luego de haber parlamentado, los pehuenches tuvieron cuidado en advertirle "que les avise a los Caciques de estas fronteras [de Córdoba] de que van a pasar por sus tierras por orden de Vuestra Excelencia"[21]. En el ámbito bonaerense, en ocasión de

---

21 Carta de Cerro y Zamudio al Consulado de Buenos Aires, Valle de las Animas, 25.8.1803, AGN IX, 39-5-5.

las expediciones a Salinas Grandes, se había vuelto "costumbre" el aviso a los caciques desde la laguna de Palantelén (García, 1969: 306).

Omitir el anuncio de la llegada podía interpretarse como indicio de intenciones hostiles. De ahí que los pehuenches aconsejaran al viajero Luis de la Cruz que "en llegando a Chadileubú –límite entre los territorios pehuenche y ranquel– adelantase un mensaje a Carripilum comunicándole mi ida, a fin de que no pensase que iba a malón". Llegado a ese punto, De la Cruz dijo a sus escoltas pehuenches: "adelante no podemos andar sin pedir venia a los caciques y gobernadores". Moviéndose en espacio ajeno, el alcalde cuidaba cada uno de sus pasos, por su propia seguridad y la de sus acompañantes, a quienes aleccionaba: "Ya os he dicho cuánto importa y que nos es preciso adelantar noticias a estos habitantes de nuestra llegada a sus tierras. No demos motivo de resentimientos, sino de gratitud". Al ranquel Carripilum, le mandaría dos emisarios con un mensaje de paz y "un regalo, que le asegurará la certeza de mis ofertas"[22].

Como no todos los cristianos tenían iguales miramientos, los caciques no se cansaban de educarlos en las reglas de etiqueta de la diplomacia nativa. Cuando el viajero Justo Molina llegó a la guardia de Salto, desde donde pretendía ingresar en territorio ranquel, lo aguardaban dos mocetones del cacique Guinchepil [Quintrepi], "que los había mandado a aquel sitio para que me esperasen con el destino de saludarme y que le mandase adelante a mi hijo el mayor y a su hijo de él que andaba en mi compañía", quedándose ellos para servirle de baqueanos. Lo que soslayadamente proponía Quintrepi era un intercambio de rehenes para prevenir toda sorpresa: sus dos mocetones quedarían con Molina mientras el hijo de éste esperaría a su padre en los toldos[23]. La misma precaución había tenido años antes el ranquel Cheglem, quien junto a Carripilum se acercó a la frontera cordobesa a tratar de paces: su primer gesto había sido enviar al fuerte de las Tunas a su propio hijo con otros dos indios, "con el fin de que quedasen en rehenes hasta verificar los tratados". El comandante de frontera Simón de Gorordo retuvo entonces al hijo y despachó a los dos indios con seis soldados armados "a saludar a dichos Casiques, y decirles como ya los esperaba para tratar las paces". Cheglem y Carripilum aceptaron el convite de reunirse con Gorordo en las Tunas "con tal que quedasen en rehenes de ellos los seis soldados"[24]. A la hora de pactar con el enemigo, ningún recaudo estaba de más.

---

22 Cruz 1969a: 103, 238, 214-215; el texto de la carta a Carripilum: 240; el regalo era una prenda de vestir: 259.

23 Diario de Justo Molina, AGN IX, 19-7-4.

24 Comunicación del comandante Simón de Gorordo al virrey Sobremonte, 7.09.1796, AHM, EC, 42/33.

Una aparición intempestiva constituía pues un doble motivo de desagrado para quien la recibía: el anfitrión ignoraba quién era su huésped y con qué intenciones venía, mientras se arriesgaba a quedar humillado por no haber tenido tiempo de disponer un digno recibimiento. De ahí que los caciques tuvieran especial cuidado en anunciar con antelación sus intenciones de paso. Si una visita no anunciada es una desagradable intrusión y un posible motivo de vergüenza, el tránsito de un viajero –indio o cristiano– a proximidad del territorio de un cacique sin ir a saludarlo constituye una segura ofensa[25]. En ruta hacia la frontera mendocina en 1805, el cacique moluche Guilipan Pichapi no se había acercado a las tolderías de los caciques Epuñan, Llanquemilla y Calviqueu, pehuenches del Neuquén, "por cuyo motivo se resintieron [...] dispuestos a atacar a estos a su regreso y [...] estaban tenaces en vengar el desaire"[26]. A pesar de sus prevenciones, Luis de la Cruz tampoco pudo evitar que algunos caciques se molestaran por no haberles mandado aviso de su llegada. A poco de ingresar al territorio ranquel, se le presentó el cacique Naupayán diciéndole "que ignoraba qué españoles eran los que estaban en este sitio, que si había novedad", quejándose de que los dos emisarios del comisionado chileno habían pasado de largo rumbo a lo de Carripilum, "sin hacer juicio de él". El ofendido cacique exigía que fuese uno de los pehuenches de la escolta del chileno "a darle razón de quién era, a qué venía y para dónde caminaba" (Cruz, 1969a: 246-247).

El enojo de Naupayán tenía un componente de prestigio –la humillación de que lo ignoraran– y un claro componente material. Cada instancia de encuentro interétnico resulta ser un pretexto para el intercambio de dones: el viajero hace regalos en las presentaciones, manda obsequios cuando avisa que está por llegar y los dará en cantidad aún mayor al aceptar la hospitalidad de sus anfitriones. En la expedición que condujo a Salinas Grandes en 1810, el coronel Pedro Andrés García obsequió con mate dulce, yerba, tabaco, pasas, aguardiente y galleta a los caciques que le salieron al paso, quienes "entraron en sus parlamentos muy autorizados, manifestando que era un acto de su generosidad permitirnos el paso" (García, 1969a: 312-313). Esta exigencia de

---

25 Entre los puelches del Nahuelhuapi, el jesuita Menéndez había hecho la misma observación a fines del siglo XVIII: "Tienen los indios por agravio que entre alguno en sus tierras sin su permiso" (Fonck, 1900: 382-383).

26 El comandante de frontera despachó a un capitanejo pehuenche con una carta pidiendo que se excusara a los Muluches, "que como forasteros ignoraban sus alojamientos [...], advirtiéndole que se le diese paso franco a Ulipan y sus compañeros, como vasallos del Rey Nuestro Señor y lo auxiliasen como amigo" (Oficio de Teles Meneses a Sobremonte. San Rafael, 19.1.1806, AGN IX, 11-4-5).

regalos para autorizar el tránsito por sus tierras ha sido frecuentemente interpretada como una suerte de derecho de peaje[27]. Pero la corriente de bienes no es unidireccional: las ofrendas anticipadas comprometen a quien las recibe a cumplir con su deber de hospitalidad. Así es cómo, pese a los malos modales de los españoles que se introducían en sus tierras, el pehuenche Colipi había ofrecido a los sorprendidos Sourryère de Souillac y Hernández, después de la tensa parla, "cuatro carneros para los que suponían oficiales, un novillo para la escolta, 80 caballos para toda la comitiva, *gratis*" (Sourryère de Souillac, 1972a: 501, cursiva del autor). Justo Molina dice haber sido generosamente agasajado en lo de Quintrepi[28], mientras que Luis de la Cruz refiere haber sido invitado a comer varias veces por los caciques y agasajado por las indias con *camaricos* u obsequios de corderos, semillas comestibles y fuentes de carne asada[29]. La entrega de alimentos, forma primera de la hospitalidad, funciona como mecanismo de arranque de la sociabilidad "y la retribución social correspondiente, después de un intervalo apropiado, es la retribución de la hospitalidad o de la ayuda" (Sahlins, 1974: 235-237). La deuda que se instala entre ambos momentos refuerza el lazo social. Los regalos recíprocos no la saldan, anulándola, sino por el contrario establecen una doble relación de dependencia mutua, generando vínculos particulares que implican deberes y derechos correlativos ya que "aceptar un don es más que aceptar una cosa: es aceptar que quien da ejerce derechos sobre quien recibe" (Godelier, 1996: 63, 64). Contrariamente a lo que piensan los españoles, no es la promesa verbal o escrita la que "ata", sino el don.

Las ceremonias de recibimiento o salutación

La llegada a la tolderia se desarrolla según un marco ceremonial estrictamente reglamentado. Gracias a los avisos previos, el cacique anfitrión ha tenido tiempo de reunir a su gente y organizar un despliegue de riquezas y poder que

---

27 Véase por ejemplo el relato más tardío del coronel Lucio V. Mansilla sobre sus encuentros en territorio ranquel con un tal Peñaloza, que alegaba "derecho a exigir se le pague el piso y el agua" y con el indio Wenchenao, que le reclamó camisa, pañuelo y calzoncillo para dejarlo pasar (Mansilla, 1966, I: 132, 187).

28 "Este cacique me obsequió mucho, y lo mismo experimentó mi hijo los días que allí estuvo antes de mi llegada" (Diario de Justo Molina, AGN IX, 19-7-4).

29 La copia manuscrita del diario de Luis de la Cruz incluye una nota al pie correspondiente a la jornada del 6 de junio que aclara que el *camarico* es un "obsequio o regalo que hacen los indios" (en AGI Chile 179). En el diario de su viaje de reconocimiento por el río Negro en 1782, el piloto Basilio Villarino consigna los regalos de manzanas, piñones del árbol del pehuén y ovejas que hacían a la tripulación los indios (Villarino, 1972).

busca impresionar a los viajeros. En tiempos de paz, estos han podido observar a lo largo del camino la abundancia de rebaños de que hacen gala los indios. "Me han asegurado –comenta Luis de la Cruz– es costumbre de estos habitantes hacer manifestación de sus haciendas a los forasteros, para que formen de ellos concepto de ricos" (Cruz, 1969a: 253). En tiempos de guerra, las haciendas suelen estar bien escondidas, pero el recibimiento no deja de ser fastuoso: cuando en el otoño de 1792 don Francisco Esquivel Aldao, comandante del fuerte de San Carlos, se sumó con sus hombres a los pehuenches aliados que se alistaban al sur del Atuel para combatir a los huilliches, el cacique Pichintur "me mandó un correo suplicándome me detuviese para recibirme con toda ceremonia". Esto es, con sus indios vestidos de coletos o corazas de cuero y las caras bruñidas con pinturas de guerra, "con mil escaramuzas por parte de ellos y de saludos de la nuestra" (Aldao, 1931: 330).

Mientras los visitantes se acercan a la toldería, capitanejos y mocetones se incorporan a la comitiva uno tras otro, solos o en grupo. El dueño de casa los envía a dar la bienvenida a los forasteros, con órdenes precisas de no separarse de ellos. Más que guías y escoltas, se desempeñan como jefes de ceremonial. Reconociendo a uno de ellos como "segunda persona" de Carripilum, de "toda su confianza y estimación", Luis de la Cruz le obsequia ropas y añil y le pide que vista esas prendas cuanto antes, "anunciando que te he recibido bien y te he apreciado como mensajero de tu gobernador". Con peculiar sentido de la diplomacia, el alcalde chileno consulta a su escolta pehuenche sobre el modo de preparar "la ceremonia que ellos quieren usar, según sus costumbres que yo ignoro", a las que "yo no faltaría por más proporciones que me franqueasen" (Cruz, 1969a: 256-257). La sensibilidad de Luis de la Cruz a los aspectos rituales de las relaciones interétnicas es poco común. La mayor parte de nuestras fuentes sobrevuela rápidamente estas cuestiones, resumiéndolas en expresiones como "y hechas las ceremonias que usan según sus ritos" o "con todas aquellas ceremonias que acostumbran", que suelen dejar nuestra curiosidad sobre ascuas.

Acercándose a los toldos, los visitantes son recibidos por un impresionante gentío. Probablemente unos trescientos indios esperaban a Cristóbal Cabral en el río Colorado, durante la expedición de 1741; si bien los cronistas jesuitas no aventuran cifras, los indios que lo recibieron al año siguiente en Casuhatí "en muy lucidas tropas excedían en mucho á los Españoles, que no eran sino como 700" (Sánchez Labrador, 1936: 94); el comandante Esquivel Aldao contabilizó más de trescientos guerreros en su campaña al Neuquén en 1788[30]. Pañichiñé

---

30 Copia de la carta de don Cristóbal Cabral a don Miguel de Salcedo, 2.11.1741, inserta en la carta del gobernador Salcedo al rey, 20.11.1741, AGI Buenos Aires, 302 y Aldao 1900:

aguardaba a Cerro y Zamudio con los caciques Millaguin, Caripan y Colimi-lla, sus capitanejos "y demás gente, se juntarían doscientos"[31]. Cuando lo visitó Molina, el ranquel Quintrepi "tendría allí hasta trescientos indios, entre ellos varios caciques de los que tiene bajo de su mando"[32]. Luis de la Cruz también mereció un recibimiento espectacular. A medida que avanzaba hacia los toldos de Carripilum se le iban acercando indios para saludarlo, trayéndole *camaricos*. Un hijo del cacique apareció "vestido de un fraque encarnado de paño de pri-mera". Más adelante, seis indios apostados como vigías se hicieron humo entre los árboles al verlos. Era la señal para que avanzaran "cerca de cien indios, de los que se separaron cuatro, y los demás a todo correr de sus caballos, dando bali-dos empezaron a rodearnos, cortándonos la marcha, hasta habernos circundado cuatro veces", ceremonia a la que el alcalde respondió disparando cuatro tiros de pistola (Cruz, 1969a: 258-259). Idéntico ritual había protagonizado Justo Molina al encontrarse con Quintrepi: "y a su usanza monté a caballo con él y los míos y empecé a carrera de caballo a rodear todos los indios repetidas veces hasta que cansados los caballos paré en medio de la fila de indios, y en señal de alegría tiré un tiro de fusil, [...] retornando ellos con mucho chivateo"[33]. Estas demostraciones rituales están documentadas desde tiempos de Cabral, que des-cribe cómo, acercándose a los indios del río Colorado, "se escuadronaron en Vna fila todos, y de allí fueron saliendo á escaramuciarme, y los de las flechas me amagaban al pecho, y pasaban a ponerse en la fila, y los de las lansas asían la misma demostraz.on", y seguirían impresionando a los cristianos hasta vís-peras de la campaña de Julio A. Roca[34]. Regocijo, algazaras, alegría, festines: estas demostraciones de habilidad ecuestre eran una verdadera fiesta, a la que

---

332. Cabral dice que a las tolderías meridionales de los caciques que había conocido en Sierra de la Ventana habían llegado dos caciques aucas, que sumaban 140 indios (entién-dase, indios varones de lanza) y un yerno de Bravo, serrano, con otros 30, a los que habría que sumar a los indios propios de la toldería.

31 Cerro y Zamudio al Consulado de Buenos Aires. Valle de las Animas, 25.8.1803, en AGN IX, 39-5-5.

32 Diario de Justo Molina, AGN IX, 19-7-4.

33 Diario de Justo Molina, AGN IX, 19-7-4.

34 Copia de la carta de don Cristóbal Cabral a don Miguel de Salcedo, 2.11.1741, inserta en la carta del gobernador Salcedo al rey, 20.11.1741, AGI Buenos Aires, 302. El coman-dante Francisco Esquivel Aldao también observó estas escaramuzas en sus expediciones al Neuquén, en 1788 y 1792: "El regocijo de todos, la algazara, escaramuzas, carreras, figuras de movimientos, acompañado por nosotros con tiros y toques de caja, demostraba un famoso festín, digno de verse" (Carta de Esquivel Aldao al comandante Amigorena desde Tricaomalal, 19.5.1792, en AHM, EC, 66/77). Véanse también el diario de la expedición de Feliciano Chiclana a las tolderías ranqueles en 1819 (Chiclana, 1873) y la descripción que hace Lucio V. Mansilla de su llegada a Leubucó en 1870 (Mansilla, 1966, I: 194-196).

correspondían los cristianos con disparos de armas de fuego, demostración que los indios aficionaban especialmente "porque, además del placer que reciben en este agasajo, están persuadidos de que con este remedio se ahuyenta el diablo y las brujas" (García, 1969a: 312).

Por fin, huésped y anfitrión se encontraban frente a frente. Montado en un espléndido animal, el cacique y su escolta lucían ropas españolas, si las tenían. La ocasión era propicia para inaugurar el encuentro obsequiando un vestuario español a quienes carecían de él: "los indios de mi comitiva –dice Justo Molina– estaban vestidos con las chupas que el Señor Virrey les dio en Buenos Aires; saqué una chupa nácar con su franja, un sombrero y un pañuelo y le regalé a Quinchepi, lo que luego se puso". Los caciques podían mostrarse exigentes en materia de vestimenta: tras haber recibido "una casaca, dos camisas, un chaleco, un poncho de bayetón, una manta de paño, yerba, tabaco y pasas", dos caciques ranqueles se quejaron a Feliciano Chiclana "que la ropa no era buena, que les faltaba espada y bastón" (Chiclana, 1873: 143). Cuando el entredicho se solucionaba a satisfacción de los caciques, se pasaba al saludo indígena, que consiste en dos abrazos, pero no excluye, como vimos, la fórmula más distante del apretón de manos[35]. Anticipándose a un posible malentendido por desconocimiento de la etiqueta indígena, el comandante de frontera de Mendoza, José de Susso, prevenía en 1814 a un José de San Martín que recién se iniciaba en la diplomacia fronteriza: "Sera del caso q.e VS. haga el sacrificio, y abrase al casiq.e [pehuenche Millaguin] y casica, cuya ceremonia es p.a ellos del mayor valor, y sin el qual lo atribuyen à desprecio; me tomo la confianza de hacer a VS. esta advertencia p.r si no esta VS. en estas presisas demostraciones con ellos"[36].

A continuación, el dueño de casa y el visitante intercambian palabras de bienvenida, expresando con estudiada oratoria la alegría y el honor que tienen en conocerse. Cada uno ostenta su rango y los títulos que invoca para con el otro: mientras Carripilum, con "arrogancia majestuosa", deja sentada su condición de dueño de las tierras que pisa Luis de la Cruz, éste se presenta como embajador de jefes importantes y que "por esta razón, más que por otros respetos, me hacía acreedor de sus honras" (Cruz, 1969a: 259-260). Quintrepi da a conocer a Justo Molina como "su amigo, que era el Guinca de los Pehuenches de la Cordillera de Antuco, que andaba en sus tierras con mensaje del Rey

---

35 Sobre el atavío de los caciques, cf. Cruz 1969a: 259; diario de Justo Molina (AGN IX, 19-7-4); Luis de la Cruz saluda a Carripilum y a Quilan dándoles la mano (Cruz 1969a: 259, 299).

36 Oficio de José de Susso al Gobernador Intendente de Cuyo, José de San Martín, 31.10.1814, en AHM, EI, 235/40.

a solicitar la paz entre ellos": mediante la ceremonia pública del saludo, los asistentes son informados acerca de quiénes son los visitantes que llegan a la toldería y en qué condición están presentes. Mientras duran los discursos, la multitud observa sin perder detalle los reveladores gestos de los extraños. Cada pormenor será transmitido en particular a las indias ancianas, a quienes se supone dotadas del poder de anticipar si los forasteros resultarán inofensivos o si, por el contrario, vienen trayendo el *gualicho* o *huecubo* (cf. Roulet, 2008)[37].

Por lo general, luego de este primer encuentro público el anfitrión acompaña a los viajeros al lugar que les tiene reservado como alojamiento, un terreno bien dotado de agua, leña y pastos. Mientras la tropa arma el campamento y pone a buen resguardo las cargas, se enciende el fuego, se lanza una rueda de mate, se carnean animales para la comida y se inician las primeras conversaciones privadas, en tono informal. Las reglas de cortesía indígenas obligan a inquirir cómo han sido las alternativas de la marcha, si los viajeros gozan de buena salud, si ha habido contratiempos o se han perdido caballos en el camino. La conversación prepara el terreno para las parlas generales, introduciendo los temas que serán tratados en pública asamblea. Carripilum aprovecha la ocasión para contar a Luis de la Cruz "varios sueños que antes tuvo de la llegada de un español, a quien no podía menos que recibir con obsequio, que viajaba a Buenos Aires y volvía con felicidad, con sólo la pérdida del bastón que se lo robaban" (Cruz, 1969a: 261). Cargados de premoniciones, los sueños y los presagios de las brujas son determinantes al decidir la conducta a seguir con los visitantes. Si los augurios son buenos, el día siguiente será consagrado a discutir ante los hombres, mujeres y niños de la toldería los asuntos que han motivado el viaje. Entretanto, ya ha comenzado el reparto de obsequios, predisponiendo favorablemente los corazones. La distribución de regalos llegará a su apogeo luego de las discusiones formales.

Las parlas

Temprano el segundo día, cuando los viajeros han descansado y el líder anfitrión ha reunido a todos sus caciques, capitanejos, mocetones y chusma, se inicia el intercambio oficial de palabras. Este encuentro, que los textos coloniales suelen designar como "parla" o parlamento, se ajustaba al protocolo

---

37 "Guecub significa un ente que causa cuanto daño pueda discurrirse. Lo toman por el veneno a veces, y generalmente el que es favorecido del Guecub no puede ser vencido ni padecer maleficios" (Diario de Luis de la Cruz, nota manuscrita correspondiente a la jornada del 6.6.1806, en AGI Chile 179).

de lo que los nativos llamaban *trahun* o *coyag*[38]. En la primera etapa de su periplo, Luis de la Cruz usó el término indígena para invitar a los pehuenches y es interesante notar en su convocatoria el cuidado que puso en respetar los usos nativos: "y así quiero y les suplico me asignen un lugar, que venga a estar en medio del círculo que forman sus habitaciones (esto es, si la costumbre no exige el que tales funciones se celebren en lo del cabeza principal) [...] y concluido nuestro trahun yo me regresaré" (Cruz, 1969a: 98).

Del principio al fin, la reunión se desarrolla siguiendo los códigos nativos: los asistentes se colocan en círculo, respetando las jerarquías de rango y de edad. A veces, los personajes principales toman lugar en asientos bajo una enramada levantada para la ocasión. Mujeres y niños se sitúan en el círculo exterior. Ubicada la concurrencia, el cacique anfitrión toma la palabra y presenta a los forasteros. Vimos en el capítulo 2 que así es como sucedieron las cosas en el parlamento de Cristóbal Cabral con los caciques serranos, aucas y pampas en Casuhatí: un cacique principal, que quizás fuera Bravo, habló en primer lugar, quejándose de los muchos agravios de los españoles. Recién a continuación se expresan los cristianos, esforzándose por dar a su discurso la belleza formal y los énfasis que caracterizan a la elaborada oratoria indígena. Luis de la Cruz quedó impactado por el don de palabra que poseía Carripilum y procuró responderle con altura[39]. Si las condiciones lo permitían, la réplica

---

38 La historiadora chilena Luz María Méndez Beltrán hace una distinción entre las "juntas" –reuniones de uno o más grupos de indios ante algunas autoridades coloniales en el ámbito de la frontera para tratar de asuntos de carácter local, a veces a solicitud de los caciques–, las "parlas" –encuentros realizados en territorio indígena para conversar oficialmente con un grupo reducido de caciques– y los "parlamentos", grandes ceremonias en las que participaban las más altas autoridades administrativas, militares y eclesiásticas del reino junto a la mayoría de los caciques, capitanejos y mocetones de las distintas reducciones indígenas (Méndez Beltrán, 1982: 111-116). En la práctica, vemos que esos términos muchas veces se superponen. Luis de la Cruz se refiere al "congreso" celebrado en los Ángeles con los pehuenches como "junta parlamentaria" o como "junta y parla" (Cruz, 1969a: 58). Cerro y Zamudio dice haber hecho a los pehuenches de Malargüe "su media parla" (Carta de Cerro y Zamudio al Consulado de Buenos Aires desde el valle de las Animas, 25.8.1803, en AGN IX, 39-5-5); Justo Molina usa indistintamente los términos "parla" y "junta". En mapudugun el término *coyag* se vincula semánticamente con la oratoria (*coyageln*, arengar; *coyagtun*, parlamentar; *coyagtuve*, orador elocuente), por lo que "parla" sería su traducción más apropiada, mientras que *trahun* o *chrau* se ajusta mejor al concepto de "junta": *chrau*, consejo, *chraulen*, estar unido, *chrauln*, reunir, *chraulun*, juntarse (Erize, 1989, 6: 20, 38).

39 La elocuencia de Carripilum había impresionado a De la Cruz durante las conversaciones preliminares: "Hizo esta relación con tanta autoridad y desembarazo que jamás la noté en las parlas de indios a las que me hallé presente". La fama de orador del ranquel ya había llegado a sus oídos: "Yo tenía noticia de tu buen discurso –le diría–, pero nunca pensé fuese tanto como ahora conozco" (Cruz 1969a: 265, 270).

de los cristianos tomaba la forma de una estudiada puesta en escena: "Ya tenía de antemano prevenido al dragón Baeza, que cada vez que se nombrase a nuestro monarca se disparasen seis tiros [...] y apenas salían los tiros cuando Carripilum hacía su seña para que continuasen sus vasallos con balidos" (Cruz, 1969a: 275).

La representación incluye algunas mímicas, que facilitan la comprensión del mensaje: "Y poniendo los dedos de la mano juntos –mostraba Justo Molina a Quintrepi y sus indios– [les dije] que a este tenor nos habíamos de portar [españoles e indios]". La parla, valga recalcarlo, se hace en *mapudungun*. Los documentos eluden a menudo este hecho y disimulan por ende la imprescindible tarea de los intérpretes, dando la ilusión de un diálogo fluido en el que no existirían problemas de traducción ni malentendidos posibles. Concluido el discurso del visitante, el cacique principal emite su opinión acerca de las propuestas presentadas. A continuación, siguiendo su turno, cada cacique expresa su consentimiento o su desaprobación. No basta con la decisión del principal: todos los *lonkos* o cabezas tienen que pronunciarse. Justo Molina distingue el nivel colectivo del individual: "Les expresé *en general* que era mandado en el nombre del Rey a solicitar la paz entre ellos [...]. Esta plática les repetí *en particular* a cada uno, según siempre lo usan, y todos admitieron la propuesta". Luis de la Cruz también pidió que se manifestaran los caciques Quechureu y Naupayan, comprometiéndose "cada uno de por sí [...] o digan en términos claros su sentir"[40]. No siempre la aceptación era unánime: la democracia indígena admitía el disenso. Este modo de deliberación colectiva impresionó al general San Martín durante el parlamento de 1816 con los pehuenches. Tras la arenga del intérprete, fray Francisco Inalicán, se hizo un gran silencio, roto por el cacique más anciano, quien preguntó a la concurrencia si aceptaba las proposiciones de los cristianos.

> Esta discusión fue muy interesante: todos hablaron por su turno, pero sin interrumpirse y sin que se manifestase en ninguno de ellos la menor impaciencia, exponiendo su opinión con una admirable concisión y tranquilidad; puestos de acuerdo sobre la contestación que debían dar se dirigió al General el Cacique más anciano y le dijo: todos los Peguenches a excepción de tres Caciques que nosotros sabremos contener, aceptamos tus propuestas. Entonces cada uno de ellos en fe de su promesa abrazó al General a la excepción de los tres caciques que no habían convenido (Vignati, 1953: 5).

---

40 Diario de Justo Molina, 19.6.1805, en AGN IX, 19-7-4 (las cursivas son mías); Cruz, 1969a: 276.

Con el abrazo que signaba la aceptación formal de los acuerdos se daba por concluida la que, para los hispano-criollos, constituía la instancia crucial del encuentro. Si tratado escrito había, como sucedía en algunos parlamentos, su contenido reflejaría casi exclusivamente este momento, enunciando los artículos aceptados por los indígenas. Para los nativos, en cambio, el instante culminante de la reunión, en el que se podría apreciar la sinceridad de las palabras con la estricta vara del imperativo de generosidad, ya había tenido lugar o estaba aún por venir.

La distribución de regalos

Como en las etapas previas, el encuentro diplomático es ocasión para los españoles de un calculado ejercicio de generosidad. Los viajeros repartían regalos desde su ingreso en territorio indígena. Pero justo antes o después de las parlas debían distribuir más y mejores bienes. Justo Molina, limitado en sus medios por las modestas sumas con que había sido auxiliado por el consulado de Concepción, había tenido que vender las espuelas de plata de sus hijos para pagar el viaje de Mendoza a Buenos Aires. Llegado a los toldos de Quintrepi, si bien obsequió chupas, sombreros, espuelas de plata y pañuelos a algunos caciques y mocetones, debió recurrir a promesas diferidas de agasajos para regalar convenientemente a los demás líderes[41].

Quien nos brinda la información más detallada acerca de esta práctica es don Luis de la Cruz. En cuanto arribó a la toldería de Carripilum, el alcalde mandó al cacique un anticipo de los obsequios que le tenía reservados, una caja de dulce y una porción de bizcochos. El ranquel le daría al instante una lección de moral económica no capitalista: "Todo lo repartió entre su gente, probándolo y haciéndoles ver los favores que le dispensaba". Lejos de guardar los dones para sí, Carripilum cumplía con la obligación de generosidad de la que dependían su prestigio y renombre. Si el visitante se mostraba avaro, no sólo se perjudicaba a sí mismo, haciendo peligrar las posibilidades de un acuerdo, sino que humillaba a quien le había abierto las puertas de su casa. Anticipándose a la situación, Carripilum pidió al chileno que fuera generoso con su gente "en la primera ocasión que los veía, porque sus vasallos tendrían a mal su benevolencia si no quedaban contentos". Hecho el reparto, los indios debían sentirse "satisfechos de mi humanidad y de su integridad". El asunto

---

41 Carta de Manuel Martínez, comandante del fuerte de Rojas, al virrey Sobremonte. Rojas, 20.5.1805, en AGN IX, 1-5-1 y Diario de Justo Molina en AGN IX, 19-7-4. Las vacas serían carneadas para que comieran los indios al concluir el parlamento.

era tan delicado que, para evitar errores, Luis de la Cruz decidió decirle con toda franqueza cuántos regalos le quedaban: "Me dijo que era poco y que sólo dos caciques había en el resto del camino. Le prometí que yo proporcionaría los agasajos para contentar a todos" (Cruz, 1969a: 261-262).

La evaluación que hace Carripilum sobre la cortedad de los dones no es una fórmula convencional para incitarlo a dar más ni, como piensa Luis de la Cruz, un indicio del "interés tan grande" que gobernaba sus acciones. En dos trabajos acerca de una junta general convocada a fines de 1830 por los caciques boroganos de las pampas invitando a los ranqueles a sumarse a la alianza con el gobernador Juan Manuel de Rosas, Martha Bechis analizó la vergonzante situación que vivieron los boroganos al no recibir del gobernador los regalos esperados: "los hemos visto amargos y verdes, algunos pálidos sin hablar palabras, de abochornados […] de modo que salimos todos de la Junta General aturdidos de amarguras, de ver tan abochornados los que trabajamos a favor de las paces y de la verdadera alianza"[42]. Unos años atrás, el cacique Currutipay había exigido a Feliciano Chiclana que antes del parlamento se le entregase "la parte que le pertenecía del regalo, y habiéndosele entregado, despues de afear la ropa, instó que había de dar parte de ella a seis indios mas, y dos hijos suyos y tres barriles de aguardiente á mas de los dos que á él se le habian entregado" (Chiclana, 1873: 143-144). Las paces eran a ese precio. Procurando evitar a sus seguidores la afrenta de no recibir los regalos esperados, Carripilum comunicó a los caciques del camino a Melincué que a De la Cruz se le habían "acabado los agasajos en tantas tierras que había pasado", por lo cual "no les mandaba suplicar juntasen sus gentes" (Cruz, 1969a: 283). Sin regalos, no había de qué hablar.

Es que los obsequios no son un efecto secundario de la relación amistosa que acaba de establecerse ni una exigencia motivada por la insaciable codicia indígena sino la materialización de las promesas de paz y amistad intercambiadas, el signo visible de la relación social que acaba de crearse, puesto que encarnan tanto a las personas como al vínculo que éstas mantienen entre sí (Godelier, 1996: 145). Como lo expresa el teniente coronel Miranda, edecán de Rosas que participó en 1830 en la crítica junta con los boroganos, "aquí las conversaciones no componen amistad y alianza, según acostumbran los caciques y mocetones, sino los regalos, con muchos cariños y cortesías"[43]. Bechis señala que en estas sociedades "la única marca de estatus que no se puede falsificar es el reconocimiento del otro hacia uno. Este reconocimiento

---

42 Carta de los caciques Caniuquir y Rondeao al gobernador Rosas, escrita por Pablo Millalicán el 16.12.1830, citada por Bechis, 2010a: 113-116 y 2000.

43 Carta del teniente coronel Miranda a Rosas, 16.12.1830, en Bechis, 1996.

social está materializado en el regalo" y su omisión "no sólo avergüenza al que no da, sino también al que debería recibir y no recibe". Los regalos, "bienes ceremoniales" que funcionan como "vehículos para el intercambio de cortesías y buena voluntad", dan visibilidad a la alianza (Bechis, 1996: 10, 3). En palabras de Carripilum, "el perro ama a quien le da y le es también grato y fiel" (Cruz, 1969a: 264). Animado por esta lógica, Carripilum hizo llegar a los dos caciques que había en el camino a Buenos Aires los pocos agasajos que le quedaban al alcalde chileno "en señas de la amistad" que éste ofrecía, anunciándoles que a su regreso de la capital "tendríamos juntas en cada reducción, en las que trataríamos con la formalidad precisa –léase, con los indispensables obsequios– de un asunto que tanto les importaba" (Cruz, 1969a: 283)[44]. No se trata meramente de bienes que pasan de mano en mano sino de relaciones sociales que se construyen para durar: "para el nativo, un ciclo de reciprocidad –dar, recibir y retribuir– obligaba a seguir la relación que se había constituido. Para el blanco, retribuir constituía el final de un ciclo, la conclusión de un acto diplomático" (Bechis, 2000: 3).

En la medida en que la amistad y las paces son dones permanentes –siempre que la otra parte cumpla sus compromisos– los indios consideran que las dádivas no se agotan en los agasajos distribuidos durante parlamentos, juntas y parlas, sino que deben reiterarse en cada encuentro y a lo largo del trayecto que recorren juntos. A diferencia del parentesco por filiación, que está inscrito en la sangre de una vez para siempre y es independiente de las voluntades, la amistad y la alianza son relaciones contingentes que se realimentan con dones. No bastan las promesas verbales ni menos los signos en un papel, como lo hubieran deseado los contadores de real hacienda: si los dones no se renuevan, la continuidad del vínculo peligra. Llegados al arroyito de Butachacay, al sur del río Malargüe, Sourryère de Souillac anota que "el cacique que nos acompañaba no quiso pasar más adelante, diciendo que no se le pagaba, no se le regalaba, y no tenía obligación para ello" (Sourryère de Souillac, 1972a: 504). El imperativo indígena de generosidad es productor y reproductor de relaciones sociales, pero los códigos culturales occidentales lo traducen como pedigüeñería, interés y codicia.

Además de su función de bienes ceremoniales, los obsequios refuerzan roles y jerarquías al interior de la sociedad nativa. Cuando llega a una toldería, Luis de la Cruz regala a las mujeres agujas, añil, abalorios, chaquiras

---

44 Para evitar que uno de los caciques se ofendiera, como a De la Cruz no le quedaba sino un sombrero Carripilum dio el suyo, "y les mandó en mi nombre el obsequio". Soberbia lección de diplomacia y moral indígena del cacique ranquel (Cruz, 1969a: 287-288).

"y otras frioleras de las que apetecen", que en buena medida entran en el proceso de producción de textiles, especialidad femenina por antonomasia (Cruz, 1969a: 253, 263, 278, 306, 308, 309; Palermo, 1994; Alemano, 2024). Las que más reciben son las ancianas, por quienes Carripilum siente una temerosa reverencia, "fundándose en el mayor mérito de ellas y saber hacer daño para quitarle la vida" (Cruz, 1969a: 278). Los capitanejos son obsequiados con chaquiras, añil, *llancatus* o cuentas de vidrio, tabaco y cintas mientras que los artículos más caros —sombreros, chupas, pañuelos, bastones con puño de plata, *tupus* y espuelas del mismo metal— se reservan a los caciques, a quienes también se entregan bienes destinados a la redistribución, como quesos, panes dulces y bizcochos. Entre estos artículos, tiene un gran valor simbólico el bastón, que representa el reconocimiento por los españoles de la autoridad política del cacique, su condición de interlocutor privilegiado en las negociaciones interétnicas y de garante del cumplimiento de los compromisos (Roulet, 2024). Luis de la Cruz entregó uno a Naupayán en nombre del rey, añadiendo que "con él denotas la jurisdicción que tienes sobre tus vasallos, a quienes como padre debes aconsejar la buena amistad y fidelidad que deben guardar con nosotros, y que no deben tomar las armas en las manos, sino con vuestro consentimiento y el de nuestros jefes" (Cruz, 1969a: 277-278)[45]. Un año antes que Luis de la Cruz, Justo Molina había respetado la misma jerarquía, repartiendo sombreros, chupas y pañuelos a los caciques y destinando el aguardiente, las cuentas de vidrio y la yerba tanto al comercio como a la redistribución hacia los demás miembros de la toldería. Valga señalar que en estos encuentros no todos los bienes pasan de mano en mano en forma de obsequios: al lado de los agasajos y *camaricos* hay relaciones puramente comerciales que los contemporáneos describen como operaciones de permuta, lo que nos permite distinguir la esfera de la reciprocidad regida por el don que se supone desinteresado de la esfera del intercambio mercantil, en la que impera el afán de ganancia[46].

Una última observación con respecto a los agasajos: si sostenemos que los dones son la materialización de una relación de alianza bilateral, lógicamente

---

45 Similar discurso hará Luis de la Cruz al cacique Quilan al entregarle su bastón, objeto percibido como de gran poder mágico, que podía ser peligroso para quien lo recibía (Cruz, 1969a: 306).

46 Algunos ejemplos anotados en su Diario: "salí al encuentro de los indios […] procurando comprarles caballos"; "vino Treca a ofrecerme sus haciendas, por si acaso necesitaba carnes para el mantenimiento de mi comitiva […] se interesó por una mula de las que traía en mi tropa, ofreciéndome por ella una yegua de carga, buena y gorda"; "permutaron dos caballos por dos frenos y dos corderos por un mazo de tabaco"; indias que traen plumas de avestruz para vender; etc. (Cruz, 1969a: 81, 102, 122 y 199).

deberían ser recíprocos. Sin embargo, las escasas referencias a regalos de los indios hacia los blancos –como no fueran alimenticios– dan la impresión de un desequilibrio en favor de la parte indígena, fomentando la idea que se hacían algunos contemporáneos, repetida por numerosos historiadores, de que los blancos otorgaban dádivas sin contrapartida. El silencio de las fuentes obedece, a mi juicio, a una tendencia quizás inconsciente a no registrar sino lo que se da –con fines contables, puesto que hay que justificar los fondos adelantados para una expedición o bien solicitar un reintegro de gastos– y a omitir lo que se recibe. Así, vemos que Molina enumera los regalos que dio a cada cacique, pero se limita a decir que Quintrepi lo "obsequió mucho y lo mismo experimentó mi hijo", sin aclarar qué clase de obsequios había recibido[47], mientras que Cerro y Zamudio dice que Pañichiñé le había mandado cabalgaduras y Sourryère de Souillac se sorprende por el don de carneros, novillo y caballos que le hizo Colipi. En cuanto a Luis de la Cruz, parece que, en su deseo de impresionar a los pehuenches y ranqueles como un español que no pretendía abusar de ellos, se había fijado como conducta el no recibir regalos que no estuviera en condiciones de retribuir[48]. Esto lo revela una anécdota sucedida en Mamuelmapu, cuando el cacique de su escolta Puelmanc le presentó a su cuñado ranquel Quinchañancú quien, "por desear mi amistad y hacerme ver su fidelidad" traía un caballo de regalo. De la Cruz agradeció la intención e hizo amago de rechazar el obsequio, por "no gravarlos sino aliviarlos y favorecerlos", pero Puelmanc le rogó que no los desairara: "No me dejes salir corrido y avergonzado de tu toldo, ¿qué dirán los que me vean despreciado? Será favor el que haces en recibirlo, que ya yo sé que no recibes" (Cruz, 1969a: 328-329)[49].

Así pues, si apenas hay mención de regalos en el largo diario de Luis de la Cruz no es porque los indios no los hicieran, sino porque él no los aceptaba. Que los dones y contradones eran la norma nos lo sugieren, además de la lógica, otras evidencias. El jesuita Menéndez menciona los carneros que

---

47 En la primera etapa de su viaje de Chillán a Buenos Aires, tras permanecer enfermo dos meses en los toldos del cacique Butacolimilla, Molina dice que al momento de partir el cacique le ofreció cabalgaduras para él, sus dos hijos y su sobrino, «aviándome de mantención también» (Diario de Justo Molina, AGN IX, 19-7-4).

48 En la jornada del 9 de junio de 1806, Luis de la Cruz cuenta que regaló a Carripilum el mejor caballo que traía, "para que tuviese experiencia de los bríos chilenos". Al día siguiente, el ranquel lo visitó trayéndole de obsequio "un caballito muy chico, de los que llaman mampatos o llauchas", claro indicio del imperativo de reciprocidad que había generado el primer regalo (Cruz, 1969a: 286, 287).

49 El chileno había dejado constancia de la misma reticencia frente al obsequio de Carripilum: "se lo recibí, porque sus instancias fueron grandes" (Cruz, 1969a: 287).

le obsequiaron los indios de la región del Nahuelhuapi en sus tres viajes de la década de 1790. En una ocasión, se despidió regalando a los principales hachas, chaquiras, harina y bizcochos. Los indios replicaron "que nosotros los habíamos regalado, que era razón que ellos nos regalasen. Luego fueron echando pellejos de Huanacos en un montón y el capitán Cona de Manúuvunay me dio uno grande de corzo, y otro dieron al Capitán, y el Cacique le dijo, que los otros los repartiese a su gente" (Fonck, 1900: 387-388). Algo similar le tocó vivir al general San Martín luego del parlamento con los pehuenches en septiembre de 1816. Concluidos los tres días consagrados a la parla, la distribución de agasajos y la borrachera –generoso, San Martín había hecho repartir 120 barriles de aguardiente y 300 de vino, amén de "gran número de frenos, espuelas, vestidos antiguos […], sombreros y pañuelos ordinarios, cuentas de vidrio, frutas secas, etc."– cada cacique "presentó al General un poncho, obra de sus mujeres, que algunos de ellos no carecían de mérito, sobre todo por la viveza y permanencia de sus colores" (Vignati, 1953: 3-5). Uno de ellos, de magnífica factura, se conserva en el Museo Histórico Nacional de Buenos Aires y, según los expertos en arte textil, tanto su colorido en distintos tonos de azul sobre fondo blanco como sus motivos reflejan la jerarquía de quien lo porta (Paz, s.f.: 146-150). Estamos frente a un bien ceremonial que da a su portador visibilidad y reconocimiento social como aliado, al modo de las chupas, sombreros, bastones y pasaportes repartidos a los indios.

La incorporación del Otro mediante un parentesco real o simbólico

El objetivo de los protocolos y rituales de la diplomacia indígena era hacer del extraño un prójimo. En sociedades estructuradas por el parentesco, esto se lograba creando vínculos reales –por ejemplo, a través de los matrimonios mixtos– o ficticios. De este modo se integraba a los forasteros en las categorías familiares de "hermano", "hijo", "padre", "abuelo", "cuñado", "yerno" o "suegro", cada una de las cuales implicaba derechos y obligaciones específicos[50]. Gracias al parentesco, los acuerdos verbales y los intercambios de presentes alcanzaban una sanción definitiva. El pehuenche Manquel contó a Luis de la Cruz que había viajado tiempo antes con su esposa Carco al sur del río Limay para conocer al huilliche Cagnicolo, con quien trató y "se emparentó" (Cruz, 1969a: 129). Del cacique Quilan, tan "alzado" que nunca había salido

---

50 En otro trabajo analizo el modo en que el coronel Baigorria, refugiado unitario en las tolderías ranqueles entre 1831 y 1852, fue incorporado por estos mediante la adopción y más tarde el matrimonio, y el modo en que usó alternativamente su condición de "hijo", "hermano", "yerno", "compadre" y "tocayo" (cf. Roulet, 2003).

a encontrar a los españoles en las Salinas, Carripilum dice que pese a ser intratable, "está casado en mi casa" y acabará aceptando sus proposiciones: más que la jerarquía de Carripilum como gobernador ranquel, es el vínculo político establecido con Quilan el que le brinda una segura influencia sobre el hombre que se ha llevado una mujer de su casa (Cruz, 1969a: 282). Pero la opción del matrimonio interétnico, que practicaban los capitanes de amigos, los cautivos, cautivas y renegados blancos en las tolderías, no era la alternativa privilegiada para consolidar entre cristianos e indios el "enlace y nudos que se han hecho", según la alegoría de Carripilum (Cruz, 1969a: 276). Tampoco lo era la adopción, otra vía usual de integrar a cautivos y renegados como miembros de pleno derecho en las familias nativas.

Se trataba entonces, por lo general, de parentescos simbólicos. El término que eligen espontáneamente los indios amigos para dirigirse a los cristianos es *peñi*, "hermano", que supone un trato de igual a igual. Lo usaban los pehuenches de Malargüe en la década de 1780 con los mendocinos, pero gradualmente se fue imponiendo la imagen del padre, que unos y otros entendían de diversa manera. Ya mencionamos las argucias de las que se valió Luis de la Cruz para transformar a sus baqueanos y protectores pehuenches en "hijos". La pugna por imponer una u otra denominación tenía un sentido político y también matices culturales dados por las diferencias generacionales. En sociedades que bridan tanta importancia a la sabiduría que dan los años, resulta inconcebible reconocer en la posición de "padre" a un joven inexperimentado. En el parlamento que el comandante Teles Meneses celebró con el cacique muluche Ulipan Pichapi, éste le transmitió los abrazos de su padre, quien le mandaba decir que si Teles "era más viejo que su Padre, él sería mi hijo, y que si yo era más mozo, él sería mi Padre"[51].

Los ranqueles, tenaces defensores de su autonomía política al punto de evitar todo reconocimiento de una autoridad externa que pretendiese colocarse por encima de las propias, eran más reticentes a adoptar la metáfora del padre tal como la entendían los cristianos. Mientras Justo Molina se jactaba de que Carripilum lo trataba de "hermano", el propio cacique diría a Luis de la Cruz que Molina era "indio, hijo suyo". El cacique ranquel, que hasta entonces no había ido a visitar al virrey porque "me mandaba llamar como virrey, [y] yo no quise ir, como cabeza principal de estas tierras, independiente de su jurisdicción", decía del alcalde Luis de la Cruz que "es mi igual": soberano, dueño de sus territorios, Carripilum se ubica en un rango por lo menos análogo al del virrey, no acepta

---

51 Oficio de Teles Meneses al virrey Sobremonte desde San Carlos, 16.9.1805, en AGN IX, 3-5-2.

que éste le dé órdenes y trata al viajero chileno como a su par (Cruz, 1969a: 279, 264, 259). "Si los Toquiquelos –autoridades políticas de la frontera de Chile– no hubieran mandado a una persona de su posición –dice Carripilum a Luis de la Cruz–, desde luego no hubiera permitido que pasase, ni le pisase sus terrenos" (Cruz, 1969a: 259). Aprovechando la admiración del ranquel ante su comitiva tan bien aprovisionada, que denota "que los superiores que lo mandan, tendrán mucha autoridad, y que el señor a quien sirve podrá dispensarme fortunas que no esperaba", Luis de la Cruz se refirió al rey como "padre poderoso" que podía aliviarlos en sus miserias (Cruz, 1969a: 266). Si Carripilum aceptó con escasa convicción la metáfora fue para reclamar los agasajos que esperaba de la liberalidad de tal padre, dejando claro que, de tener que optar entre los consejos de ese rey distante y la aprobación de los suyos, el fiel de su conducta seguiría guiándose por esta última:

> Me ofreceré como hijo, para que me aconseje, y obedecerle; y seré de aquí adelante soldado fiel de ese rey grande, que nos mira, siendo tan poderoso, como padre, solicitándonos para hacernos bien. Por ahora nada más te digo, que regaléis a mi gente, para que nunca me acusen de que me entregué sin beneplácito de ellos (Cruz, 1969a: 270).

Durante la década de 1810, los funcionarios de la revolución que negociaron paces tierra adentro retomaron la metáfora de la fraternidad, interpelando a los indios como "compatriotas y hermanos" al solo efecto de obtener su apoyo en la lucha contra quienes se oponían a la revolución (Bechis, 2010). "Os miro como a mis amados hermanos" –escribirá el general San Martín a los caciques pehuenches, esperando que frenaran todo avance de los realistas de Chile hacia Mendoza– "No temais à esos despreciables enemigos q.e si osaran querer pisar vuestro suelo y robaros vuestros ganados y familias, yo les escarmentaré haciéndoles ver que quien os hace mal a vosotros, nos lo hace igualmente a nosotros", concluía quien se autotitulaba "el mejor de vuestros hermanos"[52]. Quienes carecían de vínculos tierra adentro y eludían el recurso a los parentescos simbólicos para consolidar las relaciones sociales que anudaban con los caciques eran percibidos como hombres sueltos, sin ataduras ni anclajes sólidos en las tolderías, lo que los volvía definitivamente ajenos y poco confiables.

---

52 Carta de San Martín a los Señores Gobernador y Caciques amigos de los Pehuenches, 11.10.1814, en AHM, EI, 23/1.

El cumplimiento de las promesas

Por más que se desplazaran cargados de provisiones y regalos, los viajeros no contaban por lo general con medios materiales suficientes para satisfacer las expectativas indígenas. La hospitalidad, los servicios y los compromisos de amistad de los indios se conquistaban entonces mediante promesas verbales de bienes, favores y buen trato. En la misma lengua mapudungun, la promesa es indisociable del regalo[53]. El español que había hecho promesas en las tolderías no siempre era consciente que, si sus ofertas no se materializaban, las palabras empeñadas por los caciques terminarían muy pronto disolviéndose en el aire.

Al llegar a lo del pehuenche Manquel al cabo de más de diez semanas de viaje por las pampas, Justo Molina no tenía gran cosa que ofrecerle a cambio de su hospitalidad. Le prometió entonces que solicitaría al Gobernador de Concepción "que haga la estimación con que siempre ha acostumbrado distinguir a tan fieles amigos", de modo que sus deudas fueran pagadas por ese gobierno. Si damos crédito al testimonio del ranquel Naupayán, cuando Molina lo visitó en sus toldos le habría prometido a él y a sus mocetones regalos futuros "para granjearle obsequios que entonces le hizo". Al año siguiente, el cacique se mostraba resentido de verlo pasar por sus tierras sin cumplir lo acordado (Cruz, 1969a: 248-249). Luis de la Cruz, por su parte, aseguró al pehuenche Manquelipi que le regalaría doce caballos para la vuelta si lo acompañaba a Buenos Aires, "para que después los poseyese como obsequio de un amigo". Lo vimos también comprometiéndose a realizar a su vuelta juntas en las tolderías de los caciques que vivían sobre el camino a Melincué, a quienes no había podido agasajar, y lo encontramos asegurando al cuñado de Puelmanc, decidido a regalarle un caballo, "que se lo pagaría con algún obsequio que apreciasen". Consciente de sus limitaciones, el alcalde chileno diría, acercándose al final de su viaje, que si algunos indios se querían volver podían hacerlo, "pues yo no puedo prometerles cosa que de mi mano no dependa, ni tengo más que darles que lo que ya les he dado". El imprevisto revés que significó para él la caída de Buenos Aires en manos inglesas –evento que lo obligó a desviarse a Melincué, donde acabó su periplo– le impidió satisfacer, al menos en lo inmediato, los compromisos

---

53 Juan Manuel de Rosas (1995: 160, 197) traduce «prometer» como *eludaqueln* o *elupin*, y la raíz *elun* como "dar, comunicar algo a otro". Esta raíz se encuentra en una serie de palabras que tienen en común la idea de don o de pago: *elucullin*, pagar; *elupiuquen*, fiar el secreto; *elutun*, volver a dar o restituir: *elunpa*, herencia. Erize da *elucùnun* como prometer; *eludùngun*, encargar, dar mandato; *elumongueln*, dar vida; *elumpin*, prometer herencia; *elunche*, generoso; *elunen*, regalo, donación; *eluntùcun*, dar anticipadamente y *elupiuquen*, querer, amar (Erize, 1990, 6: 49).

asumidos durante su viaje. Aunque el virrey Sobremonte mandó comprar obsequios para Carripilum y aseguró que le mandaría otros "que lo asegurasen de cuanto le había dicho y de la amistad con que debía mirarnos en adelante", es de creer que esos bienes no compensarían la mala impresión que sin duda causaron en el ánimo del orgulloso cacique ranquel las palabras incumplidas (Cruz, 1969a: 62, 283, 329, 340, 379, 380).

Las promesas no eran sólo de bienes materiales. En el parlamento de 1742 los españoles de Buenos Aires se habían comprometido con los pampas, serranos y aucas a autorizarles libre comercio con la ciudad, lo que dos años más tarde no se verificó. Molina había anunciado en los toldos de Quintrepi "que las tierras de Españoles estaban francas para que entrasen a ellas y saliesen cuando quisiesen" y Luis de la Cruz, había asegurado a Carripilum que los ranqueles podrían *entrar y salir con igual franqueza y seguro a los dos reinos, a vuestros comercios* y a otras diligencias que gustéis" (Cruz, 1969a: 274. La cursiva es mía). Quizás debamos ver un eco de esa promesa de comercio recíproco en la insólita presencia, un año más tarde, de tres chasques de los caciques Carripilum y Millán en el fuerte de Melincué pidiendo "les diera licencia para que [dichos caciques] y sus indiadas pudiesen pasar al Rosario, los Arroyos y otros varios destinos, afin de comprar haciendas de campo". La "extraña solicitud de los indios" dejó perplejo al comandante de Melincué, que sólo atinó a retenerlos en la frontera obsequiándoles yerba y tabaco mientras buscaba ganado para venderles. Si alguna duda le quedaba a Carripilum acerca de la validez de la palabra empeñada por Luis de la Cruz, la respuesta del comandante de Melicué la habría despejado: los caciques podían acercarse a la guardia, "que aquí les haría venir algunos hombres hacendados para que hiciesen sus tratos y cambios, pero por lo que toca a dejarlos internar, no tenía orden para ello"[54].

Con demasiada frecuencia, como vemos, las promesas no se cumplían y el ciclo de reciprocidades que debía alimentarlas se veía abruptamente truncado. Tales desengaños eran fuente de imborrables recelos, como lo explicó Carripilum a Luis de la Cruz:

> Los jefes [de los cristianos] para tratar con nosotros se valen de sujetos, que o prometen más que los superiores o no dicen lo que se nos promete. Por consiguiente, ellos también no dirán lo que nosotros aseguramos, y de aquí nace nuestra desconfianza con la experiencia que tenemos, de que en nuestros conchavos y tratos, rara vez no somos engañados por los comerciantes (Cruz, 1969a: 269).

---

54 Notas del comandante de frontera Joaquín Antonio de Mosquera al virrey desde Buenos Aires, 14.10.1807 y 10.12.1807, en AGN IX, 1-7-6.

Esto explica que los cristianos fueran vistos como falsos e insinceros, cualidades opuestas a las que los indios reclamaban para sí y que en su lengua se expresaban con la metáfora de la unidad de palabra y corazón: "Allí [en Buenos Aires] ratificaré cuanto te he dicho y prometa más adelante, pues un corazón tengo y una palabra", aseguraría Carripilum a Luis de la Cruz, insistiendo al despedirse: "Yo no tengo sino una sola palabra, y lo que una vez digo y prometo lo sé cumplir" (Cruz, 1969a: 270, 374). Como en eco a esas palabras, el cacique gobernador pehuenche Neicuñán prometería al comandante José de Susso: "Que el Gobierno no dude de su palabra, que los Peguenches jamás dicen una cosa y hacen otra"[55]. La falsedad afectaba el vínculo, puesto que "quien rompe un contrato rompe las relaciones" (Sahlins, 1974: 244). Incluso el violento Maestre de Campo Juan de San Martín había comprendido décadas antes que incumplir lo prometido "fuera tácitamente faltarles a lo estipulado" en los tratados. Cuando los cristianos infringían su palabra ponían en riesgo la tranquilidad en la frontera, pues "de faltarles se recela justamente que quebranten la paz y que se experimenten otros extragos en esta jurisdicción"[56].

Más allá de las formas: la etiqueta como reveladora de las cualidades morales del huésped

El tiempo, la experiencia y los oportunos consejos de mediadores idóneos irían enseñando a los funcionarios y viajeros empeñados en negociar acuerdos de paz en las tolderías que los protocolos de tierra adentro suponían mucho más que una cuestión de formas: a través de sucesivas instancias de aproximación, había que mostrarse educado, valiente, atento, generoso y sincero antes de merecer la confianza de interlocutores prudentes y memoriosos, escaldados por vivencias seculares de violencia, engaño y abuso (Jiménez, Alioto y Villar, 2017; Alioto, Jiménez y Villar, 2018; Roulet, 2019).

Las prácticas diplomáticas que observamos tierra adentro se ajustaban a los usos y rituales de una rica tradición nativa de manejo de las relaciones exteriores, fundada en la ética del parentesco y la reciprocidad. En ese universo multiforme, de las pampas a la cordillera, la negociación política sólo era posible si previamente se creaba un vínculo que hacía del forastero, al menos metafóricamente, un pariente, titular de derechos y obligaciones predefinidos por una moral cuyo imperativo fundamental era la generosidad del padre hacia los

---

55 Acta de la reunión a la que fueron convocados por José de Susso los caciques pehuenches en la margen del río de San Pedro el 23.10.1814, en AHM, EI, 123/1.

56 Acuerdo capitular del 15.07.1747, en García de Loydi, 1968: 298, 293.

hijos, del rico hacia el pobre, del líder hacia sus seguidores. El don enaltecía a quien daba y obligaba a quien recibía, inaugurando un ciclo de reciprocidades que cimentaba el lazo entre los individuos y posibilitaba acuerdos, alianzas y amistades a nivel colectivo.

El ceremonial nativo fue incorporando elementos culturales ajenos, el más obvio de los cuales es el uso de la escritura —en los pasaportes, en las cartas avisando la llegada o en la transcripción de los acuerdos alcanzados en las parlas—, a lo que se sumaban los bienes de origen europeo, como sombreros, chupas, bastones, pañuelos, agujas, cuentas de vidrio, alcohol, bizcochos, dulces y productos coloniales como la yerba, el azúcar y el tabaco. También se injertaron en las ceremonias demostraciones impresionantes de júbilo y poder, como los disparos de armas de fuego y los vivas al rey. Estos elementos occidentales, sin embargo, se inscriben en un marco cultural indígena, dándole una coloración exótica sin cambiar su índole. Las sucesivas instancias del protocolo indígena tienden a poner en evidencia las cualidades o defectos del forastero que pretende ganarse la confianza y la amistad de sus anfitriones: el valor, la sinceridad, la generosidad y la buena fe que deberían inspirar su conducta. Y, si advertimos la paulatina incorporación de bienes y prácticas de origen europeo en la etiqueta nativa, es aún más llamativa la influencia cultural de la ritualidad indígena en los encuentros diplomáticos que se verificaban en la frontera y en los centros coloniales: en 1780, cuando los caciques y cacicas pehuenches del linaje del difunto Guentenao se acercaron por primera vez a la ciudad de Mendoza a acordar paces, fueron recibidos en la Sala Alta del Ayuntamiento, donde todos los presentes, indios como españoles, se sentaron en círculo, "según costumbre de parlamento"[57]. Cuando disponían de papeles, los caciques se presentaban con pasaportes, facilitando las presentaciones. Invariablemente, daban aviso de su inminente llegada y viajaban en familia: los parlamentos en la frontera eran eventos multitudinarios en los que intervenían tanto los líderes como una abigarrada chusma de carácter mixto que no perdía detalle de las conversaciones. Tanto en esos encuentros como en las visitas privadas de los caciques a las autoridades, las mujeres indígenas tenían su indisputable lugar, como veremos en el próximo capítulo. Los discursos de los agentes estatales hacían un estudiado uso de la terminología del parentesco: en tiempos coloniales, representaban al monarca como un padre benévolo que amparaba y sostenía a sus obedientes hijos, mientras que durante los primeros años de la etapa independiente se impuso la imagen de la fraterna unidad de intereses contra un despótico enemigo común: "Hermanos míos" —arengaba

---

57 Acuerdo del cabildo de Mendoza, 14.12.1780, AGN Sala IX, 24-1-1.

en 1814 el comandante de frontera José de Susso a los pehuenches– "el Sr. José de San Martín [...] me embia cerca de vosotros p.a participaros q.e todo el Reyno de Chile se halla, ya oy, bajo la tirania de los contrarios de la libertad Americana, es decir de brá libertad y la nuestra"[58]. Por último, como era de esperarse, las promesas recíprocas de amistad, buen trato y auxilio militar venían invariablemente reforzadas por agasajos de comida, bebida y objetos suntuarios destinados a los caciques, una onerosa y obligada generosidad que, muy a pesar de los oficiales de Real Hacienda, se había convertido en costumbre. Ejercicio híbrido por naturaleza, la diplomacia en las fronteras mantuvo hasta vísperas de la incorporación forzada de los territorios indígenas al Estado nacional el inconfundible sello de los protocolos nativos.

Las parlas o parlamentos en tierra de indios se nos presentan, en síntesis, como un breve momento de trueque de palabras inscrito en un largo *continuum* de canje de cortesías, obsequios y promesas. Estos intercambios fueron diferentemente valorados por los protagonistas, ya que lo que para los cristianos es el objeto mismo de su expedición (obtener un compromiso formal de devolución de cautivos, una autorización de paso, una alianza contra otros grupos, un consentimiento para correr la frontera o para autorizar la prédica religiosa) no implicaba para los indios sino un cruce de buenos propósitos sin valor vinculante cuando no estaban precedidos, acompañados y coronados del necesario ciclo de dones y contradones. Quien aspirara a llevar a buen puerto una negociación diplomática necesitaba tener un fino conocimiento de los rituales de contacto indígenas o, en su defecto, manejarse con mediadores culturales idóneos que no sólo hablaran la lengua, conocieran las rastrilladas y tuvieran contactos personales previos con los caciques, sino que estuvieran en condiciones de explicar las tácitas reglas de etiqueta a los cristianos. Sólo quienes las respetaran serían merecedores de la consideración de los caciques y sus gentes. Muchas veces, el éxito o el fracaso de las negociaciones dependía de la habilidad y buena fe de esos personajes equívocos, sobre quienes recaía la eterna sospecha de jugar su propio juego, cuando no el del adversario. Tan necesarios como recelados, los mediadores podían abrir las puertas de la tierra o provocar la desconfianza y el rechazo que genera un intruso que no respeta las reglas. A menudo invisibles en las crónicas, estos hombres y las raras mujeres que, como ellos, hicieron posible la comunicación interétnica, tenían en sus manos la llave de una eventual concordia o la simiente de un nuevo ciclo de violencias.

---

58 Arenga de José de Susso a la nación Pehuenche, 23.10.1814, en AHM, EI, 123/1.

CAPÍTULO 4

Entre la coerción y el coraje: mujeres indígenas cruzadoras de fronteras

En una fría mañana de agosto de 1791 se presentaron en la guardia de Ranchos una mujer indígena y un hombre que también aparentaba serlo, pidiendo hablar con el comandante Manuel Martínez. Ella dijo llamarse Francisca y ser esposa del cacique auca Lorenzo Callfilqui, Calpisqui o Callfuquir, quien el año anterior había firmado en Buenos Aires un tratado de paz con el virrey Nicolás de Arredondo. Él se presentó como Miguel Figueroa, cristiano nacido en la plaza de Valdivia, que allí se había desempeñado como soldado de infantería hasta cuatro meses atrás, cuando dejó Chile acompañando a cinco caciques que viajaban a las serranías del sudeste pampeano con cerca de un centenar de indios. Francisca y el lenguaraz Figueroa habían salido quince días atrás de Tapalquén, enviados por Lorenzo Callfilqui con una misión precisa: ver al virrey y preguntarle si eran ciertos los rumores esparcidos en las tolderías «de que por acá se estaban haciendo prevenciones para irlos a insultar»[1]. ¡Tantos años se había tardado en llegar a un acuerdo y tan frágil resultaba la paz, pronta a tambalear ante la menor novedad! Lorenzo Callfilqui no era hombre de correr riesgos innecesarios. La prudencia le indicaba que, en aras de confirmar si la especie era cierta o mera habladuría, lo más atinado era despachar a una emisaria idónea: su esposa Francisca, que desde los primeros años de la década de 1780 lo había representado en los tratos con sucesivos virreyes (Roulet, 2021).

Habituados a discutir de política y negocios entre hombres, los funcionarios coloniales eran reticentes a la hora de reconocer como dignas interlocutoras a

---

1 Oficio del comandante Manuel Martínez al virrey Arredondo, 21.08.1791, en AGN IX, 1-5-1.

las cacicas embajadoras. Tiempo atrás, cuando la esposa de Callfilqui llegó a la guardia de Luján con otra china, diciendo que había sido mandada por su marido a pedir paces, el virrey Loreto sospechó una estratagema de los indios, una maniobra de distracción que haría descuidar la vigilancia en las guardias, «exponiendo para lograrlo dos mugeres de quienes aunque se diga ser la una propia de Lorenzo es menester creerla sobre su palabra»[2]. No fue el caso en la ocasión presente: Francisca era ya una presencia conocida en la frontera. Con su intérprete Figueroa, pudo seguir viaje a Buenos Aires, dialogó con el virrey y regresó al cabo de unos días a su toldería en las azuladas serranías del sur, «muy agradecida y satisfecha», con un mensaje tranquilizador para su marido. Si algo debía enseñarle la realidad fronteriza al receloso virrey Loreto es que, en ese borde que unía dos mundos tan diferentes, el lugar de las mujeres no se confinaba al restringido espacio doméstico. Ellas podían ser también agentes de la política, la diplomacia y el comercio. Por su propio grado o llevadas contra su voluntad, las indias estaban en todas partes. Para verlas, sólo era cuestión de observar sus múltiples tránsitos a través de la malla permeable de la frontera.

Un umbral entre dos mundos

Hoy ya es un tópico remanido el definir las fronteras de los imperios coloniales con las sociedades indígenas como barreras porosas, propicias al encuentro y la hibridación. No se las vio siempre así. Durante más de un siglo fueron descritas como zonas de conflicto permanente, marcadas por la guerra, los golpes arteros y la constante alarma ante el enemigo al acecho. Antagonismo por cierto hubo desde los primeros contactos, no siempre violento, pero latente y de variable intensidad. A momentos de tensión extrema sucedían otros de calma relativa y cierta propensión al diálogo, lo que permitía mantener un *status quo* capaz de frenar los intentos de dominación de una parte y las veleidades de expulsión o revancha de la otra. Al fin y al cabo, una frontera era mucho más que un escenario de enfrentamientos.

Además del sentido primigenio que proponía el Diccionario de Autoridades en 1732 —«raya y término que parte y divide los Réinos, por estar el uno frontero del otro»—, la frontera fue también un ámbito de negociación pacífica donde se suscribieron acuerdos de no agresión que regulaban las condiciones para la circulación de bienes y personas: los misioneros que recorrían territorio indígena evangelizando, las partidas de indios que pedían ingresar a las ciudades, los correos que transportaban pliegos sellados y mensajes orales, así

---

2   Oficio del virrey Loreto al comandante Francisco Balcarce, 18.06.1784, en AGN IX, 1-6-2.

como los mercaderes –criollos o indígenas– que inundaban las tolderías con alcohol y otros vicios para hacerse a buen precio de los ponchos, mantas, pieles y demás manufacturas que producía la economía nativa.

En la segunda mitad del siglo XVIII, la erección de una línea punteada de guardias, fortines y fuertes custodiando los contornos de las últimas estancias hizo explícito sobre el terreno el reconocimiento de límites territoriales más o menos definidos entre las respectivas jurisdicciones: la que los colonizadores europeos y sus descendientes criollos reivindicaban como propia y la de los pueblos no sometidos que vivían más allá de esos inciertos confines, «en sus tierras», como tan a menudo admiten las fuentes de la época. Tironeados entre la desconfianza y la curiosidad, encandilados por los novedosos bienes que ponía a su alcance la economía colonial, los indígenas reorientaron el trazado de los múltiples caminos o rastrilladas que vinculaban sus territorios para hacerlos converger hacia los puestos fortificados de la frontera, con lo que terminaron conectando, mediante un corredor bioceánico que atravesaba las pampas, la cordillera y la Araucanía, a los mercados de la cuenca del Plata con los del valle central de Chile, a su vez integrados en circuitos mercantiles regionales y globales (de Jong y Curtoni, 2024).

La visita de la cacica Francisca ilustra una de las funciones de los dispositivos de defensa y vigilancia que jalonaban la frontera: controlar el cruce de personas y bienes entre las jurisdicciones hispana e indígena. Los milicianos que componían la dotación de esos puestos verificaban la identidad de los transeúntes y anunciaban por escrito a las autoridades de la ciudad su número, el nombre de quien comandaba la partida y el propósito de la comisión. Casi siempre había en las guardias alguien que hablara la lengua, capaz de interrogar a los indios y traducir sus dichos. Y un baqueano que los acompañara por el camino más directo hasta la ciudad, a la ida y a la vuelta. En tiempos de paz y armonía, se arrimaban a los fuertes los toldos de «indios amigos» o «fronterizos», que cumplían funciones defensivas e informativas, con la promesa de ser amparados bajo el tiro del cañón en caso de peligro de enemigos. De noche trasponían la imaginaria línea furtivos gauderios y renegados, buscando en la amplitud de las llanuras algún ganado cimarrón que carnear y la salvadora hospitalidad de los toldos. Cada primavera se aproximaban grupos de indios potreadores a enlazar caballos y yeguas baguales que arreaban hacia el sur. Y, cuando llegaban de tierra adentro las comitivas de indios comerciantes con sus pesadas cargas, los vecinos del pago se acercaban presurosos a las guardias a trocar vacas, granos, harinas, galletas, vino y aguardiente, cuchillos mellados y trapos viejos por los vistosos plumeros, los coloridos ponchos y abrigados quillangos que salían de las manos de las mujeres indígenas (Alemano, 2024).

Raya de separación y puente, barrera disuasiva e irresistible imán, la frontera apartaba y atraía al mismo tiempo dos mundos irreconciliables, que terminaban forjando en sus intersticios una común «cultura del confín» hecha de bienes materiales, prácticas cotidianas, referencias simbólicas, medios de comunicación y hábitos compartidos (Austral, Rocchietti et al., 1997; Alemano, 2022). Las mujeres indígenas cruzaron esa línea una y otra vez, obligadas por sus captores o movidas por su propia voluntad y su innegable coraje. Lo hicieron en situaciones de conflicto violento que implicaron coerción y toda clase de abusos; lo hicieron en situaciones de tráfico comercial, acompañando a sus maridos, primos o hermanos; y lo hicieron en situaciones de negociación de acuerdos diplomáticos, asumiendo los riesgos que suponían los largos desplazamientos y las estadías en tierra de cristianos. En cada caso, incluso en tanto prisioneras o retenidas como rehenes, usaron de los estrechos márgenes de acción a su alcance para defender su libertad, su derecho a decidir por sí mismas y su dignidad.

El cruce coercitivo de la frontera: malocas, repartos, depósito y reclusión

Desde los tiempos iniciales de la conquista, cuando los indígenas incorporados al régimen de trabajo forzado de la encomienda[3] eran pocos y no alcanzaban a cubrir las necesidades de servicio de los pobladores europeos, se organizaron «entradas», «corredurías» o «malocas», como se llamó a las incursiones esclavistas que caían por sorpresa sobre las desprevenidas tolderías[4]. En cruento y desigual combate, los asaltantes mataban a todos los hombres adultos (incluyendo a los varones de apenas más de 13 o 14 años) sin dejar heridos ni hacer prisioneros, y cautivaban a mujeres, niñas y niños menores de edad, para repartirlos como virtuales esclavos domésticos entre los participantes en la acción (Roulet, 2019). Sebastián Alioto, Juan Francisco Jiménez y Daniel Villar hablan de un «complejo *masacre-reparto* invariablemente reiterado en la historia de las fronteras pampeanas» desde la primera ocurrencia documentada al sur de Buenos Aires, en 1599. Estas brutales agresiones tenían el manifiesto propósito de «infundir terror, sacrificando de manera sistemática y deliberada a no combatientes y subyugando a los sobrevivientes» (Alioto, Jiménez y Villar, 2018: 35, 52). El historiador chileno Álvaro Jara, que investigó el tema

---

3   La encomienda era una figura legal por la cual se «encomendaba» a un conquistador y a sus sucesores un grupo de indios que debían brindarle un tributo en trabajo o en especie a cambio de ser instruidos en la fe católica.

4   El término *maloca* se pidió prestado a la lengua mapudungun, donde el verbo *malon* o *malocan* significaba "hacer hostilidad al enemigo, o entre sí por agravios" (cf. Jara, 1981: 144).

de la esclavitud indígena hace más de sesenta años, definió a la maloca como el «estilo guerrero del siglo XVII» (Jara, 1981: 144), cuya vigencia al este de la Cordillera estuvo lejos de limitarse a esa centuria.

Las mujeres, niñas y niños indígenas eran repartidos individualmente en casas de familia, separando a los hijos de sus madres y a los hermanos y hermanas uno de otro. Traumatizadas por la masacre previa, sobrevivientes de la brusca desintegración de su grupo de pertenencia, sometidas a duros castigos y con toda probabilidad a abusos sexuales, aisladas en un medio culturalmente extraño donde no tuvieran quizás contacto con nadie que hablara su idioma, nadie que fuera sensible a sus padeceres ni las defendiera de los excesos de sus amos, las mujeres prisioneras y sus hijas e hijos no tenían en sus nuevos hogares manera de perpetuar su cultura y su identidad étnica ni personal. Los niños eran despojados de sus nombres, bautizados casi de oficio y agregados a la servidumbre de la casa, ingresando en una «zona gris»: ni adoptados, ni propiamente criados, ni legalmente esclavos, quedaban a merced de sus apropiadores, que podían eludir con facilidad todo intento de control de las autoridades sobre el trato que les dispensaban (Alioto, Jiménez y Villar, 2018: 233). Así, cuando el rey quiso saber qué había pasado con las sesenta «piezas de indios» repartidas luego de una maloca, el gobernador de Buenos Aires se limitó a contestar que, al cabo de seis años, «no á quedado Indio alguno, por auerse huido Vnos a sus tierras y hauerse muerto otros»[5]. Detrás de esas huidas y muertes no cabe sino sospechar un cúmulo de abusos, castigos y malos tratos que acontecían en la intimidad del hogar de los apropiadores, amparados en el silencio temeroso o cómplice de los raros testigos.

A partir de mediados del siglo XVIII, el término maloca –en su sentido de «invasión de hombres blancos en tierra de indígenas, con pillaje y exterminio»[6]– cae en desuso y las fuentes de la época nos hablan más bien de campañas militares punitivas en las que ya no se toman «piezas» –un término habitualmente reservado a las personas sometidas a esclavitud– sino indias «prisioneras» o «cautivas», que pueden tener destinos diversos. Algunas son repartidas en casas de familia bajo la figura del «depósito», una institución destinada en teoría a proteger a las mujeres y a los menores en situación de vulnerabilidad colocándolas en manos de particulares encargados de alimentarlas, vestirlas y evangelizarlas, a cambio de un servicio doméstico. Aunque rodeada de más formalidad y resguardos legales que el reparto discrecional propio de las malocas, esta modalidad de sustracción de mujeres y niños indígenas no resultaba

---

5 Autos remitidos por el gobernador José de Herrera, 10.12.1686, en AGI Charcas, legajo 282.
6 Diccionario de la Real Academia, https://dle.rae.es/maloca?m=form.

en la práctica muy diferente de aquél, con una salvedad: contamos con más casos de mujeres que acuden al Defensor de Naturales o a alguna otra autoridad buscando protección ante malos tratos o bien suplicando recuperar la tenencia de sus hijas colocadas en depósito.

Otro destino posible de las prisioneras fue el encierro en instituciones de disciplinamiento, tal la que se conoció en Buenos Aires como la Casa de Recogidas o Residencia, que funcionaba en lo que había sido la Residencia jesuítica situada en el Alto de San Pedro –hoy, el barrio porteño de San Telmo–, por donde pasaba el Camino del Fuerte que conducía de la Plaza Mayor al Riachuelo. Expulsada la orden de San Ignacio de Loyola en 1767, sus edificios fueron consagrados a nuevos usos, entre ellos al aleccionador encierro de mujeres de mal vivir, de toda clase y condición, cuya escandalosa conducta se pretendía corregir por el trabajo y la oración. Allí colocaban los maridos celosos a esposas de incierta fidelidad y los padres inflexibles a aquellas hijas díscolas que rechazaban al pretendiente por ellos elegido para su bien; allí iban a parar esclavas insolentes, mestizas alborotadas, concubinas y meretrices. Se trataba, por lo general, de mujeres pobres y desvalidas, encerradas en ese siniestro edificio con el designio de castigarlas y enmendar comportamientos íntimos juzgados censurables. En el último cuarto del siglo XVIII ese ámbito disciplinario se prestó también a la concentración de indias pampas, aucas, ranqueles y tehuelches –más tarde también de charrúas y guenoas o minuanas de la Banda Oriental– capturadas en las tolderías. Los documentos hacen a veces la distinción entre aquellas, "mujeres recogidas", y estas otras, "cautivas o prisioneras de guerra", mucho más numerosas y vulnerables, que compartían un mismo espacio de clausura.

Una primera tanda de once chinas con nueve párvulos, apresadas en los toldos de los caciques Alequeté y Zorro Negro, llegó a la Residencia a mediados de septiembre de 1776. Semanas más tarde se les sumaron cincuenta y ocho mujeres separadas de sus hijos, treinta y un pequeños que fueron distribuidos en casas particulares. En el mes de diciembre eran noventa y cuatro las indias pampas prisioneras en la Residencia y muchas más les seguirían, en tanto el virrey Vértiz persistía en denegar a los caciques las paces que pedían. Su número oscilaba de año en año: en 1787, el encargado de la Casa estimaba el número de prisioneros indios en treinta y ocho personas, de los cuales sólo once eran mujeres adultas, con dieciséis niñas y once niños menores de edad, "las que anteriormente hubo hasta el número de 103, unas que se han entregado a los indios, otras que se han muerto"[7].

---

7   Oficio de Joseph Martínez al Gobernador Intendente General, 22.08.1787, en AGN IX, 30-3-6.

En este encierro colectivo, que permitía mantener vínculos de solidaridad entre mujeres, si bien las exponía a intentos de conversión y bautismo forzados, clausurando la alternativa de un retorno negociado entre los suyos, el sentimiento de soledad y desamparo fue tal vez menos intenso. Sin embargo, muchas detenidas padecieron abusos, entre 1779 y 1784, en manos del encargado de la Casa, sargento Francisco Calvete, que solicitaba sus favores a cambio de fingidas promesas de mejor trato, combinadas con golpes y amenazas (Salerno, 2018). Otras, incontables, sucumbieron al contagio, que golpeaba con la contundente recurrencia de las olas batiendo las rocas. Tras una de las periódicas epidemias de viruela, el director de la Casa había pagado "cuarenta y tantos entierros con sus mortajas". Mientras estaban sanas, se esperaba que contribuyeran a su manutención realizando "tareas compatibles con su recogimiento que las tuvieran ocupadas todo el día"[8]. Las indias cautivas debían hilar lana, fabricar velas y estopa, cocinar, hacer mandados y lavar en el río la ropa de otras detenidas. Algunas sirvieron como amas de leche para los niños huérfanos que llegaban a la Casa de Niños Expósitos.

La Residencia funcionó como virtual cárcel para las mujeres de las pampas y sus hijos hasta fines de 1790. Entonces, firmadas las paces con el cacique Callfilqui, se argumentó que había cesado "el motivo que ha causado anteriormente la aprensión de estos infelices" y que las indias e indiecitos que aún permanecían recluidos en la Casa de Recogidas podían ser repartidos entre particulares bajo la habitual figura del depósito[9]. A fines de ese siglo y principios del siguiente, les tocó a las charrúas y minuanas o guenoas apresadas en la Banda Oriental la triste suerte de recalar en la Residencia, antes de ser entregadas a "gentes de mediana decencia y proporciones", dispuestas al piadoso esfuerzo de vestirlas, mantenerlas y educarlas en la fe cristiana, gozando a cambio, sin costo adicional ni límite legal alguno, del usufructo de su trabajo de por vida[10].

Prisioneras y rehenes

La idea de repartir a las prisioneras indígenas alojadas en la Residencia en casas particulares de la ciudad había germinado en 1787, como expediente para aminorar los gastos que suponía su manutención. Lo curioso es que quienes impulsaron la propuesta, miembros del Tribunal de Cuentas de Buenos Aires,

---

8   Oficio del Tribunal de Cuentas al Intendente General, 10.08.1787, en AGN IX, 30-7-6.

9   Oficio del Tribunal Superior al virrey, 22.01.1792 y oficio del Tribunal del Cuentas al virrey, 24.05.1791, en AGN IX, 30-3-6.

10 Oficio del Tribunal de Cuentas a la Junta Superior de Real Hacienda, 5.01.1787, en AGN IX, 30-3-6.

no se inspiraron en el antecedente local, propio del tiempo de las malocas, ni en la figura legal del depósito, sino en la práctica por entonces adoptada en la provincia de Cuyo. "En Mendoza, donde cada día se aprehenden muchas de estas gentes –aseguraban los jueces–, se guarda este método, y no podrían de otro modo sostenerse estos gastos". Según los informados cálculos de los jueces porteños, más de ochenta personas estarían en aquellos días distribuidas en casas privadas mendocinas[11].

Lo que los miembros del Tribunal de Cuentas quizás ignorasen es que una parte de las indias e indiecitos cautivos en Mendoza no eran prisioneros en depósito sin término, sino rehenes por tiempo limitado, cuya permanencia entre cristianos garantizaba el cumplimiento de los artículos aprobados en los tratados (Roulet, 2009). A diferencia de los prisioneros de guerra, retenidos como medio de incorporar, vengar, subordinar, humillar y, de paso, reclutar mano de obra forzada, el intercambio de rehenes se basaba en lo que Pauline Turner Strong (1999: 77) denomina una "poética de la reciprocidad", que respondía al objetivo diplomático de asegurar la buena fe en los tratos. La práctica se había iniciado en Mendoza en 1780, con las ciento veintitrés personas –mujeres, niñas y niños– habidas en la expedición contra las tolderías pehuenches del Cerro Campanario, ocasión en la que casi todos los hombres adultos se hallaban ausentes en las pampas: hubo pues captura de "chusma" no combatiente, pero no se logró el objetivo de pasar a degüello a los hombres. A defecto de masacrarlos, los mendocinos se propusieron atraerlos pacíficamente con la promesa de restituirles a sus familiares y la exigencia de que se instalaran cerca del fuerte de San Carlos, desde donde contribuirían a defender la frontera. La promesa se concretó en parte al año siguiente, si bien fueron reservadas varias esposas, hijas e hijos de los caciques principales, "personas todas igualmente recomendables, [...] con declaración de que los nominados rehenes han de mudarse cada bimestre, por lo menos [...] reponiendo en lugar de estos otros igualmente útiles de aquellos que ahora se les entregan"[12].

En los papeles, la condición de rehén era temporaria y se preveía su frecuente rotación. En la práctica, los plazos se prolongaron arbitrariamente y no resulta a menudo sencillo distinguir entre una rehén y una prisionera. El relevo de las indias rehenes no era automático. Algunas vieron prolongarse su condición varios meses –e incluso años–, más allá del lapso estipulado. Muchas murieron, fulminadas por las enfermedades venidas de Europa. En cuanto a

---

11 Oficio del Tribunal de Cuentas a la Junta Superior de Real Hacienda, 5.01.1787, en AGN IX, 30-3-6.
12 Acuerdo del cabildo de Mendoza, del 21.09.1781, en AGN IX, 24-1-1.

las niñas y niños rehenes, parecen haber sido pocos los que lograron regresar más adelante a sus tierras. Los religiosos, ansiosos de salvar sus inocentes almas de las garras del demonio, se apresuraban a bautizarlos y una vez incorporados a la grey cristiana ya no se les permitía volver a su anterior estado de infidelidad. Es presumible que acabaran integrando esa "zona gris" extralegal a la que iban a parar los miembros indígenas de la servidumbre doméstica. Las mujeres adultas, en cambio, no recibían el bautismo sin un cierto conocimiento previo de la doctrina cristiana, salvo si lo pedían en su lecho de muerte. Es probable que las y los rehenes adultos vivieran en condiciones menos severas que las que padecieron las víctimas de malocas, repartos, depósitos y recogimientos, puesto que pudieron solicitar su reemplazo una vez cumplido el término de su estancia y oponerse a ser distribuidos en otras casas, alegando "que ellos no estan obligados á servir en parte alguna pues no son esclavos"[13].

El caso de las indias pehuenches rehenes en Mendoza es excepcional: los españoles aspiraban a retener rehenes varones, de preferencia hijos o sobrinos de caciques, exigencia que poco a poco fue siendo desestimada en esa frontera. Los pehuenches habían dado a esa altura sobradas pruebas de fidelidad. Algunas mujeres pehuenches, sin embargo, así como las indias puelches, ranqueles y huilliches, capturadas al sur y al este de Mendoza, no tuvieron el privilegio de ascender a la condición de rehenes. Prisioneras, se las sometió al reparto individual "en casas de probidad y buen exemplo donde con su servicio remuneren el trabajo de educarlas e instruirlas en los principios de religión y labores propias de su sexo"[14].

La forzada proximidad de los "indios amigos", "fronterizos" y "reducidos"

También podemos considerar como cruce coercitivo de la frontera la instalación compulsiva de grupos indígenas militarmente debilitados a proximidad de los fuertes, ya sea tras una derrota a manos de los españoles –como fueron los pehuenches del Cerro Campanario luego de la captura de sus mujeres e hijos–, ya por temor a los enemigos que se granjeaban al interior del campo

---

13 Borrador de una nota del comandante Amigorena al virrey, de mayo de 1782, en AHM, EC, 55/6. En 1787, "la India q.e esta de rehenes me arrogado le participe a Vm como se alla mui desnuda y q.e ya ase seis meses aq.e esta; y que se quiere ir a los toldos aser alguna manta p.a cubrirse el invierno" (oficio de Casimiro Anzorena a Amigorena, 8.03.1787, AHM, EC, 57/34).

14 Oficio del virrey Rafael de Sobremonte al comandante de armas Faustino Ansay, 16.05.1804, en AGN IX, 3-5-2.

indígena por actuar como tropas auxiliares de los cristianos. Es cierto que estos "indios amigos" o "fronterizos" no eran propiamente prisioneros, pero también lo es que no tenían mucho margen de decisión en cuanto a dónde ubicarse ni a qué servicios realizar en beneficio de sus aliados españoles, quienes retenían a sus familias –caso de los pehuenches reasentados en el Valle de Uco (Roulet, 1999-2001)– o bien podían en cualquier momento apoderarse de ellas. Así le sucedió al cacique pampa Thomás Yahatí, que había levantado sus toldos a escasa distancia de la guardia del Zanjón. Este fiel aliado de los cristianos daba aviso de los movimientos de indios enemigos y se ofrecía con sus hombres como baqueano en las expediciones contra ranqueles y aucas. Sin embargo, su colaboración no lo libró de las suspicacias de los españoles. En 1780, considerándolo en falta, el virrey tuvo por conveniente "asegurarse de su familia como en Rehenes" y mandó llamar "a su Mujer e Hijas, encargando a los conductores que las traigan sin prision y sin que se dé a entender otro motivo que el de quitarlas del riesgo"[15]. Rehenes aprehendidas por engaño, prisioneras de hecho, las parientas de Yahatí fueron recluidas en la Residencia al menos hasta 1785.

Otra situación de forzada coexistencia fue la de las indias incorporadas a reducciones y misiones como consecuencia de sucesivas entradas y correrías, como sucedió con las primeras reducciones bonaerenses de Tubichaminí, Bagual y Baradero en el siglo XVII (Pedrotta, 2023). Idénticas circunstancias prevalecieron, como vimos en el Capítulo 2, cuando se fundó la misión jesuítica de Concepción, en 1740, donde fueron concentradas las mujeres, niñas y niños sobrevivientes de la maloca de 1739 contra la toldería del cacique serrano Tolmichi-ya. Una vez cruzada la frontera espiritual que separaba a indios infieles de neófitos, las indias ya no serían devueltas a sus parientes y verían drásticamente restringidos sus movimientos. A menos que, como la hermana del cacique Bravo, se recurriera a ellas para alguna gestión diplomática.

La proximidad a la frontera de los "indios amigos" y de los "reducidos" y los contactos cotidianos con la dotación de las guardias derivaban en toda clase de intercambios –económicos, bacterianos, virales, sexuales y culturales– que tuvieron fuerte impacto sobre esos grupos. Si las tolderías fronterizas podían verse privilegiadas por sus oportunidades de comercio directo con soldados, pulperos y vecinos, la aparente ventaja de la cercanía las ubicaba también en la primera línea de contagio cuando hacían su temible aparición las epidemias. Los mortíferos brotes de viruela se ensañaban con los indios amigos, convirtiéndolos en involuntarios vectores de la enfermedad hacia los asentamientos de

---

15 Nota del secretario del virrey Vértiz a Juan Joseph Sardeñ, 29.02.1780, en AGN IX, 1-4-3.

tierra adentro. En el invierno de 1787, cuatro indios fronterizos que habían ido de correos a las tolderías de Malargüe anunciaban los estragos de un brote de viruela. Ya habían fallecido doce indios y "muchas Indias, y Muchachos; quedando enfermos de lo mismo bastantes Indios e Indias" y el cacique gobernador Ancán Amún "queda muriéndose de peste de viruelas"[16]. La viruela volvió a golpear en el invierno de 1792: "Una India de Cayugur está con la peste –informaba el comandante Esquivel Aldao–. La han abandonado todos los Indios, aunq.e con mucho duelo, y anoche an venido a rogarme se las aga llevar a la enfermería de los demás virolentos, que es en la Cañada grande, y que se las aga cuidar"[17]. Dos años más tarde moría de peste la mujer de Carilef, el cacique principal de los pehuenches fronterizos, y otro de sus indios se acercaba al fuerte diciendo que dos de sus mujeres se habían contagiado "y que quería que se sangrasen"[18]. Expuestos a una enfermedad importada por los europeos, ante la cual eran impotentes sus *machis*, los pehuenches confiaban la sanación de los suyos a las prácticas medicinales de los *huincas*.

Conducta íntima y sujeta a censuras y proscripciones cuando tenía lugar fuera de los sagrados vínculos del matrimonio, la sexualidad es una esfera de la vida que deja pocas huellas en los archivos, salvo en casos de severa transgresión a las normas. Los jesuitas, siempre atentos a controlar la moral de su grey –y, en particular, la de sus neófitas– señalaban las nefastas consecuencias de la presencia de soldados en las reducciones bonaerenses: no contentos con proveer a los indios de aguardiente e incitarlos a jugar a los dados, les daban el mal ejemplo de entrar en "tratos ilícitos" con sus mujeres, amancebándose sin vergüenza "con madres e hijas"[19]. Don Clemente López se escandalizaba en 1758 porque la inmediatez de los indios amigos a la guardia del Zanjón excitaba a los soldados, moviéndolos a escaparse en la oscuridad de la noche hasta los cercanos toldos "a beber y hacer sus impudicias"[20]. Se acusaba a los hombres que componían las milicias fronterizas –"paraguayos, santiagueños, cordobeses y toda laya de gentes, entre blancos, indios, mulatos y mestizos"– de no ocuparse más que "en robar mujeres casadas, en juegos públicos y latrocinios". "El que quiere alza la mujer y se va y no vuelve", denunciaba un funcionario indignado a propósito de la inseguridad en la que vivían las mujeres criollas

---

16 Oficio de Francisco Esquivel Aldao al comandante Amigorena, 15.07.1787, en AHM, EC, 65/54.

17 Oficio de Francisco Esquivel Aldao a Amigorena, 17.07.1792, en AHM, EC, 66/87.

18 Oficio de Juan Morel al comandante Amigorena, 17.08.1794, en AHM, EC, 69/102.

19 Pareceres del capellán Joseph de Barrera, 17.08.1752, y de don Orencio Antonio de Escurra, 31.08.1752, en AGN IX, 19-2-4.

20 Oficio de Clemente López al gobernador, 13.12.1758, en AGN IX, 1-5-3.

en los pagos rurales[21]. Cabe, por tanto, imaginar cuál sería el trato de esos hombres rudos hacia las indias. Don Ambrosio O'Higgins, irlandés con una vasta experiencia en la frontera de Chile, los describió en 1796: "El soldado, más duro y menos suave que el paisano, no trata con tanta dulzura como es necesario a los miserables indios, y divertidos en los ranchos o chozas de estos, cometen excesos con sus mujeres, de que ya tuve ahí más de una queja"[22].

Algunos testimonios sugieren que no eran pocas las indias capturadas en las fronteras y puestas en depósito en «casas decentes» que pueden haber terminado dedicándose a la prostitución, como la india pehuenche, bautizada cristiana, que en 1804 había sido conducida a la cárcel de Mendoza «con motivo de vivir mal»[23]. Por cierto, entre quienes ejercían el más viejo oficio del mundo predominaban las mujeres de tez oscura. Hacia fines del siglo XVIII, un alcalde de Santa Hermandad denunciaba a la gente «vaga y escandalosa» que poblaba los arrabales de la Capital y en particular a la «clase de mujeres ordinarias como son chinas, zambas, mulatas y negras libres, siendo las más de éstas solteras, sin más ocupación que en tratos ilícitos y lo más común en la embriaguez, viviendo en cuartos alquilados sin tener mas senso con qué pagarlo que las muchas ofensas que cometen a Dios nuestro Señor»[24]. Quizás de estos ingratos destinos naciera con el tiempo el devaluado estereotipo de la china, que una larga tradición representó como mujer de sexualidad reprobable, una «mercenaria del amor» de dudosa moral (Marre, 2003).

No hay que concluir, sin embargo, que los contactos íntimos entre mujeres indígenas y hombres hispanocriollos en las fronteras se encuadraran sólo en situaciones de abuso y explotación sexual: también hubo uniones alentadas por las propias indias y quizás hasta genuinos sentimientos amorosos. Con un poco de imaginación, podemos intuirlos en la breve noticia del comandante de frontera de Mendoza, don Miguel Teles Meneses, dando cuenta de la llegada al fuerte de San Rafael, por entonces en construcción, de la cacica doña María Josefa Roco y su sobrina, María del Carmen, la cual albergaba el propósito «de casarse con un joven honrado de esta guarnición, cuya unión sera sin duda muy bentajosa al fomento de este establecimiento»[25]. La encontramos cuatro años

---

21 Oficio de Juan Ignacio de San Martín al gobernador Bucarelli, 7.11.1767, en AGN IX, 1-4-1.

22 Instrucción de Ambrosio O'Higgins al superintendente de la refundada ciudad de Osorno, 1796 (en Sánchez Olivera, 2002).

23 Oficio del comandante Faustino Ansay al virrey Sobremonte, 19.02.1804, en AGN IX, 3-5-2.

24 Oficio del alcalde José Gómez al virrey, 8.02.1796, en AGN IX, 1-7-5.

25 Informe de Miguel Teles Meneses al virrey Liniers, 9.12.1806, en AGN IX, 11-4-5.

más tarde registrada como María del Carmen Roco, esposa del artillero Thomas González y madre de dos niñas, de 3 y 1 año respectivamente[26]. ¿Romántica historia de amor con final feliz o matrimonio por mutua conveniencia, que insertaba a la india en el mundo colonial con el respetable estatus de mujer cristiana casada, mientras brindaba de paso al hombre blanco provechosos lazos económicos con la sociedad indígena? Los áridos datos de los censos y actas de matrimonio nada dicen sobre la calidad del vínculo que unía a los cónyuges, pero su estudio sistemático revela que tanto la etnicidad como el parentesco –en su literal acepción biológica y en la simbólica, creada por los lazos del compadrazgo– entre indias y cristianos conformaron redes mestizas de parientes y compadres que unían los segmentos dispares de un mundo en el que prevalecía la diversidad social, racial y étnica. Viviendo entre cristianos, junto a sus maridos criollos e hijos mestizos, pero siempre en contacto con su parentela en los toldos, estas mujeres tendían un puente de entendimiento y cooperación entre lógicas diferentes, gracias a una cotidianeidad inmune a las alteraciones suscitadas por la periódica ruptura de las paces (Bjerg, 2007).

Un caso particular de cruce de la frontera en situaciones de coerción, del que poco se habla, fue el de las mujeres indígenas de grupos extra-pampeanos (guaraníes o tapes de las Misiones, indias chaqueñas y santiagueñas), residentes en zonas de frontera en tanto esposas de migrantes o trabajadoras en las estancias, que eran capturadas en los asaltos indígenas y llevadas hacia las tolderías. La plástica decimonónica nos ha habituado a imaginar la cautiva cristiana como una mujer de nívea epidermis, rubia cabellera y crucifijo al cuello, desdibujando el carácter mestizo de los territorios fronterizos, poblados por unos pocos españoles sin mezcla y una inmensa mayoría de criollos pobres con sus mujeres -criollas, indias o mestizas-, así como de indios e indias de distintas procedencias y de negros y negras de condición esclava, amén de todas las combinaciones genéticas posibles entre esos diversos grupos. Si, más allá de estereotipos literarios y pictóricos, quisiéramos retratar a la cautiva real como una síntesis de esas variopintas mujeres llevadas por los indios frontera adentro, deberíamos representarla de tinte trigueño y rasgados ojos negros. Para ellas también, el rapto y el cautiverio en las tolderías –a menudo precedidos por la muerte violenta de sus maridos– fue una experiencia traumática que las incitó a la huida hacia el lado cristiano de la frontera en cuanto se presentó la oportunidad. Fue el caso de Rosa y María Josepha, dos indias tapes originarias de las Misiones cautivadas en el asalto a la Magdalena por el cacique Bravo,

---

26 Padrón que comprehende todas las familias del valle de Huco, sus hedades y exercicios. Mendoza, 22.11.1810, en AHM, EI, 13/5.

quien las retuvo en el paraje del Sauce Grande hasta «que lograron hacer fuga con la ocacion de hauer hecho Camino dicho Casique Brauo a las ynmediaciones de esta Ciudad» y anduvieron cuatro lunas antes de encontrar seguro refugio en una estancia en Monte Grande[27].

En ese umbral donde las sangres se mezclaban también confluían los hábitos culturales de unas y de otros. Las mujeres indígenas tejían los ponchos que vestían a todos por igual y poseían saberes únicos sobre los recursos de su medio, como una tal china Magdalena, que vivía en la estancia de Yaucha en el valle de Uco, convocada por el general José de San Martín en 1816 porque conocía la raíz con la que los indios daban a sus textiles el color azul, el mismo que se necesitaba para teñir los uniformes del Ejército Libertador. Tanto el roce cotidiano en la frontera como la cautividad entre cristianos fueron para estas mujeres –cuando tenían la dicha de sobrevivir a la dolorosa experiencia– ocasiones de intenso aprendizaje: de la lengua castellana al catecismo, de las «labores propias de su sexo» a distintos hábitos culinarios, del peinado y la vestimenta al cobijo o encierro entre cuatro paredes techadas y clausuradas bajo llave, todas fueron experiencias y adiestramientos que pudieron servirles en el futuro como herramientas para facilitar la mediación. Indias «ladinas en la lengua castellana», con relaciones influyentes en la sociedad hispanocriolla, grandes viajeras de ejercitada memoria y aptitud para la escucha, muchas reaparecen en los textos cruzando la frontera por su propia voluntad, en el colorido revoltijo de las caravanas comerciales o revestidas de la solemne función de embajadoras.

El cruce voluntario de la frontera: las chinas como agentes económicos

Las paces acordadas en Casuhatí en 1742 inauguraron un activo circuito comercial en el ámbito bonaerense, centrado en las reducciones jesuíticas de Nuestra Señora de la Purísima Concepción de los Indios Pampas –fundada en mayo de 1740 cerca de la desembocadura del río Salado y activa hasta febrero de 1753–, Nuestra Señora del Pilar del Volcán –establecida a fines de 1747 en el extremo oriental del sistema serrano de Tandilia– y Nuestra Señora de los Desamparados, erigida en 1750 a cuatro leguas de la anterior y abandonadas ambas en 1751. Los jesuitas parecen haber comprendido que, entre esas gentes, la generosidad era el primer paso hacia la amistad y el único modo de cimentar las misiones que pretendían ver florecer en las puertas de la Patagonia. Dadivosos, atraían a los

---

27 Información sobre las operaciones de los Yndios Serranos y Pampas por el mes de julio [de 1744] en las fronteras de Luján, en AGI Charcas 317.

indios «con algunos donecillos», esperando que el tiempo y los buenos hábitos inculcados los fijarían allí para siempre. La realidad terminaba defraudándolos: mientras hubiera yerba, tabaco «y otros géneros, que ellos apetecen, y compran á trueque de plumeros de plumas de Abestruces, Ponchos, pieles de Lobo marino y riendas de caballos», los indios permanecían en las inmediaciones (Sánchez Labrador, 1936: 97, 101). Pero, en cuanto se acababan las provisiones o sucumbían a la tentación del alcohol que algún pulpero les acercaba, levantaban campamento y se buscaban la vida –o celebraban su borrachera– en otra parte, para desconsuelo de los impotentes sacerdotes.

Durante el breve lapso que medió entre 1740 y 1753, las reducciones jesuíticas bonaerenses funcionaron como pivote de un comercio interétnico triangular en el que los pampas de la Concepción y los puelches o serranos del Pilar hacían de intermediarios: «Los Indios de arriba –«arriba» designaba la región cordillerana– trahen á los Pampas los mas de estos efectos. Los Aucas texen los Ponchos y Mantas; los Patagones dan las Plumas; y de unos, y otros lo compran los Puelches, que estan acia la Serrania del Volcan, y la de Casuati» (Sánchez Labrador, 1936: 96, 177). Juan Galeano, un soldado que había pasado dos años en la reducción de la Concepción, contaba que los aucas y otros indios de tierra adentro «venían, y por imediato al dho Pueblo paravan en las Yslas –como se llamaba a los bosquecillos próximos a los cursos de agua– que por alli hay y ahi hivan los de la Reduccion á tratar contratar y les compraban Ponchos». Otras veces, los visitantes entraban al pueblo a realizar sus trueques[28].

Los bienes de la economía indígena –pieles de felinos salvajes y mamíferos marinos, cueros, botas, riendas, lazos, plumas, piedras bezoares y textiles– circulaban hacia el mercado colonial por dos vías alternativas: una parte era comprada por los misioneros a cambio de yerba y tabaco, conducida hasta la capital por indios de las reducciones y vendida al público en una operación supervisada por el Procurador de las Misiones Australes. Los indios transportistas, siempre varones, aprovechaban la ocasión para hacer allí sus propios tratos por cuchillos y alcohol, que luego revendían entre los reducidos. Otra parte terminaba en manos de comerciantes o pulperos, que se aproximaban con disimulo a las misiones, llamaban a los neófitos y los «mantenían muchos meses en un lugar, repitiendo ellos sus viajes á Buenos Aires, á traher mas Aguardiente, y cebarles el apetito desenfrenado de beber, hasta que los dexaban desnudos» (Sánchez Labrador, 1936: 104). Bisagra por donde se introducían mercancías occidentales entre las sociedades indígenas del sudeste

---

28 Información del Cabildo de Buenos Aires sobre la Reducción de los Yndios Pampas que esta a cargo de los RR.PP. de la Comp.a de Jesus, 15.10.1752, en AGI Charcas 221, folio 8.

pampeano y Norpatagonia, las reducciones jesuíticas estimularon durante su corta existencia una «vorágine mercantilista» o «revolución del consumo», que reorientó las economías nativas hacia la actividad pastoril y fomentó una creciente producción manufacturera, destinadas ambas a aprovisionar al voraz mercado bonaerense (Palermo, 1994; Alemano, 2024).

En esta etapa temprana de comercio interétnico, no hay evidencias escritas de la presencia de mujeres indígenas en las carretas que transportaban mercancías hacia la capital, pero sí de su participación en ese circuito como productoras y consumidoras. El curtido de las pieles, la fabricación de quillangos y el tejido de mantas, jergas para los aperos de montar, ponchos y balandranes —unos abrigos largos y anchos, de trama tan apretada que eran usados como impermeables— eran especialidades femeninas. Las mujeres aucas —esto es, pehuenches, moluches, picunches y «sanquelches», en la terminología del padre Sánchez Labrador— cuidaban de los rebaños de ovinos y descollaban en el arte textil: «hilan lana de ovejas, texen muy vistosos ponchos y mantas. Sacan sus obras pulidas con diferencia de lisos, que forman labores bellas, y de buenos colores; tiñendo ellas mismas la lana» (Sánchez Labrador, 1936: 38). Las finas piezas que salían de sus telares serían, junto con los ponchos santiagueños, las más apreciadas y caras en el mercado porteño (Garavaglia, 1986). El trabajo femenino fue un ingrediente decisivo en la producción de bienes destinados a los consumidores de la capital, desde donde llegaban, en retorno, no sólo alcohol y ganado, sino también artículos de metal (cuchillos que servirían para fabricar puntas de lanza, herramientas y planchas de latón), cereales y «vicios» como el tabaco, la yerba mate y el azúcar, amén de prendas de vestir y cuentas de vidrio usadas en los adornos corporales de las indias.

Al influjo de la cruz siguió el imperio de la espada, y entre ambos perduró el poderoso aliciente del lucro. El abrupto fin de las reducciones jesuíticas y la inmediata militarización de la frontera bonaerense, defendida a partir de 1752 por las tres compañías del flamante cuerpo de Blandengues —la Valerosa, en la guardia de Luján; la Invencible, en el fortín de Salto; y la Atrevida, en el fuerte del Zanjón— no pusieron término a los fluidos tratos comerciales entre españoles e indios (Alemano, 2024). Libres de la intermediación de los jesuitas, pero siempre asediados por pulperos y mercachifles ávidos de adquirir a bajo costo sus productos, los nativos se dirigían directamente a las guardias y fuertes de la frontera, marcando en su frecuente tránsito por la llanura hondas huellas, conocidas como «rastrilladas». A partir de la erección de la nueva línea de fuertes que protegía la campaña, la burocracia colonial comenzó a registrar la llegada de las caravanas indígenas a los puestos fronterizos, y es así como vemos aparecer en la documentación, a inicios de la década de 1770, a las mujeres que integraban esas cuadrillas. Se presentaban en las guardias trayendo noticias de tierra adentro y, de paso, pidiendo licencia «para vajar á esta Ciudad á vender sus efectos»[29]. Algo tímida al principio –unas dos chinas por una decena de hombres–, en un período aún signado por la desconfianza, los inesperados cambios de alianzas y los bruscos estallidos de violencia, esa presencia se fue consolidando y ampliando con el tiempo hasta constituir en promedio un tercio de la dotación de cada partida de comerciantes indígenas. Si se encontraba el modo de «halagarlas y regalarlas», porque de lo contrario «no se les sacará palabra aunque las maten, y aunque entiendan nrô idioma, se hacen muy bozales», las indias se revelaban útiles informantes, «máxime aviendo algún conocim.to con ellas». El astuto comandante del fuerte ponía a disposición barrilitos de aguardiente y hacía correr el alcohol en abundancia, desatando las lenguas y sacando a la luz los recónditos secretos de las tolderías[30].

Desde las serranías de Tandil y Ventania, como desde las Salinas, las indias se sumaban con sus preciosas mercancías a las caravanas que se dirigían a la capital. En cuanto se fundó el fuerte de Carmen de Patagones, en 1779, se las vio también en ese nuevo enclave comercial, acudiendo desde el río Colorado, las sierras pampeanas y la estepa patagónica (Palermo, 1994). Salvo aquellas reconocidas como esposas de algún cacique importante –y por eso mismo designadas «cacicas»–, los partes de la frontera bonaerense aluden a las movedizas peregrinas indígenas como «chinas», quizás por el atuendo que llamó la atención de un jesuita: «Las mujeres en sus viages se defienden de las inclemencias del tiempo, cubriendose la cabeza con unos sombreros de paja, cuya figura es del todo semejante al de los Chinos, segun nos los pintan» (Sánchez Labrador, 1936: 37).

Tras una era de frecuentes turbulencias políticas, la firma del tratado de paz con el cacique auca Lorenzo Callfilqui inauguró un período de comercio franco en la frontera bonaerense (Alemano, 2024), que dio lugar a una etapa de prosperidad y tratos mutuamente provechosos, súbitamente cancelada por las guerras de la independencia y los cada vez más apremiantes proyectos revolucionarios de adelanto de la línea de frontera. Mientras duró la paz, las mujeres fueron diligentes protagonistas de los intercambios interétnicos y se involucraron en cada instancia del ciclo económico, como productoras, como vendedoras en los centros coloniales, como redistribuidoras de bienes europeos en las tolderías y

---

29 Parte de Juan de Mier al virrey desde la guardia del Zanjón, 15.11.1770, en AGN IX, 1-5-3.
30 Oficio de Juan Antonio Hernández al virrey Vértiz desde Salto, 6.04.1774, en AGN IX, 1-5-2.

como consumidoras finales. Una vez asentadas las paces, las vemos cruzar los márgenes en otras fronteras. Asidua concurrente al fuerte mandocino de San Carlos, «la Cazica Ign.a muger de Roco», pehuenche, se hacía presente «con el capitanejo Pellón y treinta Indios, q.e bajan a esta Ciud.d a sus conchabos, y a hablar conmigo», escribía el comandante José Francisco de Amigorena en 1784; «Algunos Indios e Indias del mando del cacique [pehuenche fronterizo] Carilef y la familia de los Goicos [puelches], que todos ascenderán a catorce, quieren bajar a conchavos», avisaba años después el comandante del fuerte de San Carlos, Francisco Esquivel Aldao[31]. La composición mixta de las partidas comerciales era tan habitual en Mendoza que cuando se tomaron disposiciones sobre los gastos de manutención y agasajos extraordinarios que debían proveerse a los indios amigos en sus viajes a Mendoza se estipuló que los caciques, los capitanejos y sus mujeres recibirían el doble de ración de carne y vino que los indios del común[32]. En la frontera cordobesa, donde las paces con los ranqueles Cheglem y Carripilum se firmaron en 1796, también aparecen mujeres, como la «Capitaneja», esposa del capitanejo Arcan, «indios de paces situados en la frontera» y agasajados por el comandante Simón de Gorordo en la villa de La Carlota durante los meses de julio y agosto de 1799[33].

Lo que estos testimonios nos muestran es que las mujeres salen del espacio doméstico, ensillan su montura, amontonan sus ponchos, jergas y pieles sobre una bestia de carga, se calzan sus sombreros «chinos» y recorren las largas rastrilladas que al cabo de varios días o semanas las conducirán a la frontera. «Dicen que en sus toldos o casas no están muy tapadas –comenta a principios del siglo XIX el viajero y naturalista Félix de Azara–, pero para entrar en Buenos Aires se ocultan con el poncho sin descubrir el pecho, ni otra cosa que la cara y manos: las casadas con indios ricos y sus hijos, se adornan más y con mejores prendas» (Azara, 1943: 116-117). Finas artesanas, intrépidas viajeras, las indias andariegas tienen a menudo algún manejo del castellano que, a falta de intérprete oficial, hace posible la comunicación interétnica. Nuestras fuentes las designan entonces como «indias ladinas».

Al insertarse en las redes mercantiles transfronterizas que articulaban el mundo de las tolderías con el sistema colonial, estas mujeres asumían con coraje el cansancio y los riesgos que suponía tan peligrosa actividad. No sólo las acechaban las fieras salvajes, los salteadores y la letal viruela. Si, por

---

31 Oficio del 28.08.1784 al gobernador intendente de Córdoba, en AHM, EC, 55/11; de Aldao a Amigorena, 15.01.1788, en AHM, EC, 65/81.

32 Acuerdo de la Junta de Real Hacienda de Mendoza, 16.06.1797, en Colección Mata Linares, XI, pp. 34-39.

33 En AGN IX, 36-8-5.

desgracia, como sucedió tantas veces, los cristianos desconfiaban de los indios y resolvían apresar a quienes se acercaban a la frontera, a ellas les tocaba compartir el mismo destino que sus compañeros. Una de tales ocasiones, en 1774, fue la prisión del cacique ranquel Toroñam, que había llegado a la guardia de Luján «con algunos Indios y Chinas, a expender sus effectos». Durante su estadía en la capital fue falsamente acusado por un intérprete y tomado prisionero con «los demas Indios e Indias que han venido en su Compañia, que quedan asegurados en la carcel de esta Ciudad, y dispuesto su embarco para Montevideo»[34]. Deportadas, encerradas en la Residencia o colocadas en depósito en casas particulares, las indias comerciantes podían encontrarse retenidas de por vida en un mundo que no habían elegido. A esa incertidumbre se sumaba la del viaje en sí, por campos desiertos donde merodeaban esporádicos asaltantes y amenazaba la sequía en los tórridos veranos. Algunas se salvaban, como aquellas seis chinas que con sólo dos de sus compañeros caminaban por la llanura, «próximos a perecer de sed, pues se les habian muerto ya todos los caballos y también un indio, y diez cargas que traían con sus mercaderías las habían dejado en el campo». Por suerte para ellos, fueron encontrados cerca del río Salado por una partida de soldados de Chascomús que después de conducirlos a la guardia volvió a salir al campo, «a ver si pueden recoger las cargas que abandonaron». A los pocos días, recuperados, los indios y las chinas siguieron a la capital «a vender sus efectos»[35]. Cuántas más, olvidadas de la Historia, habrán dejado sus huesos blanqueando en los caminos. El cruce al otro lado podía ser un viaje sólo de ida.

El cruce en misión diplomática: las cacicas embajadoras

Veladas para siempre en las sombras del anonimato –como la hermana del cacique Bravo– o reconocibles gracias a un nombre cristiano impuesto –como Francisca, la esposa de Lorenzo Callfilqui o Ignacia Guentenao, mujer de Roco–, las mujeres indígenas actuaron en la negociación de acuerdos diplomáticos en la frontera sur en su condición de esposas, hijas, hermanas o sobrinas de caciques. Su presencia fue habitual en las comitivas mixtas que llegaban a los centros urbanos pidiendo conocer y saludar a las máximas autoridades con la promesa de conservar la paz, a cambio de los consabidos regalos y la siempre bienvenida oportunidad de hacer negocios. Otras veces lideraban ellas

---

34 Oficio del comandante Vague al virrey Vértiz, 19.08.1774 y otro del virrey Vértiz a José Vague, 27.08.1774, en AGN IX, 1-6-1.

35 Oficio de Francisco Balcarce al virrey, 23.03.1791, en AGN IX, 1-6-4; oficio de Vicente Juan Colomer al virrey, 30.03.1791, en AGN IX, 1-4-3.

mismas el grupo o incluso viajaban solas, en representación de sus parientes masculinos, con mandato para gestionar acuerdos preliminares que sólo serían válidos y mutuamente obligantes cuando los refrendaran los caciques.

Las encontramos a menudo –como en el caso que ilustra la misión encomendada a Francisca– interviniendo en contextos de tensión, desconfianza y riesgo de escalada militar, cuando sus parientes prefirieron mantenerse a prudente distancia. Estas mujeres notables, que las fuentes designan a menudo como «cacicas», cruzan la frontera buscando información y transmitiendo mensajes, ya sea en nombre de sus parientes varones, ya en sentido inverso, llevando a sus maridos las propuestas de las autoridades hispanocriollas. Las vemos en ocasiones regresar a la toldería portadoras de un texto escrito cuyo contenido han memorizado y pueden explicar a su gente. Son ellas quienes enuncian las condiciones exigidas –y las concesiones admitidas– por los cristianos. La esposa de Callfilqui y una china ladina que la había acompañado a entrevistarse con el virrey en 1784 habían sido capaces de repetir los puntos acordados «quando llegaron a los Toldos, en los que se hallaba el Cacique Lorenzo, aunque se les perdió el papel que les dio S.E.»[36].

La notable movilidad de estas indias las revela decididas y autónomas, prontas a conversar cara a cara con las más altas autoridades coloniales y con las esposas de los virreyes. Y este solo hecho, que ponía patas arriba las jerarquías de género y poder de la sociedad hispanocriolla, refleja la vigencia de los códigos nativos en los tratos interétnicos: mal que les pesara a los funcionarios de la corona, se veían obligados a reconocer a las indias como interlocutoras y a tratarlas con deferencia. Para no dar cabida a malentendidos, el propio virrey ordenaba a sus subordinados que no sólo debían tratarlas bien, «sino que les franquee tabaco y yerba para agasajarlas», hacer «algunos exercicios de fuego [y] poner las dhas Indias en parage que lo bean»[37]. A través de las cacicas embajadoras apreciamos hasta qué punto los modos indígenas de negociar influyen en las prácticas diplomáticas coloniales.

Doña Ignacia Guentenao, mujer del cacique pehuenche Roco, María Yanqueípi y la cacica María Josefa Roco, en la frontera mendocina (Roulet, 2025); Francisca, esposa de Callfilqui, eficaz negociadora en la bonaerense durante la década de 1780 (Roulet, 2021), y también la mujer y la hija del cacique auca Guaiquilepe, tan encantadas del trato que les dispensó el virrey de Melo que pidieron ser acompañadas a sus tolderías por cuatro blandengues,

---

36 Oficio del comandante Francisco Balcarce al virrey Loreto, 20.08.1784, en AGN IX, 1-6-2.
37 Oficio de Sebastián de la Calle al virrey Vértiz, 21.01.1781, en AGN IX, 1-4-6.

"a presenciar su Parlamento de celebración de Paz con nosotros"[38]; doña Luisa, mujer y embajadora del cacique borogano Cañiuquir ante Juan Manuel de Rosas en 1830, «digna de todo aplauso por haberse animado varonilmente a atropellar los mayores peligros en busca de una hija», y gracias a cuyas eficaces gestiones «ha venido la paz y verdadera amistad»[39]: estas cacicas, valientes, memoriosas y viajeras, a menudo bilingües, señalan con su mera presencia la voluntad de paz y comercio que anima a sus congéneres. Su corporeidad en los encuentros interétnicos es en sí misma un mensaje de concordia (Barr, 2007).

Varias de ellas debían su conocimiento del castellano y sus relaciones en el mundo de los blancos a un previo cautiverio, en tanto prisioneras o rehenes, y algunas podían vanagloriarse de sus parentescos simbólicos, como comadres o como ahijadas, con personajes influyentes en la sociedad hispanocriolla. Los lazos espirituales y materiales surgidos del bautismo de los niños indígenas generaban vínculos poderosos entre los adultos involucrados. Estas mujeres, relativamente privilegiadas debido a su estatus entre los suyos y a sus relaciones con el mundo exterior, supieron hacer del infortunio personal una oportunidad de diálogo, un canal para el entendimiento mutuo. Quizás la más notoria entre ellas fuera la pehuenche María Josefa Roco, hija dilecta del cacique Roco. En 1804 esta ex-rehén, ya madura y viuda, escoltó con su sobrina María del Carmen, su primo Caripán y el cacique intérprete Neculante, al expedicionario chileno Santiago de Cerro y Zamudio desde la frontera mendocina hasta Buenos Aires, donde se entrevistó con el virrey Rafael de Sobremonte y su familia. Así se iniciaron las conversaciones que llevarían unos meses más tarde a la firma del tratado por el cual los pehuenches autorizaron la erección del fuerte de San Rafael en sus tierras. El respeto que por ella sentía su paisano, el cacique Carilef, se tradujo en los términos que usó para referirse a ella: «Noble Casica María Josefa, gloria de Nuestra Nación», «digna de todo honor y alabanza»[40].

El sesgo patriarcal de nuestras fuentes, escritas por hombres que hablaban a otros hombres de lo que hacían, decían o pensaban otros hombres, las vuelve a menudo invisibles o, en el mejor de los casos, las subordina a cualquier figura masculina que las acompañe, quitándoles protagonismo. Así le sucedió a Francisca, la mujer de Callfilqui, cuando llegó a la frontera con la misión de

---

38 Oficio del virrey de Melo a Manuel Fernández, comandante de la guardia de Chascomús, 3.01.1797, en AGN IX, 1-4-3.

39 Carta del teniente coronel Miranda al comandante del fuerte de Bahía Blanca, 28.11.1830, en AGN X, 23-9-4, citada por Bechis, 1996.

40 Razón individual de la conferencia que tuvo el Cacique Peguenche Carilef con el Cacique Caripan de la Nacion Peguenche en este día de la fecha (2.04.1805), en AGN IX, 3-5-2 (cf. Apéndice 7).

pedir paces en nombre de su esposo. Viajó entonces acompañada de otra china «mui ladina [que] se ha criado en estos Partidos» y de un tal Bernardo López, cautivo cristiano. A ojos del comandante del fuerte de Luján –que no presta atención a las chinas– es este varón el portavoz del cacique: «El viene determinado a bajar á verse con el Exmo Señor Virrey á exponer las razones que le ha comunicado el Cacique para conseguir las Paces». No lo entendían así los indios, cuando una segunda embajada –de la que también formaban parte «la Casica y Chinas»– llegó meses más tarde con otras dos cautivas cristianas, pidiendo rescatar a la india Chepaivir y a la mujer e hijo del cacique teguelchú Guaran. Cuando se les dio por respuesta que no podían pretender llevarse a dos mujeres y un varón cuando sólo habían traído dos cautivas cristianas para el rescate, los indios replicaron disgustados que para eso mismo habían mandado antes «el cautivo que trajeron últimamente las dos Chinas». Aquel hombre, más las dos cristianas que ahora traían, equivalían exactamente al indio y las dos chinas que pretendían rescatar. Es decir que el cautivo Bernardo López, a quien los cristianos habían tomado por mensajero de Callfilqui, era desde la perspectiva indígena la prenda de cambio que dos chinas –las verdaderas embajadoras– habían conducido a la frontera como prueba de paz[41].

Si bien los testimonios que mencionan a las indias embajadoras son pocos y hay que exprimirlos para sacarles el jugo, ponen en entredicho el lugar subordinado que habrían ocupado las mujeres nativas en la esfera de la política. El ejemplo de estas cacicas nos permite insinuar que ellas tuvieron más influencia y poder en el proceso de toma de decisiones de lo que se suele admitir. El suyo no fue un poder coercitivo sino pacificador, que usaron para preservar a sus pueblos de la violencia, reunificar las familias dispersas y perpetuar sus culturas (Roulet, 2008; 2025).

Dueñas de su destino

Cuando consideramos la suerte de las indias apresadas en malocas y expediciones punitivas, repartidas a discreción, colocadas en depósito, encerradas en la Residencia o condenadas a la prostitución, corremos el riesgo de reducirlas a la condición de víctimas pasivas a las que sólo les quedaba, en caso de sobrevivir a la captura, la opción de la huida. Sin embargo –y a pesar de que, a la hora de presentar una acusación ante la justicia, las mujeres indígenas contaban con muchos menos recursos, información y contactos personales e institucionales que las mujeres españolas (Quarleri, 2019)– disponemos de evidencias

---

41 Oficio de Francisco Balcarce al virrey Loreto, 17.06.1784 y 16.08.1784, en AGN IX, 1-6-2.

de reclamos ante las autoridades por abusos y malos tratos. Una de ellas fue la «china minuana llamada Francisca», llevada a la Residencia tras su captura y entregada luego en depósito a doña Nicolasa López Miranda, esposa del alférez de blandengues don Esteban Hernández. Esta mujer la sometió a tales sevicias que Francisca terminó pidiendo auxilio al comandante del fuerte de Rojas, don Manuel Martínez, incluso sin hablar una palabra de castellano: «como aún no produce claramente el idioma español para poderse explicar [...] se empezó a descubrir las partes ocultas, en las cuales horrorizaba ver las heridas que tenía en los muslos y asentaderas [...] y pasó luego a enseñarme los brazos en los cuales se demostraban otras tantas heridas y cardenales de las cuerdas con que continuamente se veía atada». Tres veces debió acudir Francisca ante el comandante Martínez, frente a la reincidencia de su ama en los malos tratos, hasta que se resolvió sacarla «del dominio de la expresada doña Nicolasa, depositándola en otra casa donde la miren con la humanidad que se merece»[42].

No toda esperanza estaba perdida, sin embargo, para esas mujeres confinadas o colocadas en depósito. Algunas prisioneras pampas destinadas a la Residencia se negaron a ser entregadas en depósito a particulares «por no separarse delas demás»[43]. Sus parientes nunca dejaron de reclamar por ellas y muchas les fueron devueltas, en canje de cautivas blancas que los indios devolvían a ese fin. Siempre y cuando las chinas no estuvieran bautizadas. Más que una oposición de principio al dogma cristiano –que con toda probabilidad también existió–, el rechazo a los santos óleos puede verse como una estrategia de no asimilación que dejaba abierta la posibilidad del retorno a los toldos. La otra vía, más drástica, era la huida. Una alternativa que muchas intentaron y que suponía afrontar difíciles dilemas, como abandonar a sus hijos o cargarlos consigo en una fuga de varios cientos de kilómetros, enfrentando incontables riesgos: extraerse del lugar donde se las mantenía encerradas, perderse en el dédalo urbano, ser reconocidas, recapturadas y eventualmente sometidas a un castigo ejemplar, o cruzar solas y a pie las inmensas extensiones que las separaban de sus tolderías, padeciendo hambre y sed en el camino, sin tener la menor certeza de llegar a destino. Hacía falta una determinación y un coraje sin fallas para animarse a tanto. Hacía falta, también, una previa planificación –individual o grupal– así como una red de apoyo que les facilitara el escape. En agosto de 1779 fueron atrapadas en la cañada de Morón dos indias pampas y una párvula, prófugas de la Residencia, inmediatamente restituidas a esa casa

---

42 Oficio de Manuel Martínez al comandante Nicolás de la Quintana, 23-02.1799 y del virrey Olaguer y Feliú al comandante de frontera Nicolás de la Quintana; 2.03.1779, en AGN IX, 1-6-6.

43 AGN, Solicitudes Civiles, IX, 12-9-10, citado por Sarmiento, 2016: 178.

de reclusión. Dos meses más tarde, una partida de soldados encontró en la campaña a dos hombres, el marinero Antonio García, «natural de Cartagena del Levante», y un tal Agustín Cabrar, en compañía de «dos chinas, la una de Nación Auca y la otra Peguelchu, que dicen las sacaron de esa Ciudad con mira de irse con dichas Chinas al campo». Los dos hombres fueron acusados «de seducirlas o auxiliarlas», mientras las indias retornaron al encierro en la Residencia[44]. En los albores del XIX se prevenía al comandante del puerto de las Conchas que, «habiendo hecho fuga de esta Capital en diversos tiempos varias Indias Charrúas y Minuanas», se hacía necesario averiguar «si profugaron de este Depósito de la Residencia o de qué casas particulares, y quiénes las sedujeron o ayudaron para ello»[45].

Los archivos conservan los nombres de algunas personas –un tal Bruno Pavón y su mujer; su concuñado Agustín Ximarera; el sargento mayor del partido de Samborombón, don José López, y doña Juana María su esposa; el santiagueño Miguel Ramos; el sacerdote Domingo Pessoa– que a riesgo de su propia reputación y quizás movidas por intereses personales, daban auxilio a las chinas fugitivas escondiéndolas y facilitándoles cabalgaduras, delito por el cual merecían el lapidario juicio de sus contemporáneos: los protectores de las chinas se mostrarían más afines a los indios que a su misma gente (Sarmiento, 2016: 174-175).

Unas pocas indias conseguían escaparse y retornar entre los suyos por sus propios medios, a costa de inimaginables esfuerzos. La descripción de la fuga de dos reclusas en 1788 nos da una idea de la enorme dificultad del primer desafío que debían resolver, salir del edificio sin ser vistas por los guardianes:

> la noche del 24 para el 25 han hecho fuga dos Reclusas falseando el Candado del zepo, y sacándose las prisiones, y haber rompido una puerta, y escalado un augero, salieron al trascorral, y sacando el zepo por el augero, lo pararon en un rincón de la pared, donde clavaron un clavo, que se halla alli, pudieron subir á los tejados: su bajada de ellas á la calle no se sabe por donde podra haber sido[46].

Parecido derrotero habrán seguido las dos chinas que, algunos años antes, llegaron a las tolderías del cacique Negro en el río Colorado después de haber escapado por los techos de la Residencia, contando que allí "las hacen trabajar

---

44 Oficio del virrey Vértiz al sargento mayor de la Cañada de Morón, 23.08.1779, en AGN IX, 1-4-6; otros de don Pedro Nicolás Escribano a Vértiz, 8.10.1779 y de Vértiz a Escribano, 7.11.1779, en AGN IX, 1-4-3.

45 Oficio del Virrey a don Pedro Muñoz de Olazo, 22.08.1800, en AGN IX, 1-7-3.

46 AGN, Casa de Reclusión, IX 21-2-5, citado por Sarmiento, 2016: 172.

mucho en hacerlas hilar"[47]. El cautivo cristiano que daba este testimonio, huido de esa misma toldería, había tardado dos meses en llegar a la guardia de Chascomús. ¿Cuánto les habrá llevado a ellas el trayecto en sentido inverso? ¿Cómo se alimentaron, dónde durmieron, qué estrellas les marcaron el rumbo? Nos toca evocar sus miedos, intuir su inmenso coraje y conjeturar el cúmulo de saberes gracias a los cuales lograron desplazarse y sobrevivir en un medio tan hostil.

El caso de las neófitas reducidas en las misiones fue diferente. Agrupadas en las reducciones, conocieron un régimen de vida de relativo confinamiento, en la medida en que perdieron la libertad de movimiento y la posibilidad de ser rescatadas por sus parientes, mientras se las forzaba a adaptarse a nuevas formas de trabajo, de conyugalidad y de crianza de los hijos. Sin embargo, pudieron mantener una mayor cohesión social que las indias prisioneras y perpetuar colectivamente su lengua y su cultura. Una situación particular es la de las rehenes mendocinas, que parecen haber merecido un trato mucho más respetuoso, dando lugar a vínculos que casi rozan el terreno de los afectos: el comandante José Francisco de Amigorena reclamó ser él quien condujera en persona las primeras negociaciones de paz con los caciques pehuenches, hermanos de Ignacia Guentenao –quien había pasado varios meses como rehén en su casa– "porque estoy firmemente persuadido que a ningún otro prestará verdad en sus propuestas la Cazica". Cuando se trató de dar garantías al cacique principal Ancán Amún de que podría viajar sin riesgo a Mendoza a tratar paces, Amigorena envió como mensajeros al cacique de los pehuenches fronterizos y a "su comadre María", hermana del cacique Roco, que ya llevaba tres años alojada como rehén en su casa. Y cuando, años más tarde –en un contexto de temores indígenas a la posibilidad de una expedición en su contra–, los hombres pehuenches no se animaron a acercarse a la ciudad, llegaron a su domicilio "dos Cacicas con un chinillo hijas del cacique Roco […] con la confianza de haver estado siete años en mi casa en Rehenes"[48]. La larga convivencia parece haber generado sólidos lazos de confianza entre el comandante y las indias rehenes, que conservaban un vínculo personal con él incluso luego de haber retornado a las tolderías.

Si volvemos la mirada hacia las indias que cruzaban la frontera por su propia voluntad, esas chinas comerciantes y cacicas embajadoras que entraban y

---

47 Declaración del cautivo Manuel García, 20.02.1781, en AGN IX, 1-4-3.

48 Oficio de Amigorena al virrey Vértiz, 11.12.1780, en AHM, EC, 55/4; pasaporte para Ancán Amún, firmado por Amigorena el 14.09.1783, en AGN IX, 24-1-1; de Amigorena al gobernador de Córdoba, 14.06.1796, en AHM, EC, 56/1.

salían de Buenos Aires, Mendoza, Carmen de Patagones, la villa de La Carlota o la chilena Penco (Concepción), advertimos que no las amedrentaba el trajinar largas distancias durante semanas e incluso meses ni les parecía tampoco una hazaña excepcional. Habituadas a desplazar periódicamente sus tolderías y a amanecer cada tanto en un nuevo entorno, tenían por rutina el movimiento y el cambio. Cuando conducían ellas mismas el producto de su trabajo, aprovechaban la ventaja de negociar en la ciudad mejores precios de venta, con lo que cuidaban sus intereses. Si viajaban para dar noticias sobre la situación en las tolderías –anunciando la llegada de grandes contingentes de parientes lejanos, la súbita eclosión de conflictos o la celebración de alianzas con otros grupos; adelantando las iniciativas de paz de algún cacique; o denunciando los frecuentes robos de ganado a los indios por gauderios sin ley y otros forajidos– también empleaban la ocasión para observar los movimientos de los cristianos y enterarse de los chismes que circulaban así en las guardias como en las calles y tugurios y que, por su intermedio, pronto llegarían también a las tolderías.

Aunque no siempre eran reconocidas como tales por el personal de los puestos fronterizos, las cacicas embajadoras hacían valer la posición que ocupaban en su linaje de pertenencia, que las ubicaba como detentoras de información sensible, y a la vez como lo que hoy llamaríamos *influencers*, voces dotadas de la capacidad de incidir en los ánimos de los tomadores de decisión. Su condición las convertía en aliadas estratégicas del poder colonial y en irremplazables agentes de los caciques, beneficiarios de las relaciones que ellas habían sido capaces de tejer en el mundo de los *huincas*. Algunos ejemplos ilustran mejor ese rol de eslabón entre dos mundos que desempeñaron las cacicas. En marzo de 1791, poco menos de un año después de la firma del tratado de paz con el cacique auca Lorenzo Callfilqui, su mujer había pasado desapercibida cuando se presentó en la frontera, parada obligada antes de dirigirse a Buenos Aires. Pero una vez que allí fue reconocida, el virrey Arredondo despachó tras ella al lenguaraz Blas Pedroza, "à fin de hacerla saber, que combiene vuelva à esta Ciudad, à hablar con la Señora Virreyna, y dar noticias de dicho Casique, sobre asumptos de redención de cautivos, en los términos que se trataron con dicho Casique bajo el seguro de que no se le tratará mal por pretexto alguno"[49]. El virrey por lo visto suponía que, aparte del propio cacique, nadie sabría mejor que su mujer qué preparativos se hacían en las tolderías para cumplir con la cláusula de restitución de cautivos pactada meses atrás. La cuestión era importante y delicada. La explícita garantía de buen trato hace pensar que durante la breve estancia de la cacica –de incógnito como tal– en

---

49 Pasaporte librado a Blas Pedroza, 13.03.1791, en AGN IX, 24-1-8.

la capital haya habido algún episodio desagradable que la disgustara. Si fue el caso, Arredondo confiaba en que la india se sentiría más cómoda conversando el asunto con otra mujer, la propia virreina. Ante el género compartido quizás se desvanecieran los temores y fluyera el diálogo sincero. Al menos, eso parecía esperar el virrey.

Otra frontera, otro contexto: durante las turbulencias políticas y la guerra con los realistas que siguió a la Revolución de Mayo, los soldados que guarnecían las fronteras fueron movilizados. Las deserciones eran moneda corriente y afectaron, entre otros, a los soldados destinados al fuerte de San Rafael, embrión de la futura frontera sur mendocina. En 1813, cuando corrían rumores de que los soldados desertores serían fusilados en caso de ser aprehendidos, un grupo de caciques puelches y pehuenches viajó desde sus toldos al sur del río Diamante hasta el fuerte de San Carlos a suplicar perdón para los soldados, "sus hermanos y paisanos por ser nacidos en las Indias". De esa embajada formaba parte la cacica María Josefa Roco, ya probablemente anciana para los cánones de la época. Los caciques y cacica imploraron que los soldados fueran restituidos a San Rafael, principalmente "los casados para que cuiden y mantengan a sus mujeres, hijos e hijas". Aquellas pobres mujeres habían quedado "solas sin tener quién las cuide, y que éste es el motivo por que se han costeado a presentarse a este fuerte, para empeñarse por los soldados sus hermanos desgaritados"[50].

Encarnación de un deseo de paz, interlocutoras reconocidas y dignas de respeto en ambas sociedades, las cacicas embajadoras fueron la faz más notoria de una multiforme presencia femenina en la frontera sur, donde las anónimas chinas comerciantes, las rehenes y las numerosas prisioneras que cruzaban "al otro lado", movidas por la coerción o el coraje, hacían posible la convergencia –y, a veces, el diálogo– de sociedades tan radicalmente opuestas como complementarias.

---

50 Carta de Francisco Inalicán al teniente gobernador don Alexo Nazarre. San Carlos, 28.09.1813, AHM, EI, 234/51 (cf. Apéndice 11).

Capítulo 5

De San Carlos a San Rafael.
Los fuertes de la frontera mendocina colonial como espacios de convivencia multiétnica (1770-1810)

Cual solitarias cápsulas de adobe, madera y paja encalladas en una monótona inmensidad, los fuertes y presidios de las fronteras hispanoamericanas cumplían la doble función de proteger el territorio a sus espaldas y de inscribir en el paisaje una contundente marca de ocupación. Décadas atrás, los historiadores los consideraban avanzada en país enemigo, al tiempo que límite entre un neto «nosotros» en progresión y un hostil «ellos» en inexorable retroceso. Someros parapetos rodeados de un foso defensivo, los fuertes «constituían las fronteras interiores que separaba[n] la civilización de la barbarie, medio por el que aquella le ganaba terreno en sucesivos avances» (Biedma, 1975: 133). Los tiempos y los enfoques han cambiado, felizmente, y hoy se los describe más bien como un escenario de interacción entre diversos actores, cuyas características fueron evolucionando al ritmo de las circunstancias. Durante los violentos tiempos de la conquista, funcionaron como dispositivos de poder soberano enclavados en territorio indígena, con la pretensión de delimitar un «lugar protegido, aislado e inexpugnable, simbolizando el poder español y el Real». Constituyeron por fuerza, en esta primera etapa, «un espacio cerrado, monolítico, que impide toda comunicación con los indígenas» (Boccara, 1998; Boccara, 1996: 679). Más tarde, cuando las nuevas realidades habilitaron un diagrama de poder fundado en la disciplina, el fuerte se convirtió en instrumento de vigilancia y espacio hacia el cual se buscaba atraer a los indios para comunicar con ellos y obtener información acerca de su organización espacial, política y militar (Boccara, 1996: 682).

Estas aproximaciones a las funciones del aparato defensivo en las fronteras coloniales parten de la perspectiva y los intereses de los actores hispano-criollos. Pero, ¿qué pasa si invertimos el punto de vista? ¿Es posible documentar de qué significados lo revistieron los grupos indígenas comarcanos? Avanzada a partir de la cual se organizaban expediciones militares hacia sus territorios en tiempos de guerra, objeto de ira que procuraban destruir o dañar cuando se presentaba la ocasión, los fuertes se revelaron en tiempos de paz parapeto protector para los indios amigos, centro comercial, espacio de mediación y de negociación diplomática, sitio en el que se forjaban amistades y se dirimían disputas, nodo de información, antesala a las visitas protocolares a la ciudad y ámbito de evangelización. Si, en la intención de quienes los erigieron, se advierten sin duda los objetivos de defender, afianzar soberanía, vigilar, intimidar y controlar, los fuertes fueron resignificados de muy diversos modos a través de los múltiples contactos que desde ellos se generaron con la población indígena y criolla circundante.

En Mendoza, los fuertes de San Carlos (fundado en el valle de Uco en 1770) y de San Rafael (instalado en la margen norte del Diamante en 1805) ilustran el proceso mediante el cual esos dispositivos de poder estatal fueron incorporados a las estrategias indígenas de relación con el mundo colonial y acabaron convirtiéndose en espacios de convivencia multiétnica. Ese paulatino desarrollo tiene su génesis en las transformaciones que alteraron la demografía, los recursos y la organización del espacio al sur del valle de Guantata a partir de la fundación de la ciudad de Mendoza.

El poblamiento de los valles de Uco y Jaurúa: un mosaico multiétnico

En tiempos de la conquista española, los valles de Uco y Jaurúa (separados por el curso superior del río Tunuyán) tenían una población huarpe relativamente densa y pujante, asentada a proximidad de los arroyos principales. Mediante riego, los huarpes cultivaban maíz, porotos, quinoa, calabazas y zapallos. También criaban llamas. Desplazándose estacionalmente entre el pedemonte andino y las pampas, cazaban guanacos y ñandúes, recolectaban algarrobo, chañar y piquillín y explotaban las salinas al sur del río Diamante. La ocupación española del valle de Guantata, donde se fundó la ciudad de Mendoza en 1561, tuvo consecuencias disruptivas para los huarpes, muy tempranamente sometidos al régimen de encomienda en beneficio de vecinos de Santiago de Chile. Incontables fueron los huarpes trasladados allende los Andes por sus encomenderos, para trabajar en el laboreo de minas o ser alquilados a otros españoles necesitados de mano de obra. A esta forma de «esclavitud encubierta» (Prieto, 1997/1998: 92), que alejaba a los naturales de sus tierras y familias impidiendo su reproducción como comunidades, se sumó el devastador efecto de las enfermedades introducidas por los europeos (viruela, sarampión, tabardillo, gripe, angina). Como en otras regiones de América, la caída demográfica fue rápida y brutal. Al cabo de pocas décadas, los valles al sur de Mendoza estaban casi despoblados, las tierras se consideraron yermas y fueron distribuidas en merced a algunos vecinos encomenderos para sus estancias de ganado. Vacas, caballos y ovejas se encontraron muy a gusto en esas tierras y desplazaron a la fauna local hacia zonas marginales. El incremento del ganado europeo, la despoblación indígena y la ocupación de tierras por parte de los españoles resultan ser fenómenos estrechamente correlacionados (Prieto, 1997/1998: 163).

La expansión ganadera hacia los valles de Uco y Jaurúa no supuso que en ellos se establecieran los beneficiarios de las mercedes de tierras. Los nuevos propietarios residían en la ciudad, pero trasladaban hacia las estancias a sus indios encomendados para asignarlos a tareas de pastoreo, bajo la vigilancia de mayordomos españoles. Este modo de ocupación redundó en un patrón de asentamiento disperso y de baja densidad. A partir de la década de 1620, los jesuitas tuvieron grandes estancias en el valle de Uco, donde engordaban ganado traído de Paraguay, del sur de Córdoba y de Buenos Aires, antes de encarar el cruce de la cordillera. Los esclavos de la orden fabricaban tasajo, que en parte se exportaba hacia las plantaciones esclavistas de la costa peruana: el valle de Uco se había convertido en «un centro de articulación entre las dos vertientes de los Andes» (Gascón y Ots, 2000; Ots et al., 2015). Esos esclavos de origen africano –y sus múltiples mestizajes con los escasos habitantes del valle– dejarían una duradera impronta genética en la población local.

A partir de la segunda mitad del siglo XVII nuevos actores entran en escena, primero como presencia amenazadora, más tarde como proveedores de sal y como aliados en la defensa de la frontera. Los españoles de Cuyo, poco numerosos y aislados de Santiago de Chile durante los largos meses de invierno, seguían con alarma las peripecias de la rebelión diaguita –donde un falso Inca, el andaluz Pedro Bohorquez, se había hecho coronar rey de los Calchaquíes– y estaban atentos al menor estallido de violencia en la Araucanía. Desde los años 1630, los cuyanos vivían bajo la «psicosis del peligro de un ataque indígena», que alcanzó su paroxismo luego de los asaltos contra las estancias del valle del Maule, en 1657 (Prieto, 1997/1998: 188). Al año siguiente, un cautivo español escapado de los indios llegó a Mendoza con la noticia de que doscientos puelches y pehuenches se aproximaban a la ciudad. Al instante salió una expedición al río Atuel que alcanzó las tolderías, donde sólo se encontraron unos setenta indios morcoyanes, chiquillanes, oscollames y pehuenches. Los lideraban don Bartolo Yogarri, cacique de los morcoyanes, y su hermano Juan, cacique de los chiquillanes. El grueso de los pehuenches había retrocedido hacia la cordillera. La temida invasión indígena nunca tuvo lugar, pero la represión fue impiadosa: se aplicaron tormentos para obtener confesiones, se ahorcó y descuartizó a varios caciques y los demás indios e indias fueron conducidos cautivos a la ciudad (Espejo, 1913; Cabrera, 1928). Don Bartolo Yogarri y su hermano no eran conocidos por los españoles de Cuyo, pero la presencia al sur del Atuel de un conjunto de parcialidades –morcoyanes, chiquillanes, oscollames y goycos– que los españoles recubrieron con la designación genérica de puelches («gentes del este») o pampas, está documentada en esos años (Prieto, 1997/1998: 150-151).

A esa primera campaña contra los puelches del río Atuel le siguieron otras «para reducirlos a la obediencia», en un despliegue militar que parece haber generado crecientes niveles de violencia. En un ataque contra las estancias jesuitas en los valles de Uco y Jaurúa en 1666, fue muerto el rector del Colegio de Mendoza. De los tres malones indígenas registrados en la centuria contra las estancias mendocinas (1600, 1666 y 1668), dos se produjeron en un lapso relativamente breve. Fue tal el sentimiento de inseguridad de los pobladores, que las estancias quedaron en total abandono. En ese contexto de temor, se resolvió formar en las fronteras reducciones de indios amigos. A principios de la década de 1680, un grupo de puelches sujetos al cacique Lorenzo Chiquillán fue sometido y asentado en el paraje de los Papagayos, en el valle de Jaurúa, con el expreso encargo de resguardar la frontera de posibles asaltos. A estos mismos indios se les reservó el comercio de la sal, que conducían a Mendoza desde las Salinas al sur del Diamante. Sus mujeres e hijas solían ser abusadas sexualmente por los peones de las estancias, trato forzoso que seguramente dio lugar a involuntarios mestizajes (Espejo, 1913: 361, 676).

La primera «franja de amortiguación» indígena en la frontera mendocina

El enclave chiquillán en la cuenca superior del río Tunuyán estaba destinado a convertirse en lo que María del Rosario Prieto llamó una «franja de amortiguación», es decir, un espacio vigilado y defendido de eventuales invasiones indígenas por indios considerados «amigos». A estos chiquillanes se sumarían, en 1705, setenta familias de indios pampas. Más al este, hacia Corocorto, se asentaron otros puelches reducidos, que cumplían idénticas funciones (Prieto, 1997/1998: 212, 213). Si bien se creó en 1701 el cargo de Teniente

de Corregidor del Valle de Uco y Reducción de Jaurúa de los indios chiquillanes, el control sobre estas parcialidades parece haber sido mínimo, su grado de
evangelización nulo y su establecimiento en el área tuvo un carácter intermi-
tente, que no resultó del todo disuasivo. Los chiquillanes aparecen en varios
documentos de la época desplazándose entre el valle de Jaurúa y el «río de los
Sauces» (nombre con el que designaban entonces los españoles de Mendoza
al arroyo Chacay, en el actual departamento de Malargüe). Cada tanto cundía
la alarma ante rumores sobre una inminente invasión o arreciaban las quejas
contra los indios del cacique Chiquillán, que «perjudican las estancias y viajeros», al punto que se llegó a demandar su relocalización, pues sólo acarreaban
«perjuisio a los besinos». La presencia chiquillán no parecía garantía suficiente
ante «la alteración o amenazas de los yndios asi fronterizos como advenedizos
que estan en la jurisdiccion desta ciudad recostados a la sierra hasta el paraxe
del Río de los sauces y serro nebado». Cuando no se los acusaba de robos de
ganado, se los consideraba impotentes para prevenirlos[1].

Los chiquillanes que defendían la frontera seguían morando en toldos,
se casaban «a su usanza», cazaban animales silvestres o en su defecto algún
potro de las estancias y se desplazaban al escasear los recursos. Por más que la
situación pareciera relativamete pacífica, los vecinos de Mendoza se percibían
poblando una «frontera de guerra» y presionaban a la corona, manipulando
y exagerando hechos bélicos (Prieto, 1997/1998: 216, 218). El sistema de
defensa fronteriza adoptado no resultaba del todo satisfactorio. Así es cómo,
promediando el siglo XVIII, se empezó a estudiar la erección de un fuerte.
Entretanto, las relaciones con los indios puelches (e incluso con los más lejanos pehuenches) se desplegaban en un abanico de contactos que, a partir de
intereses comerciales compartidos, desembocaban en vínculos personales y
políticos. Encontramos a indios puelches y pehuenches vendiendo sus textiles
y ganado en Mendoza a cambio de vino, así como a comerciantes mendocinos
que llevaban alcohol a las tolderías, donde a menudo estafaban a los indios.
Eran tan pocos los habitantes de la zona y se conocían tan bien que los nativos
identificaban a los traficantes tramposos con nombre y apellido. Los tratos
comerciales generaban (cuando no se sustentaban en) relaciones sociales, que
derivaban en obsequios para «mantener en pas y quietud a dhos caciques,
con la continua contribucion de darles cada ves que bienen todo fomento».

---

1   Espejo, 1913, II: 457, 547; solicitud del capitán Diego Moyano, 11.11.1707, en AHM,
    EC, 12/6; decreto del Cabildo de Mendoza, 17.06.1711, en AHM, EC, 12/11; declaracio-
    nes de Cucaltian y don Pasqual, 06.09.1714, en AHM, EC, 29/15 y autos seguidos contra
    el cacique Cucalstiam y sus indios, 18.09.1714, en AHM, EC, 211/9; carta de Antonio
    Jara al corregidor, 17.01.1731, en AHM, EC, 13/9.

Proximidad no exenta de riesgos, pues «dhos Indios se entran a esta ciudad con la perspectiva de Amigos, hasiendose sumam.te baqueanos de los mas ocultos centros de esta ciudad, como assi mesmo de sus entradas y salidas»[2]. Gracias a esa familiaridad en el trato, hay incluso españoles radicados entre los indios, con quienes viven «poco cristianamente» (Espejo, 1913, II, 692).

El levantamiento general de 1769 y el fin de la «franja de amortiguación»[3]

Esta situación de paz relativa cambió súbitamente promediando la década de 1760, cuando las autoridades de la Capitanía General de Chile impulsaron el proyecto de concentrar a los indios de la Araucanía en pueblos. La iniciativa comenzó a concretarse hacia fines de 1765. Descontentos con una novedad que alteraba sus patrones de residencia y limitaba su libertad de movimientos, los mapuche atacaron al cabo de un año los pueblos en construcción y pusieron sitio a Angol, donde se concentraban los efectivos españoles. Durante las tratativas que tuvieron lugar a continuación, los sublevados exigieron la partida de todos los españoles de sus tierras. Las parcialidades pehuenches meridionales formaban parte del bando rebelde, mientras que los pehuenches de más al norte (entre los ríos Bío-Bío y la isla de la Laja y en la vertiente neuquina de la cordillera) honraron la alianza que habían pactado años antes con los españoles y combatieron contra los insumisos. De este modo, el conflicto se desdoblaría: indígenas opuestos a la concentración en pueblos se enfrentaban a los españoles, por un lado; pehuenches leales guerreaban contra huilliches, pehuenches rebeldes y otros grupos mapuches, por el otro (Zavala, 2000: 107-117). Así se originó una larga guerra intratribal a raíz de la cual los pehuenches del norte extendieron a los del sur el mote de «huilliches», que ya usaban para designar a sus enemigos meridionales. A la cabeza de los pehuenches fieles a los españoles se hallaba «el noble y leal cacique Peñaipil» (también escrito Paynaipil, Peñeipil, Peñaypil, Paynapil o Peguey-pil) (Villalobos, 1989: 126; Zavala, 2000: 115), cuyo sobrino —Ancán Amún— se convertiría en la década de 1780 en cacique gobernador de los pehuenches de Malargüe. A pesar de sus servicios militares contra los rebelados, los pehuenches «fieles» terminaron siendo obligados a abandonar sus tierras en Villucura, lo que los llevó a enfrentarse a los españoles desde fines de 1769, para luego internarse en la

---

2   Oficio del maestre de campo Alvarado al Cabildo de Mendoza, 1760, en AHM, EC, 21/3.
3   Juan Francisco Jiménez ha estudiado el impacto económico de los conflictos intertribales entre los pehuenches de Malargüe en este período (Jiménez, 1997).

cordillera y refugiarse entre sus parientes de la vertiente oriental de los Andes. Estos pehuenches desplazados engrosarían durante algunos años la categoría de «indios enemigos» y como tales serían objeto de varias expediciones militares. Antes de resolverse a asentar las paces con Mendoza, el cacique Ancán Amún parlamentó con los españoles en Penco (Concepción), ocasión en la que evocó los servicios que su tío Peñaypil y su padre Epiñancu habían brindado a los cristianos durante la rebelión general. El pehuenche se quejó de la ingratitud de los cristianos, «pues fueron expulsados de sus tierras que poseían en las faldas de las cordilleras al lado de Chile [...] diciendo que no tenían en esta situación otro modo de mantenerse si no es con puras diligencias de guerra, pero aseguró que no lo hacía nunca a los españoles sino a los Guilliches, y otros indios de cordilleras sus enemigos»[4].

La inquietud generada por la sublevación general de los indios de Chile se trasladó a la provincia cuyana del reino, donde se empezó a notar con sobresalto la presencia de indios pehuenches, que se acercaban hasta Corocorto y hasta «el paraje de los Papagallos o Cortaderas», en Jaurúa[5]. Pronto se concretaron los primeros asaltos contra estancias del sur de Mendoza[6] ante lo cual, en enero de 1770, la Real Audiencia de Chile dispuso la erección de una serie de fuertes en la zona cordillerana: Antuco y Alicó, al oeste de los Andes, y un tercero en la «Isla», el paraje delimitado por los arroyos Yaucha y Aguanda, en el valle de Uco, donde hoy se encuentra la cabecera del departamento de San Carlos. Los chiquillanes, hasta entonces guardianes de la frontera, habían cambiado de bando: «los indios amigos, inmediatos a la estancia de Alvarado, al verse solos, hicieron humos, juntáronse con los pehuenches y dieron el asalto» (Espejo, 1913, II: 695). En esos mismos días se creó el cargo de Maestre o Comandante General de Armas, que tendría la misión de adiestrar a las milicias.

Materialización de un poder soberano, de una pujanza militar y de una jurisdicción política, el fuerte de San Carlos nace en este agitado contexto,

---

4   Conferencia con el jefe pehuenche Ancan, 28.12.1781, Archivo Nacional, Fondo Morla Vicuña, vol. 7, en León Solís, 1999: 39.

5   Acta del cabildo de Mendoza, 30.12.1769, en AHM, EC, 15/8.

6   El libro de entierros de la parroquia del partido del valle de Uco consigna la muerte del indio Agustín Selelpe «a puñaladas y bolazos» a manos de los indios, en agosto de 1769; la del indio Pedro Juares, muerto «desastradamente» en el campo a puñaladas, el 30 de octubre; las de don Francisco Rojas, Marcelo Selelpe y Joseph Isarra, el 23 de enero de 1770 en una estancia (Argentina, Mendoza, registros parroquiales, 1665-1975, en https://www.familysearch.org/ark:/61903/1:1:Q243-56ML). En la estancia de Juan de Videla, los indios mataron a tres hombres y se llevaron cuatro niños cautivos (Espejo, 1913, II, p. 694). En octubre, los indios volvieron a asaltar las estancias del valle de Jaurúa, causando la muerte de tres hombres (https://www.familysearch.org/ark:/61903/1:1:Q243-56ML).

marcando el fin de la estrategia de defender a la ciudad y su periferia rural mediante una «franja de amortiguación» indígena. Fue fundado en agosto de 1770 y dotado de una guarnición de cincuenta voluntarios al mando de un oficial. Junto a un propósito defensivo, cumplió enseguida otro comercial –vigilar el paso de los mercaderes que viajaban a las tolderías– y de control de la dispersa población rural, que se procuró radicar en sus inmediaciones. La idea era desarrollar una villa donde residieran las familias de los soldados y algunos colonos abocados a la agricultura, preferentemente «gentes sin tierra, los que por sus costumbres sean incómodos a la ciudad y los extranjeros» (Pérez, 1996: 17). Como lo reflejan las actas de los entierros en las iglesias del fuerte y de la Arboleda (la antigua estancia jesuítica), los pobladores eran en aquellos años mayoritariamente indios cristianos, mestizos, negros y mulatos.

En lo inmediato, su eficacia como baluarte defensivo no resultó concluyente. A pocos meses de su fundación, el primer comandante del fuerte, capitán Salvador Ibarburú, murió con quince de sus hombres en un encuentro con los indios. Sin embargo, los contactos con los indígenas no sometidos no eran sólo violentos: en 1772, mientras el cabildo de Mendoza reservaba a los vecinos de la nueva villa el derecho a conducir la sal desde las salinas al sur del Diamante, lo admitía también para «los fronterizos pampas» que quisieran comerciar en tiempos de paz. Ese mismo año, varios caciques «de la prov.a de Goico», que «tienen dada la obediencia a su Mag.d» bajaban a Mendoza a rescatar a un negro esclavo del colegio jesuita del valle de Uco, que habían comprado el año anterior «con sus pagas a los de la tierra mas adentro»[7].

El fuerte de San Carlos, bastión defensivo en el valle de Uco (1770-1777)

La paz, en aquel tiempo y lugar, era un frágil equilibrio que el menor altercado podía romper, con consecuencias impredecibles. En el invierno de 1773, un indio se paseó delante del fuerte haciendo «escaramuzas y mofas». Al día siguiente, en lo que enseguida fue interpretado como un acto de represalia, dos indios de su misma nación aparecieron muertos, «sin saberse quiénes fuesen los agresores». Amparadas por un indio llamado Francisco, las viudas se acercaron con grandes llantos a pedir satisfacción al comandante del fuerte, don Gregorio Morel. Y, poco después, ocho indios que habían ido a Mendoza a vender sal –entre ellos dos hermanos de los difuntos–, pidieron «se les diese satisfacción de agravio» y en efecto obtuvieron «refresco de vino, tabaco, pan y carne». Si bien no estaba claro quiénes hubiesen sido los agresores, el

---

7   Acta capitular del 5.06.1772, en AHM, EC, 15/11 y AHM, EC, 40/2.

corregidor de Mendoza recibió órdenes de averiguarlo y de castigar a los culpables «si se justificare ser de los nuestros», como todo parecía indicar y como sin duda lo creían los familiares de las víctimas. El temor a un nuevo ciclo de violencias es evidente. El Presidente de Chile, informado del caso, mandó que «habiendo facilidad de consederles lo que pidan será combeniente agradarlos no ofreciéndose embarazo en ello»[8].

La coexistencia en un mismo espacio implica rispideces, agravios y compromisos, que se resuelven tomando en cuenta las pautas culturales indígenas: de no compensarse las muertes con dádivas –de no «cubrirse los muertos» por el grupo agresor, como lo pautaban las reglas de un *middle ground* (White, 1991: 77)–, los ofendidos clamarían venganza. En esa y otras ocasiones, se hizo todo lo posible por evitarla. Pero la más insignificante chispa podía degenerar en súbito incendio. Ignoramos qué circunstancias exactas precedieron el asalto a la villa de San Carlos el 23 de agosto de 1776 a la medianoche, cuando la guarnición del fuerte se hallaba reducida a sólo veinte soldados, al mando del comandante Alfonso de Luna. Este oficial era dueño a la sazón de una de las tres pulperías de la villa, donde solía vender a los puelches vino, aguardiente y otros bienes a cambio de sal «y algunos machetes en empeño y otras cosas». Luna mantenía al parecer muy cordiales relaciones con el cacique Guelecal –que vivía con su indiada en la falda de la sierra, al oeste del fuerte–, y también con el indio Francisco, situado inmediatamente fuera de las murallas de la villa. Figura conocida desde tiempo atrás tanto en el fuerte como en la villa y hasta en la ciudad de Mendoza, Francisco era el mismo que en 1773 había acompañado a las indias dolientes a reclamar desagravio por los asesinatos de sus maridos. Por la proximidad de su asentamiento y el «familiar trato con el comandante» que lo trataba de compadre, sus indios habían quemado (¿a propósito? ¿por descuido? ¿con la anuencia o complicidad del comandante Luna?) ese sector de «la palizada del foso y fagina[9] y de esta suerte allanaron una parte de la muralla que tiene la población al Poniente», brecha por la cual penetrarían los atacantes el 23 de agosto[10]. Otra vez, el rudimentario sistema defensivo del fuerte pone en evidencia su vulnerabilidad.

---

8   Oficio de don Agustín de Jáuregui a Jacobo Badarán, corregidor de Mendoza, 3.07.1773, en AHM, EC, 40/122.

9   En este contexto defensivo, la fajina es un «haz de ramas delgadas muy apretadas que usaban los ingenieros militares especialmente para revestimientos». También se entiende como «pared formada de haces de ramas, paja o cañas unidos y recubiertos de barro, que se utiliza en la construcción de ranchos» (*Diccionario de la Real Academia*, en https://dle.rae.es/fajina).

10   Decreto de la Real Audiencia de Chile para sumariar a don Alfonso de Luna, 19.11.1776, AHM, EC, 41/68.

Según se desprende de los testimonios, Guelecal había convocado al cacique Guelletún, «que reside en el Monte –es decir, en Mamül Mapu, territorio ranquel– y a otros aucaes que viven en el Río de San Agustín –nombre que los españoles daban entonces al Buta Cobuleuvú o río Grande de Malargüe– para sublevarse en contra de los españoles» (Espejo, 1913, II: 711). Dada su ubicación, estos «aucas» eran probablemente pehuenches «alzados»[11]. Al llegar a la villa, los guerreros de Guelecal se juntaron con los de Francisco, entraron por la brecha que el fuego había creado en la palizada e incendiaron las dos pulperías de los competidores del comandante Luna, don Francisco Saez y don Gregorio Morel. Los hechos se desenvolvieron ante la total inacción de Luna, quien pocos días antes había solicitado al presidente de Chile que «se sirviese mandar quitar las dos Pulperías que havia en dha población [...] por quedar solo con la suia». Los pobladores se defendieron como pudieron, sin auxilio de la guarnición. Cuando las pulperías quedaron envueltas en llamas, los indios salieron de la villa y asaltaron las estancias próximas, donde mataron al capitán José Zapata, llevándose más de dos mil cabezas de ganado. Si bien salió enseguida desde Mendoza una expedición punitiva, no logró darles alcance[12]. Por cierto, Luna fue destituido y sumariado y don Gregorio Morel reinvestido como comandante del fuerte.

Los episodios de 1773 y 1776 pueden ser vistos como ejemplos de la violencia que imperaba en las relaciones interétnicas fronterizas. De hecho, retomado por la historiografía, el asalto al fuerte de San Carlos ha sido utilizado para ilustrar «la frecuencia de las depredadoras incursiones de los salvajes» (Morales Guiñazú, 1938: 42). Mirándolos desde otro ángulo, sin embargo, ambos ponen de manifiesto las múltiples relaciones pacíficas que vinculaban en el quehacer cotidiano a los diferentes grupos que poblaban la región: Francisco y su gente vivían literalmente pegados a la empalizada que protegía la villa, quizás para beneficiarse ellos mismos de una forma de amparo en caso de

---

11 Como lo señaló hace años Lidia Nacuzzi, el término auca es más un adjetivo que un gentilicio (Nacuzzi, 1998: 119) y se solía usar en esos tiempos para señalar a indios que no reconocían sujeción a los españoles o les manifestaban hostilidad (Roulet, 2016: 66).

12 Decreto de la Real Audiencia de Chile, 19.11.1776, AHM, EC, 41/68 y Noticia particular de lo acaezido en la frontera de Mendoza, s/f, AGN IX, 28-9-4. Un decreto de la Real Audiencia de Chile menciona sólo «seis indios e indias q.e se aprendieron en la ante dha expedición» y ordena al corregidor que «los distribuia y reparta en las casas de su satisfacción en el caso de q.e quieran quedarse entre españoles y hacer vida sociable y cristiana, y en el contrario evento les permitirá se retiren a sus tierras, a excepcion del Bombero, q.e retendrá en segura custodia hasta las resultas de este grave asumpto» (3.10.1776, AHM, EC, 41/63).

ser agredidos por indios enemigos[13]. No sabemos si ellos mismos eran huarpes que trabajaban en las estancias o puelches hasta entonces considerados «amigos». El hecho de que Francisco fuera conocido con un nombre cristiano podría indicar que estaba bautizado (como debía estarlo su hijo o hija, dado que Luna lo trataba de «compadre»). Como estos indios están tan cerca, cuando uno de ellos se pavonea burlón delante del fuerte, algún ofendido logra fácilmente matar en represalia a dos miembros del mismo grupo. Francisco acompaña enseguida a las viudas que piden reparación por las muertes. Los españoles no sólo procuran identificar y castigar a los culpables sino que se pliegan a los usos indígenas para contentar a los deudos.

De Guelecal (Guedecal, Guelocal o Huelecal) sabemos que era puelche. En 1779, el baqueano chileno Juan Antonio Guajardo declararía que, de los caciques que había conocido «de esta banda» de los Andes y sus cuatrocientos indios de pelea, «solo ha quedado el Casique levantado Guelecal y que á este le ha quedado el numero de veinte Indios entre chicos y grandes [...] y que no tiene subsistencia en ningun lugar»[14]. Para entonces, Guelecal se valía de los «Indios del Monte» cuando asaltaba la frontera, como lo hizo en 1776, convocando a ranqueles y aucaes (pehuenches) en una pasajera coalición multiétnica con un fin preciso: arrear el ganado de las estancias.

Antes del asalto, los indios de Francisco (quizás también los de Guelecal) recogían sal al sur del Diamante y la vendían en la pulpería del comandante Luna y en Mendoza, donde en 1773 los hermanos de los muertos pidieron desagravio y obtuvieron unas modestas dádivas. Apenas cuatro años después de su fundación, San Carlos debía ser un ínfimo villorrio. El hecho de que hubiera tres pulperías es un indicador de la magnitud de los tratos comerciales con los indios y de la importancia que estos tenían para los mercaderes establecidos y la población en general. Tan jugoso debía ser el negocio, que el comandante Luna pretendía eliminar a sus competidores. La acusación que se le hace en el sumario no sólo enfatiza «la grande amistad que dho d.n Alfonso tenía con los dhos. caciques Guelecal y Francisco», a quienes trataba respectivamente de «hermano» y de «compadre», sino que insinúa algún tipo de complicidad en el ataque: dentro de la villa, los asaltantes se limitaron a incendiar las dos pulperías rivales y cuando Luna acudió con diez hombres al

---

13 Tras el asalto, la Real Audiencia de Chile advirtió al corregidor de Mendoza que «en el caso de que algunos Bárbaros se acogiesen o pretendiesen acoger en este fuerte con el afectado motivo de experimentar hostilidades de sus enemigos, u otro qualquiera pretexto, no permita queden en dho fuerte o en sus inmediaciones» (Decreto de la Real Audiencia, 3.10.1776, en AHM, EC, 41/63 y AHM, EC, 16/2).

14 Declaración de Juan Antonio Guajardo, 24.03.1779, en AGN IX, 11-4-5.

lugar de los hechos, no hizo más que interpelar a «su hermano Guelecal» desde una esquina, sin permitir que sus soldados dispararan un solo tiro porque de lo contrario «se enojarían los Indios»[15]. La acusación no lo dice de modo explícito, pero sugiere una suerte de arreglo previo entre Luna y los dos caciques, por el cual, a cambio de que éstos prendieran fuego a las pulperías rivales, Luna les «liberaría» el terreno para que se llevaran sin estorbos el ganado de las estancias. Un pacto de caballeros.

¿Qué había inducido al puelche Guelecal a convocar al ranquel Guelletún y a los pehuenches del río de San Agustín para un asalto conjunto? ¿Se sumaron espontáneamente Francisco y sus indios al golpe o se vieron forzados por la superioridad numérica de los atacantes? ¿Hubo un trato previo con el comandante Luna o tenían sus propias razones para incendiar las pulperías y llevarse el ganado de las estancias? A falta de testimonios indígenas, nunca sabremos qué motivaciones llevaron a Guelecal y a Francisco a concretar una agresión que puso fin a una forma de convivencia mutuamente provechosa, con graves consecuencias para sus grupos: en adelante se daría orden de expulsar a «los indios intrusos en los contornos de las estancias y q.e se retiren al otro lado del Diam.te» so pena de ser castigados[16]. Es decir que los puelches y pampas que hasta entonces habitaban entre el Tunuyán y el Diamante fueron desalojados de sus tierras y tratados como indios ladrones y peligrosos baqueanos.

Lo que advertimos a través de estas situaciones es que, en sus primeros años de vida, el fuerte de San Carlos no separaba mundos enfrentados ni operaba, en un esquema de poder soberano, como «lugar protegido, aislado e inexpugnable», en términos de Guillaume Boccara. Al contrario, fungía como bisagra en torno a la cual se integraban, en una tensa coexistencia, los habitantes españoles, criollos, indios, mestizos y negros que poblaban los valles de Uco y Jaurúa. El comercio, los agasajos, los parentescos simbólicos, los mestizajes, las amistades y las complicidades alternaban con los rumores alarmistas, la desconfianza y las esporádicas manifestaciones de violencia. Se evidencia que, luego del desmantelamiento de la franja de amortiguación que durante casi un siglo habían asegurado los chiquillanes y otros puelches asentados en Uco y Jaurúa, la frontera sobre el Tunuyán quedó desguarnecida, a pesar de la presencia del fuerte. Fue

---

15 Decreto de la Real Audiencia de Chile, 19.11.1776, en AHM, EC, 41/68.

16 Acta Capitular del 18.01.1777, en AHM, EC, 16/3. La orden fue escrupulosamente cumplida: en marzo de 1777 se ordenó al corregidor de Mendoza alejar a la mayor distancia posible a cuatro indios pampas de la jurisdicción de San Luis que se habían acercado a Mendoza «con el pretesto de refugiarse» y se dispuso que sus mujeres, niños y chusma fueran distribuidos «entre los hasendados de entera satisfacion» (auto del doctor Agustín de Jáuregui al corregidor de Mendoza, AHM, EC, 29/24).

entonces cuando se produjeron los más mortíferos asaltos indígenas: en octubre de 1777, Juan José Nieva, Gregorio Castro y Martín Castro –indios los tres– mueren «a manos de los indios Bárbaros, quienes los avanzaron en la estancia de arriba», ante lo cual salió del fuerte una expedición punitiva que acabó aniquilada por los indios, con muerte de trece hombres, entre los cuales el teniente Francisco Aldao y el comandante Gregorio Morel; un año después, otro asalto indígena en el Puesto de Zapata causó nueve muertos[17].

La política de guerra ofensiva desde el fuerte de San Carlos (1779-1781)

Entretanto, la Provincia de Cuyo del Reino de Chile había cambiado de jurisdicción y pasado a depender del Virreinato del Río de la Plata, cuyos dos primeros aguerridos virreyes, Pedro de Cevallos y Juan José Vértiz, encaraban la política indígena con criterios muy distintos a los que se habían forjado en Chile tras una larga experiencia, donde la negociación diplomática había suplantado poco a poco a la confrontación. En marzo de 1778, Joseph Francisco de Amigorena (que capitaneaba desde 1771 la Compañía de Caballería y Milicias de la ciudad de Mendoza) fue nombrado Maestre de Campo de las Milicias de las Jurisdicciones de Mendoza y de San Juan por el virrey Cevallos. Desde ese cargo debía adiestrar, dirigir e infundir valor a los milicianos, para que escarmentaran a los indios. Casi simultáneamente, Cevallos había designado a don Jacinto de Camargo y Loayza como Corregidor, Justicia Mayor y teniente de Capitán General de la provincia de Cuyo «para el oposito y castigo de dhos enemigos»[18]. La estrategia había cambiado: ya no se trataba de correr preventivamente el campo y perseguir a los indios en caso de incursiones, sino de salir a buscarlos en sus tolderías. Animados por un mismo propósito, Amigorena y Camargo se enfrentarían a menudo, en la medida en que sus respectivas funciones militares se solapaban.

Al mando de Amigorena, empezaron a sucederse las expediciones al sur del río Diamante, «explorando y reconociendo dicho Campo» que era un espacio ignoto para los mendocinos. La primera, durante el mes de marzo de 1779, penetró hasta Malargüe y el Cerro Nevado sin cruzarse con indio alguno, si bien «á lo menos se há logrado el haverse hecho baquiano todo el Exercito de quantas rinconadas, Potreros y vericuetos havian en todo ese campo»[19].

---

17 Libro de entierros de la parroquia de Uco, https://www.familysearch.org/ark:/61903/1:1:
Q243-56ZX; Actas capitulares del 28.10.1777 y del 31.10.1777, AHM, EC, 16/3 y Libro
de entierros, https://www.familysearch.org/ark:/61903/1:1:Q243-5662.

18 Acta del Cabildo de Mendoza, 22.08.1778, en AHM, EC, 16/4.

19 Carta de Jacinto Anzorena a Vértiz, 15.04.1779, en AGN IX, 11-4-5.

Aprovechando la desconcentración de los milicianos, que habían regresado a San Carlos con los caballos cansados, los indios invadieron las estancias el 1° de abril y volvió a salir una expedición a perseguirlos, que esta vez –gracias a Juan Antonio Guajardo, un baqueano, lenguaraz y conchavador chileno que conocía los paraderos de los indios– consiguió matar a veinte, capturar a tres y recuperar bastante ganado. Uno de los indios cautivos declaró «que Huelecal [el mismo Guelecal que poco atrás mantenía fraternas relaciones con el comandante del Fuerte de San Carlos] era el motor de todos estos insultos»[20]. Entre los muertos se contaban tres caciques o capitanejos. Uno de ellos era hermano «del cacique llamado Ancan» –esto es, del pehuenche Ancán Amún– «quien trahe todas las fronteras inquietas». Valiéndose de la baquía de Guajardo, Amigorena planificó una nueva entrada «a efecto de pasar a cuchillo a dicho ancan con la demás gente que se halla a su cargo»[21].

Los mendocinos pasaban resueltamente a la ofensiva. La guerra parecía imponerse como único lenguaje inteligible en la comunicación interétnica. Si los cristianos tenían sobrados motivos para sentirse agredidos, otro tanto sucedía con los indios. A mediados de 1779 llegaban noticias desde Chile comunicando que los pehuenches y otros indios aliados pensaban invernar en las pampas y asaltar los pagos bonaerenses en la primavera «en venganza de las Muertes que han dado los españoles a las tropas de Indios sin reserva de mugeres y niños»[22].

La tercera campaña de Amigorena salió de Mendoza el 18 de febrero de 1780 y asaltó dos tolderías pehuenches situadas al pie del cerro Campanario, en Malargüe, donde murieron 106 personas, incluyendo mujeres y chicos, y se tomaron 123 prisioneros «entre mujeres, niñas y niños de 10 a 11 años para abajo», pues de los contados hombres adultos presentes «los que no pudieron escaparse en la acción (que fueron pocos), quisieron más bien morir que entregarse». Tres caciques fallecieron en combate: Llinguenquen, hermano de Ancán Amún, «el famoso Guentenau, el más anciano de esta nación peguenche y el más terrible ladrón de nuestros campos y de las pampas» y el capitanejo Longopag. Entre las muchas mujeres cautivas había una hermana y dos esposas del cacique Roco o Troco, yerno y «segunda persona» del anciano Guentenao: la que sería conocida como Ignacia Guentenao, con sus tres hijas y un hijo y otra que recibió el apelativo de Agustina. También había sido cautivada una joven «que ya era reconocida entre ellos por cacica, aunque soltera,

---

20 Diario de lo acaecido en el seguimiento de los Indios, 15.04.1779, AGN IX, 24-1-1.
21 Nota de Amigorena al Cabildo de Mendoza, 26.04.1779, AHM, EC, 55/2.
22 Carta de Jáuregui a Amigorena, 16.06.1779, en AHM, EC, 41/95. En este contexto, «tropas» eran las partidas comerciales que se acercaban a las ciudades.

por no haber en su nación quién pudiese comprarla en 100 pagas, en que según su rito estaba valuada su mano» (Amigorena, 1780: 203-220): era la hija predilecta de Roco y se la conocería en adelante como María Josefa Roco.

Las mujeres, niñas y niños cautivos fueron repartidos entre particulares, mientras se definía qué destino darles. Las cacicas principales se alojaron en casa de Amigorena, quien mantuvo largas conversaciones con ellas. Y fue en el transcurso de esas charlas que don Joseph Francisco de Amigorena definió su propia política para asegurar la defensa de la frontera: con la certeza de que los pehuenches de la agrupación del difunto Guentenao harían lo posible por recuperar a sus mujeres e hijos, los invitó a negociar paces con un doble objetivo. Por un lado, restablecer una franja de amortiguación indígena que protegiera la frontera y, por otro, quebrar las previas asociaciones de los pehuenches con puelches y ranqueles para asaltar las estancias. Si se avenían al trato, los pehuenches desempeñarían no sólo funciones defensivas ante posibles ataques, sino un rol ofensivo contra aquellos grupos tildados de «enemigos». Enviada a las tolderías del Campanario como portadora de la invitación a parlamentar, la cacica Ignacia Guentenao tuvo un destacado papel en la concreción de los primeros tratados de paz, celebrados en el ayuntamiento de Mendoza en diciembre de 1780 y abril de 1781. Tras esos acuerdos formales y la promesa de que se les devolverían sus familiares, Roco y sus cuñados Piempan, Longopán y Antepán (hermanos de Ignacia) abandonaron sus tierras al pie del cerro Campanario y se instalaron en el paraje de los Papagayos, en el valle de Jaurúa, «baxo de la protesta de defender la frontera y castigar los demas Indios ladrones que han acometido a las estancias»[23]. Se los conocería en adelante como «pehuenches fronterizos» de Mendoza (Roulet, 1999-2001).

El fuerte de San Carlos y los indios fronterizos (1781-1805)

Durante el cuarto de siglo siguiente, el fuerte de San Carlos fue visto por los indios fronterizos como una puerta de entrada hacia el mercado mendocino, un nodo de comunicaciones e intercambio de información, un refugio en tiempos de guerra y hambrunas, un espacio de negociación diplomática y la sede de un poder mediador que se ejerció primero en sentido vertical, transmitiendo los reclamos pehuenches hacia las autoridades locales y virreinales, y luego en sentido horizontal, al intervenir en el arreglo de disputas intertribales. Veamos algunos ejemplos de las funciones que cumplía el fuerte respecto de la población indígena circundante.

---

23 Acta capitular del 7.04.1781, en AGN IX, 24-1-1.

Vértiz había ordenado a Amigorena que diera posesión a los pehuenches de tierras bien provistas de agua y pasto situadas lejos, «fuera de la frontera, en donde nunca puedan causar daño, aun quando llegue aquel caso de ussar de infidelidad»[24]. El tratado suscrito con Roco preveía su instalación en el paraje de los Papagayos, en Jaurúa, pero el corregidor Camargo les dijo que se pusiesen «en un arroyo inmediato á el de Llaucha que llaman los Chacaisitos». Por fin, los pehuenches acabaron situados «en el valle de Uco, estero de los Chacayes», a relativa distancia del fuerte[25]. En junio de 1781, el comandante de San Carlos, don Francisco Esquivel Aldao, informó a Amigorena que él y sus soldados «estaban yendo a los toldos de Roco y Piempán a cada instante», donde «me hicieron un gran recibimiento y me cortejaron mui mucho y me acompañaron a la buelta». Entretanto, el corregidor Camargo –que debía darles posesión de las tierras y sentar los tratados de paz– «nada ha hecho, pues ni ha pasado del Fuerte». Como Carmargo no se movía y nadie se hacía cargo tampoco de proporcionar manutención a los pehuenches, tal como había sido acordado, Esquivel Aldao les entregaba «las reses, carneros, pan, Arina, Cebada, trigo, tavaco y demas» y les prestaba caballos para correr guanacos. En consecuencia, los pehuenches se permitieron decir al corregidor Camargo «que dos corazones había buenos que heran del Maestre de Campo [Amigorena] y del Comandante [Esquivel Aldao] y que faltándoles estos se hivan y esto lo vociferan publicamente»[26].

En marzo de 1782, tras la muerte repentina de su cuñado Piempán, el cacique Roco abandonó precipitadamente la frontera con su toldería pero los demás no se movieron. Amigorena marchó a los toldos, los hizo levantar «y que los colocasen 11 leguas de aquella Fortaleza, en un sitio de difícil acceso para que en el caso de ser insultados por otros de tierra adentro puedan defenderse y ofender con ventaja»[27]. Poco a poco, y a medida que se consolidan relaciones basadas en la confianza, los pehuenches fronterizos se ubican cada vez más cerca del fuerte. En 1793, Amigorena se jactaría de tener instalados a los pehuenches «en la misma Frontera, á distancia de una legua de la Villa y Fuerte de San Carlos»[28]. La proximidad geográfica facilitaba la vigilancia, la comunicación y el control, así como los tratos comerciales, los preparativos para la común defensa y la circulación de novedades.

---

24 Oficio de Vértiz a Amigorena, 1.04.1781, en AHM, EC, 46/35.
25 Acuerdo capitular del 16.08.1781, en AGN IX, 24-1-1.
26 Oficio de Esquivel Aldao a Amigorena, 7.06.1781, en AHM, EC, 65/22.
27 Amigorena al virrey, 14.05.1782, AHM, EC, 55/6.
28 Oficio de Amigorena al virrey, 15.03.1793, AGN IX, 30-5-1.

El fuerte de San Carlos y su comandante se convierten desde el primer día en instancia de mediación para transmitir reclamos a Amigorena y, a través de él, al virrey, destinatario último de una carta que redactó Esquivel Aldao a ruego de Roco, Piempán y Puñalef, a pocos meses de su instalación en el valle de Uco. En ella, los caciques suplicaban encarecidamente que se les devolvieran sus mujeres e hijos, «pues por la propuesta que se nos mandó hacer en que si veníamos á vivir en estos territorios se nos darían las Chinas y algunas Bacas, Yeguas, y Obejas, fiados en dicha propuesta sin persuadirnos falsedad en los Guincas arrojamos nuestro partido y nos benimos á este pais donde nos hallamos desempeñando la frontera»[29]. Desde que se avino a redactar la misiva y a firmarla como testigo, el comandante Esquivel Aldao se hizo portavoz de los caciques pehuenches ante sus superiores.

Ni bien se celebró el acuerdo preliminar de paz en diciembre de 1780 y antes incluso de que instalaran sus toldos en el nuevo emplazamiento, los pehuenches fueron conminados a desempeñar una función militar, gracias a la cual la dotación del fuerte pudo reducirse de las 50 plazas previstas en 1770 a las 25 que tendría a partir de la década de 1780. Las cacicas y caciques que retornaron al Campanario para buscar a Roco, con quien debían firmarse los tratados definitivos, recibieron catorce lanzas «para q.e de camino hostilisen unas tolderías de los Pampas, seg.n han ofrecido en prueba de la amistad q.e nos profesan»[30]. La promesa no fue vana: los pehuenches persiguieron a unos indios pampas hasta sus tolderías, donde «mataron a todos los que encontraron mugeres y niños hasta de pechos, trahiendo vivos solamente dos, que son un chinito que me dieron y una chinita que conservan para Vm ambos como de cinco años». Enviados al sitio de la masacre, los soldados reconocieron «a un indio Chacon, y otro Miguel y a Muchango y su hija, todos Indios Pampas»[31].

Deseosos de probar su lealtad a los españoles, los pehuenches combaten a los pampas —término que en esos años engloba al conjunto de puelches mendocinos y pampas puntanos, así como puede también referirse a ranqueles (Roulet, 2016)— e insisten en «acabarlos», solicitando para ello el refuerzo de la guarnición del fuerte y ofreciéndose como baqueanos en las expediciones contra las tolderías[32]. El caso más resonante será el de la familia del indio

---

29 Carta de los caciques Roco, Piempan y Puñalef, certificada por el comandante, sargento, cabos y soldados de la guarnición del fuerte de San Carlos, 13.06.1781, en AGN IX, 24-1-1 y AHM, EC, 29/27.

30 Oficio de Vértiz a Amigorena, 9.2.1781, AHM, EC, 46/32.

31 Carta de Esquivel Aldao a Amigorena, 7.06.1781, en AHM, EC, 65/22.

32 Oficio de Esquivel Aldao a Amigorena, 12.05.1783, AHM, EC, 65/34 y Diario de la expedición contra los indios bárbaros del Monte o Pampas, 18.06.1783, AGN IX, 24-1-1.

pampa Creyo, yerno del cacique principal de los ranqueles, Payllatur. Cuando Ancán Amún y Amigorena se encontraron por primera vez en Mendoza, el pehuenche informó que había acogido en sus toldos a Creyo con una treintena de personas, de las que habían abandonado la frontera mendocina tras la sublevación general de 1769. Para ganarse el crédito de Amigorena, Ancán Amún prometió entregarle esas familias. Creyo parece haber sospechado la trampa que se preparaba y desistió de viajar a Mendoza. Cumpliendo el pacto que secretamente había acordado con Amigorena, Ancán Amún y sus parientes más cercanos resolvieron entonces «matar a Creyo y toda su gente de ambos sexos sin exceptuar los parbulos». En la emboscada murieron 12 hombres –entre ellos un indio Goyco y su hijo– y unas 16 o 20 «chinas y demas chusma». Como Creyo era yerno de Payllatur, es de presumir que la hija de éste se contara entre las víctimas y que su padre jurara vengarla. Ancán Amún remitió al fuerte de San Carlos la cabeza de Creyo y advirtió que «por este echo q.e acaba de executar teme lo abansen los Ranquelches». El pehuenche esperaba ser auxiliado por sus nuevos aliados, pues «en esta creencia de que se le ha de atender como a hermano ha asaltado a estos nros. enemigos, de quienes dice está ya libre el camino pegüenche»[33].

La hostilidad entre pehuenches, pampas y ranqueles, que ya preexistía por una vieja venganza de sangre[34], aumentó de manera exponencial, marcando la vida en la frontera mendocina con frecuentes estallidos de violencia. Le tocaría más de una vez al comandante del fuerte componer esas desavenencias y evitar que los renovados ciclos de venganza hicieran peligrar la seguridad de los pobladores del valle de Uco. Tan crucial era esa función mediadora que al cabo de pocos años los pehuenches pidieron que se creara el cargo de Capitán de Amigos, de larga vigencia en la frontera chilena. Quien primero lo ocupó fue Carlos Bora, un soldado del fuerte de San Carlos, y luego el propio comandante Francisco Esquivel Aldao y su sucesor en el cargo, don Francisco Barros. Los Capitanes de Amigos en la frontera de Mendoza aseguraron a los pehuenches una forma de protección contra sus enemigos, una garantía de mediación en sus conflictos, una vía de acceso a los productos coloniales y una voz autorizada que podía dar fe de su fidelidad a los españoles (Roulet, 2015). Ese rol de mediación fue desempeñado por soldados y oficiales de San Carlos, mientras que el fuerte mismo servía

---

33 De Esquivel Aldao a Amigorena, 7.02.1785, AHM, EC, 65/42 y de Amigorena al gobernador Sobremonte, 9.2.1785, AHM, EC, 55/12.

34 Según un cautivo huido de los ranqueles en 1782, ranqueles y pehuenches eran enemigos desde que el cacique ranquel Guelan mató al padre de Ancán (AHM, EC, 65/23). El propio Ancán Amún tenía a Llanquetur –hermano de Payllatur– como «enemigo declarado por haverle muerto a su Padre y Parientes» (Amigorena a Sobremonte, 10.02.1787, AHM, EC, 55/14).

como escudo protector para las familias de los guerreros pehuenches, cuando éstos partían en campaña al Neuquén contra sus enemigos huilliches.

Los pehuenches también acudían a la frontera por razones económicas. El tratado con Roco les garantizaba –previa presentación en el fuerte, donde se les brindaba un salvoconducto– paso franco hacia Mendoza para vender «sal, ponchos y demás efectos de su ingenio»[35]. Firmados los primeros tratados, numerosos caciques entablaron paces por gozar de los mismos beneficios comerciales que los fronterizos, aunque sin abandonar sus lugares de residencia habituales. Los pehuenches se especializaron en la provisión de sal –como antes los chiquillanes–, en el pastoreo de ovinos y en la producción textil. Desde que llegaban al fuerte y hasta que regresaban a sus tolderías, los caciques y sus escoltas recibían una ración diaria de carne, pan, leña y vino, razón por la cual las visitas se hacían más frecuentes y multitudinarias en tiempos de hambruna. Cuando aportaban novedades acerca de los movimientos de sus enemigos, eran obsequiados con sombreros, chupas, calzones, espuelas, estribos, yeguas y vino. El fuerte de San Carlos se convirtió así en el primer umbral en el que se desplegaba la generosidad de los *huincas*. Su comandante era el encargado de la redistribución: don Francisco Esquivel Aldao elevaba la cuenta de gastos a Amigorena, deslizando en ocasiones comentarios como el que sigue: «Aunq.e en la cuenta solamente pongo siete frascos de aguard. te, pero les dy dies, fuera de otras cosas q.e le dy a el Casique porq.e no fuese disgustado disiendo se le negaba lo que pedía»[36].

En el fuerte se concentraban las informaciones que traían los fronterizos acerca de tierra adentro y es de presumir que los indios adquiriesen allí noticias sobre las disposiciones que tomaban los cristianos, que luego harían circular en las tolderías. En este rubro también, el comandante transmitía los dichos de unos y otros: «Esta tarde acaba de regresarse deste fuerte a sus toldos el Casique Longopan, quien vino a darme noticia q.e ayer llegaron a sus toldos de tierra adentro el Capitanejo Cuyanao con dos mosetones, quienes traen por noticia quedar bueno Ancanamun, que acaba de llegar de Tapyhue, partido de maule, en donde ha estado en parlamento», informaba Esquivel Aldao[37]. La cercanía física facilitaba también la circulación de bacterias y virus que causaron estragos entre los indios. Ante la aterradora dispersión de las epidemias, los pehuenches solían abandonar a los enfermos por no contagiarse. Y en esas dramáticas circunstancias, recaía en los soldados del fuerte la atención de los

---

35 Acta capitular del 7.04.1781, en AGN IX, 24-1-1.
36 Oficio de Esquivel Aldao a Amigorena, 16.11.1783, AHM, EC, 65/26.
37 Esquivel Aldao a Amigorena, 6.02.1784, AHM, EC, 65/27.

moribundos, como sucedió con el indio mensajero Anguenao y con el cacique Ancán Amún (Roulet, 1999-2001).

Por último, el fuerte de San Carlos acabó convirtiéndose en el escenario privilegiado de la diplomacia interétnica. Si los primeros parlamentos hispano-pehuenches se habían desarrollado en la ciudad de Mendoza (en la sede del Cabildo o en la casa particular de don José Francisco de Amigorena), tras el que tuvo lugar junto al río Salado de Malargüe, en septiembre de 1787, Amigorena retuvo en manos castrenses la relación con los indios amigos, organizando los ulteriores parlamentos –en 1794, 1796, 1798 y 1799– junto al fuerte de San Carlos. Estos encuentros diplomáticos eran reuniones multitudinarias (317 indios e indias en 1794; 300 soldados mendocinos, 16 caciques, 86 mocetones y sus familias en 1796; un centenar de milicianos y más de 400 indígenas en 1798 y 334 en 1799), razón por la cual se desenvolvían en un espacio abierto, al alcance del cañón del fuerte (Roulet, 2002). El rol de San Carlos como marco de los encuentros diplomáticos entre indígenas e hispano-criollos se mantuvo –como veremos en el capítulo 6– incluso varios años después de la fundación del fuerte de San Rafael.

La proximidad física entre los indios fronterizos y la población de la fortaleza y de la nueva villa de San Carlos –que renació de sus cenizas en 1788 mediante el traslado compulsivo de indios huarpes desde las lagunas de Guanacache– permitió también que se afianzaran los vínculos con el «misionero apostólico de los indios infieles de la frontera», fray Antonio Rivas. El sacerdote logró transmitir a los pehuenches «una idea bastante de nuestra sagrada religión, cuyos misterios les explica a los párvulos y adultos en su propio idioma, como observaron todos en los días de precepto en que con admiración los vimos acudir al santo sacrificio»[38]. El cacique principal de los fronterizos, Carilef, y su hijo Cumiñan, muy ladino en lengua castellana, solían asistir a misa, rezar con devoción y compartir la mesa del fraile, a quien rogaban que se edificaran cerca de sus toldos un templo y una casa para el misionero[39]. Tanto quería asimilarse Carilef a los cristianos que suplicaba al comandante del fuerte «le embie un par de asadones y una acha q.e el y sus mocetones quieren sembrar; pues dice q.e q.e se dira del de que no siembra debiendo conciderarlo como huinca»[40].

---

38 Testimonio de don Miguel Teles Meneses, 21.05.1794, en el pleito de don Francisco Esquivel Aldao contra fray Antonio Rivas, AHM, EC, 67/4 y Diario puntual de las diligencias obradas por esta comandancia en la Asamblea General verificada con todos los Caciques aliados de la Nación Pehuenche, 23.05.1794, AHM, EC, 30/11.
39 Carta de Juan Antonio Rivas a Amigorena, 22.03.1793, en AGN IX, 30-5-1.
40 Oficio de Esquivel Aldao a Amigorena, 26.11.1795, AHM, EC, 67/80.

Vemos así que, desde la perspectiva pehuenche, más que un bastión hostil o una barrera infranqueable, el fuerte de San Carlos aparecía como una entrada hacia el mundo de los *huincas*, un centro de redistribución, un nodo crucial en la densa red de comunicaciones que conectaba el espacio fronterizo del Pacífico al Atlántico, un cobijo en tiempos difíciles y un espacio privilegiado para tejer vínculos personales y negociar diferencias. En tiempos de guerra como en tiempos de paz, hacia allí convergían los variopintos habitantes de un amplísimo espacio, que iba de las lagunas de Guanacache a Malargüe y el Neuquén, y de Penco, Maule y Santiago de Chile a Corocorto, Mamül Mapu y Buenos Aires.

Los puelches fronterizos (1787-1805)

Cuando se entrevistó con Amigorena en 1783, el cacique Ancán Amún no le dijo quizás al comandante toda la verdad acerca de los indios pampas fugitivos de la sublevación general de 1769 que había acogido en sus tolderías. Le habló de Creyo y su crecida familia, que prometió entregarle viva o muerta, pero no parece haberle confesado que había otros puelches o pampas viviendo bajo su protección. Los vemos surgir de pronto en 1787 cuando, tras la muerte de Ancán Amún, llegan al fuerte «el Indio panpa hijo del Goico, sus dos mujeres y un hijo, los que bienen a estar aquí (si Vd lo permite) hasta ver qué semblante toman las determinaciones de los Guiliches» –designación atribuida a los ranqueles de Payllatur y su hermano Llanquetur– que, según temían, podrían atacar a los malargüinos en la primavera[41]. Recordemos que en el asalto a la tolderia de Creyo habían muerto un Goyco y su hijo, lo que hace pensar que éstos que ahora se presentaban en la frontera formaban parte del mismo grupo de refugiados pero se salvaron de la masacre por razones que desconocemos. Muerto su protector, Ancán Amún, los Goicos quizás no se sintieran seguros entre los pehuenches, que podían acusarlos de brujería o entregarlos a los cristianos. Como Creyo, que era yerno de Payllatur, estos pampas estaban emparentados con los ranqueles gracias a frecuentes matrimonios interétnicos. Una vez en la frontera, los Goicos ya no se irían: al mes rogaron que los dejaran permanecer junto al fuerte «pues están trabajando riendas y otras frioleras para su habilitación» y dos meses más tarde pedían «pasar a vivir en casa del Cap.n Ortubia»[42].

---

41 Oficio de Esquivel Aldao a Amigorena, 25.07.1787, AHM, EC, 65/55.
42 Oficios de Esquivel Aldao a Amigorena, 24.08.1787 y 24.10.1787, AHM, EC, 65/58 y 65/64.

Ese mismo año, otro grupo de indios puelches abandonó Malargüe para instalarse en las márgenes del río Diamante junto a los pehuenches de la toldería de Roco. Sus caciques eran Guanquenecul, Ancaiñ, Manquelen, Calbuyfmain, Aylapy y Noguigo[43]. En 1788, estos puelches se mudaron al valle de Uco, al lado de los Goicos. El comandante del fuerte dará cuenta a Amigorena de que «la toldería de los Indios Pampas los Goicos, que bibian aquy, juntamente con la de Ancain, q.e vino de lo de Roco, están en el día situados en la tierra blanca de llaucha»[44]. Años más tarde, mientras los pehuenches se desangraban en un ciclo de venganzas que opuso al cacique gobernador de Malargüe –Pichintur (hermano de Ancán Amún)– y al líder de los pehuenches de Balbarco –Rayguán–, los mendocinos se enterarían de que otros puelches o pampas habían permanecido entre los pehuenches: los caciques de Malargüe le contaron entonces a Amigorena que Rayguán, «que se supone cacique, es un Pampa, de aquellos famosos Ladrones, que con otros de su clase acometían los caminos de este Virreynato, hasta q.e por estas Milicias fueron derrotados en el año de 80 y sugetados al mando de Ancanamun los pocos que quedaron de esta nación y por su muerte al de Pichintur, cuñado del mismo Rayguan». Pero Rayguán no había querido conformarse al liderazgo de su cuñado y se había levantado «con quatro Indios Ladrones que ha podido atraerse, nombrándose cacique, sin serlo»[45]. Rayguán instaló su toldería en Balbarco y nunca se presentó en la frontera mendocina, donde, en cambio, vivían como indios fronterizos algunos de sus parientes.

A diferencia de lo ocurrido con los pehuenches de la agrupación del difunto Guentenao y su yerno Roco, no hubo tratados formales con los puelches o pampas que se radicaron en el valle de Uco. Su relocalización se hizo mediante acuerdos verbales transitorios. Si bien no parecen haber prestado tan importantes funciones militares como aquellos, se los ve actuando como correos, saliendo a buscar caballos de los españoles y transmitiendo noticias de tierra adentro, en particular acerca de sus parientes ranqueles. En 1789, cuando los pehuenches temen represalias por la muerte que han dado al cacique Llanquetur, el cacique Ancair (el mismo Ancaiñ o Ancain que se acercó a la frontera en 1787) avisó que había divisado «unos humos grandes hacia Ocopal [el río Salado o Chadileuvú] y supone sea su pariente Tacumana, capitanejo de el difunto revelde Llanquetur, que vendrá acercándose

---

43 Nómina de los indios que se instalaron con Roco en el margen del río Diamante, octubre 1787, AHM, EC, 29/37.

44 Oficio de Esquivel Aldao a Amigorena, 2.08.1788, AHM, EC, 65/108.

45 Oficio de Amigorena al gobernador de Chile, 12.03.1796, AHM, EC, 56/1.

de paz»[46]. En 1790, cuando pide licencia para mudarse «junto a Peralta», Ancaiñ es implícitamente reconocido como líder del grupo de puelches fronterizos[47]. Como tal parece haber colaborado, con su primo Guanquenecul, en la defensa de las tolderías pehuenches de Malargüe, donde se temía ese mismo otoño un ataque huilliche. Ambos regresan heridos a San Carlos, con un soldado de la fortaleza[48]. A partir de esa fecha, el líder de los puelches fronterizos aparece en los documentos con dos nombres que se alternan: Ancain —como ya se lo conocía— y Bartolo Guelecal, Gualecal, Guenucal, Huelecal o Huenucal, lo que lo entronca con el linaje de aquel cacique Guelecal que vivía al oeste del fuerte de San Carlos en 1776, cuando asaltó la villa. Más allá de la sugestiva identidad del nombre, los documentos no proporcionan ninguna pista sobre el parentesco exacto que los unía.

En cambio, sí sabemos que otro cacique puelche contemporáneo, Guanquenecul, era hermano de Rayguán —y de una de las esposas de Pichintur, lo que convertía a ambos puelches en cuñados del cacique gobernador de Malargüe— y que Bartolo Guelecal, alias Ancain, era primo hermano del cacique de Balbarco[49]. Cuando la espiral de violencia desatada entre Pichintur y Rayguán amenazó con convertirse en guerra civil tras la muerte del primero, el comandante Amigorena envió a los puelches fronterizos Guanquenecul y Joseph —un sobrino de Rayguán— como emisarios a Balbarco con una carta dirigida al «señor Casique Raiguan, Amigo y Señor Mío», en la que lo invitaba a concretar con los pehuenches de Malargüe «una total reconciliacion dandose una mutua satisfaccion debolbiendose los unos a los otros sus familias y Haziendas», porque no era concebible que «siendo todos Vms Amigos, Hermanos y Parientes quieran y pretendan su Total Ruina»[50]. Correos y embajadores de Amigorena ante el cacique de Balbarco, los puelches fronterizos hacen valer sus extendidos parentescos entre pehuenches y ranqueles para asegurar su propia supervivencia y fungir como mediadores en las conflictivas relaciones intertribales. Con indudable éxito durante varios años. Los vemos participar en ulteriores parlamentos junto a los pehuenches e interceder eficazmente para sellar las paces, tras años de guerra, con el ranquel Carripilum, sucesor de Llanquetur. En esa ocasión, Amigorena envió como su embajador ante Carripilum «al Cacique Goico y un su Hermano también Ranquelches agregados

---

46 Acuerdo de la Junta de Real Hacienda con el Comandante de armas, 2.07.1789, en AHM, EC, 29/39.
47 Oficio de Esquivel Aldao a Amigorena, 24.03.1790, en AHM, EC, 66/8.
48 Oficio de Esquivel Aldao a Amigorena, 2.06.1790, AHM, EC, 66/14.
49 Carta de Amigorena al gobernador de Chile, 12.03.1796, AHM, EC, 56/1.
50 Carta de Amigorena al cacique Raiguan, 18.05.1796, AHM, EC, 30/27.

hace mucho tiempo á nuestra amistad, y establecidos en la inmediación de esta frontera». Estos puelches, que Amigorena asimila a los ranqueles por el estrecho parentesco que los une, eran portadores de la invitación personal y los regalos de Amigorena, con los que esperaba ganar la buena predisposición del principal cacique ranquel[51].

Varios indicios sugieren que los puelches tenían fama de brujos entre los pehuenches. Cuando un cacique o indio moría por causas naturales (como había sucedido en 1795 con Caniguan, hermano de Pichintur, que enfermó súbitamente mientras estaba de visita en la toldería de Rayguán, donde falleció) enseguida recaía sobre ellos la sospecha de ser, con sus malas artes, los culpables del fatal desenlace. «Cacique adibino», acusan los de Malargüe a Rayguán, mientras Pichintur pone en labios de su adversario la confesión de que, en la inexplicada muerte de Caniguan, «no había más brujos que él [Rayguán] y sus indios»[52]. Imputación de graves consecuencias, que en este caso derivó en un ciclo de venganzas responsable de cantidad de víctimas, cautiverios y estragos materiales entre los pehuenches de Malargüe y Balbarco durante tres largos años. Quizás haya que buscar allí el germen de las querellas que enfrentarían a pehuenches y puelches fronterizos en los años siguientes.

Un nuevo ciclo de violencias se desataría a fines de 1800, en ocasión de la muerte del cacique Roco. Los deudos –su hermano Antipan y su hijo Pañichiñe– opinaron que la suya no era una muerte natural y decretaron que «Bartolo Guelecal ha sido quien le ha quitado la vida a Roco (sin embargo de sernos constante a todos de ser Indio de mucha edad y q.e ha estado largo tpo gravem.te enfermo y casi del todo ciego)»[53]. Sin más trámite, los parientes de Roco maloquearon la toldería del supuesto «brujo» y estuvieron a punto de matarlo. La oportuna intercesión de un capitanejo pehuenche salvó la vida de Guelecal, pero los parientes de Roco se llevaron todo su ganado y exigieron al salvador que les entregara dos cautivos. La misma costumbre regía entre puelches y pehuenches: en caso de muerte violenta o atribuida a brujería, el designado culpable debía compensar el daño entregando animales o bienes de alto valor, en cuyo defecto se podían exigir personas que pasaran a vivir entre los familiares del difunto. «Y no teniendo o no queriendo estos, lo matan, según ritos", a menos que intervenga "un garante, que apacigua y minora las pagas que acuerdan»[54]. Ésa era una de las funciones esenciales del Capitán de

---

51 Carta de Amigorena al virrey Avilés, 12.04.1799, AGN IX, 11-4-5.
52 Oficio de Francisco Barros a Amigorena, 24.01.1796, AHM, EC, 30/19; de Esquivel Aldao a Amigorena, 11.12.1795, AHM, EC, 30/15.
53 Oficio de Francisco Barros a Miguel Teles Meneses, 20.11.1800, AHM, EC, 76/25.
54 Carta de Esquivel Aldao a Amigorena, 27.03.1792, AHM, EC, 66/64.

Amigos, quien mediante obsequios podía contruibuir a compensar las muertes y cortar los ciclos de venganza.

El inminente conflicto entre los deudos de Roco y los puelches de Bartolo Guelecal inquietó a los mendocinos: estaban frescas aún en la memoria las venganzas que habían desgarrado a los pehuenches de Malargüe y Balbarco entre 1796 y 1798, haciendo peligrar la defensa de la frontera. Le tocó al Capitán de Amigos Francisco Barros y al nuevo comandante de frontera, Faustino Ansay, evitar que la pelea pasara a mayores. Pero el agasajo de vino y aguardiente que mandó distribuir Ansay entre los dolientes no hizo más que agravar las cosas. En un convite de los pehuenches durante el cual se consumió mucho alcohol, el indio Gaspar Goico, hijo del cacique Marcos Goico, provocó e hirió a un pehuenche, por lo que Millanao, otro pehuenche, lo mató. Marcos Goico «solicitó la venganza, persiguiendo à sus contrarios, con este motivo estos iban abandonando sus toldos». Convocadas en el fuerte, las partes recibieron una furibunda reprimenda del comandante Ansay. Por fin, Goico accedió a que Ansay «los compusiera a todos», como «su Taita» y que, hechas las paces, «les diera un buen agasajo á ambos»[55]. La concordia duró poco: en octubre, Marcos Goico pretendía ultimar al matador de su hijo y los caciques pehuenches y pampas se acercaron a San Carlos para quejarse de que tras el fallecimiento de su Capitán de Amigos, don Francisco Barros, ya no tenían «quien los componga en sus malocas». Como, por otra parte, ya «no se hacía parlamentos según se verificaba anteriormente», no les quedaba otra alternativa que vengarse. Ellos, según explicaron a Ansay, «no podían estar sin Capitán de Amigos»[56]. Tales quejas revelan que, por restringir gastos considerados superfluos, el comandante Ansay había descuidado las dos instancias fundamentales de redistribución y mediación entre los indios aliados, los parlamentos y la institución de los Capitanes de Amigos, que tenían su epicentro en el fuerte de San Carlos. Las consecuencias se hacían sentir con violencia. Al año siguiente, en otra borrachera en los toldos pehuenches del río Diamante, los pehuenches Lloncopan y Llaullin hirieron tan gravemente a Llamin, hijo del puelche Guelecal, que se lo dio por muerto, aunque sobrevivió milagrosamente[57].

Cada vez, el escenario se repetía: el acohol traía a la memoria pasados agravios y desinhibía los instintos agresivos. Al punto que el pehuenche Carilef,

---

55 Oficio de Ansay a la Junta de Real Hacienda de Mendoza, 25.03.1802, AGN IX, 24-4-1.

56 De Faustino Ansay a Pedro de Oscariz, ministro contador de Real Hacienda, 26.10.1802, AGN IX, 24-4-1.

57 De Faustino Ansay al virrey del Pino, 31.10.1803, AHM, EC, 56/21.

el puelche Marcos Goico y algunas indias se acercaron al fuerte a pedir «se impidan a los Guincas la introducion de licores a sus toldos», porque no sólo se suscitaban violentas peleas sino que «quedan tan pobres que no les quedan auxilios con que poder comprar manutencion»[58]. El ciclo infernal proseguía: en marzo de 1804, tres caciques pampas mataban a dos caciques y un mocetón pehuenche, las partes se negaban a componerse y no querían «nada sino pelear otra vez». Ansay persistía en agasajarlos con vino, aguardiente y un poco de yerba, pan y tabaco[59]. El descontento de los indios llegó a tal punto que los caciques y cacicas pehuenches que viajaron ese mismo año a Buenos Aires escoltando al explorador chileno Santiago de Cerro y Zamudio abordaron el tema con el virrey, Rafael de Sobremonte. Ni lerdo ni perezoso, éste ordenó a Ansay que se esmerara en el trato que daba a los indios, «asistiéndoles competentemente con el mantenimiento, y proporcionando que sea mas abundante éste que el de la bebida, como parece lo desean, y también que la expresión sea agradable, de manera que no lleguen a formar ni el más leve motibo de quexa»[60]. Instruido por su larga experiencia en la política de fronteras, Sobremonte sabía lo caras que podían resultar las medidas de ajuste de gastos con los indios y lo imprudente que resultaba tratar con palabras destempladas a tan cruciales aliados.

Cuando Cerro y Zamudio regresó a Mendoza con los caciques pehuenches de su escolta, en marzo de 1805, cundía la inquietud entre los indios. Las razones eran muchas. Para empezar, la comitiva pehuenche se había demorado tanto en Buenos Aires que sus parientes temían que hubieran sido víctimas de alguna desgracia. Por otra parte, desde la capital virreinal al fuerte de San Carlos, los indios observaban con mucha desconfianza que varias partidas de viajeros con escolta armada recorrían las márgenes de sus territorios. Inquietos, los ranqueles enviaban mensajeros a los pehuenches previniéndoles que los españoles querían quitarles sus tierras. Por último, la animadversión entre pehuenches y pampas llegaba en esos días a su climax. Mientras don Miguel Teles Meneses –designado por el virrey como interlocutor de los pehuenches– iniciaba los preparativos para un parlamento en el que debía debatirse la erección de una fortaleza sobre el río Diamante, se hacía evidente que «una de las indicadas Naciones que se llaman Pampas (la más numerosa, bastante astuta

---

58 Oficio del comandante Juan Morel a Faustino Ansay, 16.09.1803, AHM, EC, 71/76.

59 Oficio de Faustino Ansay a Pedro de Oscariz, 23.04.1804, AHM, EC, 56/6. En 1803, el capitanejo Epulay y su mujer, que habían bajado a Mendoza a comerciar, se quejaron de la escasa ración que habían recibido «y que por esta causa estavan llenos de hamvre» (Oficio de José Teres a Pedro de Oscariz, 28.05.1803, AHM, EC, 56/6).

60 Oficio de Rafael de Sobremonte a Faustino Ansay, 5.10.1804, AHM, EC, 52/102.

y no menos cabildosa) no es adicta al partido de Doña María Josefa Roco y sus aliados»[61].

El comandante Miguel Teles Meneses se había propuesto hacer de la reconciliación entre pampas y pehuenches una prioridad. La tarea se presentaba ardua: cuando María Josefa pasó por San Carlos camino a su toldería, un mocetón le contó que «los Pampas habían dicho habían de matarla así que llegase a los toldos»[62]. No es de extrañar entonces que, antes del parlamento, María Josefa, su primo Caripan y su hermano Pañichiñé intentaran convencer a Teles Meneses que «mandase matar a los Caciques y Capitanejos Pampas, tenacísimos irreconciliables», propuesta descartada de plano por el comisionado[63]. El encuentro se daría, por fin, en un clima de alta tensión.

El tratado de 1805 y la erección del fuerte de San Rafael

A pesar de las rencillas que enfrentaron a pehuenches y puelches fronterizos luego de las muertes sucesivas de Amigorena (en 1799) y de los ancianos caciques pehuenches Roco y Antepán (en 1800 y 1803 respectivamente), un balance del cuarto de siglo transcurrido desde 1780 revela que la política de alianza y buen trato con los pehuenches había redundado en un prolongado período de paz y en una creciente prosperidad de la población nucleada en torno al fuerte de San Carlos. De ese floreciente estado de cosas se ufanaba Amigorena al final de su gestión, encomiando el esfuerzo de quienes, bajo su conducción, habían logrado «la seguridad del transito de estos caminos, el haver avasallado y aterrado a los Indios de un modo cual se ben, y de que todas las demas Fronteras hayan logrado los dulces frutos de la Paz que ellos tambien disfrutan»[64]. Aunque por vanidad militar no lo admitiera abiertamente, bien sabía en su fuero íntimo el comandante que esos innegables éxitos no eran hijos del avasallamiento y el terror sino de los sólidos vínculos que había sabido tejer con los pehuenches y, en particular, con los fronterizos asentados en el valle de Uco. La bonanza presente se traducía en cifras: en mayo de 1796, la Nueva Villa de San Carlos contaba con 66 familias y un total de 307 personas[65], una población equivalente a la que tres años antes había calculado Ami-

---

61 Oficio de Teles Meneses a Sobremonte, 15.02.1805, AGN IX, 30-7-6. Si bien los puelches o pampas fronterizos eran pocos, se los asimilaba a sus parientes ranqueles que eran numerosos.

62 Oficio de Juan Morel a Sobremonte, 7.04.1805, AGN IX, 30-7-6.

63 Oficio de Teles Meneses a Sobremonte, 8.04, 1805, AGI Buenos Aires 92.

64 Informe de Amigorena al virrey, 19.07.1798, AHM, EC, 30/44.

65 Estado que manifiesta el numero de Vesinos que ay en la nueva Villa de San Carlos, 21.05.1796, AGN IX, 5-10-3.

gorena para el total de «300 Indios Fronterizos de todas edades» que vivían «a la inmediacion de dicha Villa»[66].

Cuando en 1804 el marqués Rafael de Sobremonte asumió como Virrey del Río de la Plata, parecían dadas las condiciones para impulsar a escala del virreinato la estrategia de fundación de pueblos necesaria al postergado avance de la frontera, política que había iniciado en tanto Gobernador Intendente de Córdoba del Tucumán (1783-1797) mandando erigir varios fortines sobre el río Cuarto, fundando la Concepción del Río Cuarto (1786) y promoviendo la antigua población de la Punta del Sauce al rango de Villa de La Carlota (1789). Desde su cargo de virrey y aprovechando «la Paz que se disfruta», Sobremonte propuso al monarca un plan que preveía formar un cuartel general donde reuniría a todo el cuerpo de blandengues en la Laguna Blanca, «llamada por los Indios Tenemeche o la Cabeza del Buey», unas ochenta leguas al sudoeste de Buenos Aires, al tiempo que sugería avanzar hacia el sur los fuertes cordobeses de la Asunción de las Tunas y de Loreto, «colocando el Fuerte de San Carlos de Mendoza en la confluencia del Diamante con el Atue, proyecto antiguo y propuesto por el difunto Comandante de aquella Frontera, don Joseph Francisco de Amigorena»[67]. Como caída del cielo, la visita que le hicieron los caciques y cacicas pehuenches de la escolta de don Santiago de Cerro y Zamudio, le hizo entrever la factibilidad de su plan en lo relativo a la frontera mendocina: Caripán, María Josefa Roco, su sobrina María del Carmen y don Juan Neculante, cacique de Tucapel, habían solicitado «que se les instruya en nra Fee porq.e desean ser cristianos, y que se les ponga sacerdote conversor, o Cura» –pidiendo como tal a su pariente, fray Francisco Inalicán, del que hablaremos en el próximo capítulo– «y también que se verifique la traslación del Fuerte de S.n Carlos al Atue en su confluencia con el Diamante», propuesta ventajosa «a la idea de ir adelantando las Fronteras»[68].

Su optimismo era excesivo: inquietos por la larga ausencia de sus parientes y por los rumores de que los cristianos querían plantar un fuerte en sus tierras, los pehuenches estaban planeando repeler estos designios con las armas. Cuando los caciques y cacicas embajadores regresaron de su largo viaje, la alegría del reencuentro con sus paisanos dejó en suspenso los preparativos de guerra. Los viajeros conversaron con su gente, narraron sus aventuras, la

---

66 Testimonio sobre los méritos y servicios de José Francisco de Amigorena, 7.05.1793, AGN IX, 5-10-3.

67 Expediente sobre establecimiento de fuertes en la Frontera, 27.06.1804, AHC, Gobierno, Caja 26, leg. 10.

68 Oficio del virrey Sobremonte al comandante Faustino Ansay, 5.10.1804, AHM, EC, 53/102.

entrada a la gran ciudad, el encuentro con los miembros del Consulado, los admirables retratos del rey y la reina que habían visto en esa ocasión, y detallaron sus impresiones acerca del virrey Sobremonte, un hombre bonachón y generoso, que les había parecido sincero. La desconfianza cedió paso a la curiosidad y al interés. Imperceptiblemente, la idea de contar con un enclave fortificado en las lindes de su territorio, acercándoles oportunidades de comercio y protección militar, fue ganando adeptos. El parlamento en el que debían discutirse las propuestas del virrey se realizaría ya no junto al fuerte de San Carlos, como era costumbre, sino en el sitio elegido para la nueva fortificación, que con el andar del tiempo sancionaría el corrimiento de la frontera mendocina del río Tunuyán al Diamante. Los dos mediadores nombrados por el virrey –don Miguel Teles Meneses y fray Francisco Inalicán–, tendrían un papel de primer orden en el éxito de las deliberaciones.

El tratado suscrito por veinticinco caciques y once capitanejos pehuenches y puelches el 1° de abril de 1805 tuvo por primer objeto desvanecer los recelos que tenían los indios «de que los españoles les querían quitar sus tierras y esclavizarlos»[69]. Don Miguel Teles Meneses les aseguraba que la «antigua fidelidad y amistad» que les profesaban los españoles era permanente e inviolable (Art. 1°), lo que supone un reconocimiento explícito de los derechos territoriales de los indios y un compromiso de no vulnerarlos. Acto seguido, los mendocinos avanzaron con el punto que más interesaba al virrey: obtener de los caciques que cedieran «justa y legítima posesión de los terrenos que hacen las confluencias de ambos ríos Diamante y Atuel» para construir allí el fuerte que debía protegerlos de sus enemigos y facilitar el comercio. El fuerte, pedían los pehuenches, debía orientarse «la vista del río abajo, por ser la principal entrada de los Ranquelches» (Art. 2). Por el artículo 3, los pehuenches admitieron reconocer «por su padre al Rey» y permitir el paso por sus terrenos a quienes fueran a abrir caminos hacia las ciudades chilenas. Es decir que, mientras el art. 1 reconocía los derechos territoriales de pehuenches y puelches, el 2 y el 3 ilustraban la ambivalencia de la postura española que por un lado necesitaba obtener el consenso de los indios para el uso de una porción de su territorio, marcando un claro límite a las pretensiones de soberanía de la corona, mientras que por otro presentaba a esos mismos indios como dóciles vasallos o «hijos» del rey. La realidad de las relaciones de fuerza desmentía los postulados de la teoría. Por el artículo 4, los caciques accedieron a que se construyera

---

69 Acta del parlamento con caciques pehuenches y puelches de Mendoza celebrado el 1° de abril de 1805 en la confluencia de los ríos Diamante y Atuel, AGI Buenos Aires, 92 (cf. Apéndice 2).

una capilla donde fray Inalicán los instruiría en cuestiones de fe. Mientras que los caciques Carilef y María Josefa Roco con sus familias manifestaron su voluntad de hacerse católicos, los demás dijeron –según el tratado– que «por lo presente no era conveniente se les instase mucho que con el tiempo se irían llamando todos a reducción» (art. 5). El artículo 6° reiteraba la buena disposición de los indios para que se abriera el camino a Talca, consagrando la libertad de tránsito a los transeúntes, lo que los beneficiaría «pues tendrían sin salir de sus tierras todo cuanto necesitasen comprándolo a los que transitasen y vendiendo ellos sus efectos».

Se abordó luego la delicada cuestión de los conflictos entre pehuenches y puelches, tomando nota de los pedidos de los caciques. El tratado estipula que «las desavenencias que hay entre unos y otros deben quedar sepultadas en el olvido y que en adelante deben todos tratarse como hermanos», buena intención que se saldó dándose públicamente un apretón de manos, pero que no evitaría que unos meses más tarde, en un convite en los toldos del pehuenche Millaguin, Bartolo Guelecal matara de una puñalada a un capitanejo pehuenche y Millaguin lo vengara al instante, dando muerte a Guelecal[70]. Los siguientes artículos del tratado abordaron la promesa recíproca de inviolable paz y unión entre cristianos e indios (Art. 8); el pedido de los pehuenches de que sólo se dejara entrar a sus tierras a comerciantes con debida licencia, para evitar el ingreso de individuos que no venían más que a robarles sus haciendas, y la exigencia del nombramiento de un Capitán de Amigos, cargo para el que propusieron varios candidatos (Art. 9). El tratado reproduce por último la súplica de que «la gente que se les pusiese en esta nueva frontera y población sea toda buena» (Art. 10); el ruego de que se diera a publicidad el contenido del tratado tanto al virrey como al presidente de Chile y al rey, «padre de todos» (Art. 11); y el pedido de pasaportes para todos los caciques y capitanejos presentes, así como para los que no habían podido concurrir, de suerte «que por ellos sean conocidos por vasallos leales de Su Majestad en todos sus dominios» (Art. 12).

En un claro ejemplo de lo que Richard White definió como los malentendidos creativos a que da lugar el acomodamiento de pueblos diversos en un *middle ground* (White, 1991: X), cada parte valoraba lo acordado en función de sus propios intereses. Este tratado tiene varias lecturas posibles: a ojos de los españoles, sancionaba «el adelantamiento de la frontera de Mendoza con admisión de la fe y de la formación de un Pueblo y Fuerte», como lo entendió el secretario que resumió para el rey los oficios transmitidos desde el Río de la Plata y como lo interpretó más tarde la tradición historiográfica argentina, basándose en un

---

70 Oficio de Teles Meneses a Sobremonte, 19.01.1806, AGN IX, 11-4-5.

descontextualizado resumen de los artículos acordados[71]. A ojos de pehuenches y puelches, en cambio, reflejaba un reconocimiento de sus derechos territoriales, una promesa de que éstos no se verían afectados por la instalación de un fuerte en la ribera norte del río Diamante ni por la circulación de mercaderes en los caminos. Significó también un compromiso de protección militar contra los rangueles, una promesa de comercio a escasa distancia de sus tolderías, el restablecimiento del cargo de Capitán de Amigos, una garantía de control acerca de la calidad moral de los individuos que circularían por sus territorios y la proximidad física del más eficaz y confiable de los mediadores, su paisano y pariente fray Francisco Inalicán. Enterado de la conclusión del tratado, el virrey Sobremonte se entusiasmó augurando que «nos ha quedado expedito el terreno de la confluencia de los Ríos Diamante y Atuel para adelantar hasta allá la Frontera de dicha Ciudad, e igualmente los intermedios hasta el Boquete de la Cordillera para la apertura del camino a Talca»[72].

Una consecuencia indirecta del tratado es la relocalización de un pequeño núcleo de pehuenches fronterizos: el cacique principal Carilef, así como su hijo Cumiñán con sus familias –unas treinta personas en total– prometían asentarse en la nueva población que se creara para ellos. ¿Qué pasó con los demás indios fronterizos, que Amigorena estimaba en trescientas almas diez años atrás? Es posible que algunos se fueran mudando a Malargüe, visto el escaso beneficio que les brindaba la cercanía a San Carlos tras la muerte de Amigorena, y que otros –como el cacique Pitoñán– permanecieran en el valle de Uco ya no en condición de «indios fronterizos» organizados bajo la autoridad de un cacique, sino en tanto meros pobladores[73].

Como San Carlos años antes, el fuerte de San Rafael se convirtió, incluso antes de concluida su construcción, en un foco de atracción para los grupos indígenas de toda la región que ya se acercaban desde lejos, «por saber que en la Nación Peguenche se había establecido la paz en un Parlamento que se había

---

71 Documento disponible en AHM, EC, 30/49 y reproducido por Morales Guiñazú, 1938: 251-252 y por Levaggi, 2000: 162-164.

72 Oficio de Sobremonte al Cabildo de Mendoza, 3.05.1805, AGN IX, 3-5-2.

73 Pitoñan (cuyo nombre remite a un indio fronterizo Pitriñam o Pytrañan de la década de 1780, hijo de Puñalef), residía en Llaucha en 1815 (oficio de José de Susso al general San Martín, Arroyo de las Tunas, 25.02.1815, en AHM, EI, 237/1 y al año siguiente se presentó ante San Martín invocando que un don Antonio Hermida quería desalojarlo, pretendiéndose propietario de las tierras que él poseía «desde tiempo inmemorial». San Martín resolvió que hasta tanto Hermida no presentara documentos que acreditaran de modo fehaciente su propiedad, y él resolviera lo más justo, el desalojo de Pitoñan no debía permitirse (copiador de un oficio del general San Martín al Comandante General de Fontera, 26.02.1816, en AHM, EI, 23/3.

celebrado con mucho aplauso»[74]. El primero en enviar emisarios pidiendo ser recibido con las mismas ceremonias que se habían practicado con los pehuenches, fue un cacique moluche Pichapi, que envió a su hijo Güilipan a conocer al cacique Caripan y al comandante Teles Meneses. Los pehuenches corrieron a San Rafael a pedir vino para recibirlo en sus tolderías, rogando a Teles que le dispensara el mejor trato, «por ser hombre y Cacique de buen natural»[75]. El parlamento con Güilipan Pichapi se concretaría en septiembre en el fuerte de San Carlos, «en atencion a que en San Rafael, por ser una Frontera que resien se estava criando, no tenía como poderlo allí recibir». Asistieron veinte caciques, nueve capitanejos, catorce cacicas y tres mujeres de los capitanejos, entre pehuenches, puelches y moluches, junto a ciento cincuenta mocetones que acompañaban al distinguido visitante. El forastero se presentó como «hijo del Cacique Pichapi, Gobernador de las Naciones Muluches, Osorno, Imperial, Valdivia y costas de aquellos mares», transmitió afectuosos saludos de su padre, ofreció sus tierras y vasallos y aseguró que sólo deseaba la paz entre los cuatro Butalmapus o provincias del territorio de la Araucanía. Enterados de que el rey de España estaba en guerra con Inglaterra, pehuenches y moluches se ofrecieron «con mucha arrogancia y espíritu» a ayudarlo en la lucha, espontáneo gesto que el comandante agradeció en nombre de Su Majestad y del virrey[76]. Quienes maliciosamente pretenden que en 1805 los pehuenches solicitaron la erección de un fuerte en sus tierras para protegerlos de una imaginaria invasión de violentas hordas mapuches harían bien en consultar los archivos…

Lo que estos nos revelan, en cambio, es que el tratado celebrado a orillas del Diamante había renovado un vínculo que pasaba por un momento crítico a raíz del carácter autoritario del comandante de frontera Facundo Ansay y de la mezquindad con la que éste administraba los gastos. Cuando se reanudaron las prácticas establecidas, empezaron a arrimarse al fuerte los caciques e indios pehuenches a saludar, conversar acerca de lo tratado, dar noticias de tierra adentro… y pedir obsequios, «porque ninguno de ellos quiere volverse sin que se le regale» aunque sea un poco de yerba y tabaco. El renovado flujo de bienes hacia la sociedad indígena, después de los años de austeridad que habían marcado la gestión de Ansay, llamó la atención hasta de los ranqueles, que también «deseaban venir a ver al Sr. Comandante don Miguel

---

74 Carta de Inalicán a Sobremonte, 12.05.1805, AGN IX, 30-7-6. Hay que tener en cuenta que en Chile también se había discontinuado la práctica de los parlamentos: el último de la era colonial tuvo lugar en Negrete en 1803.

75 Oficio de Inalicán a Sobremonte, 12.05.1805, AGN IX, 30-7-6.

76 Oficio de Teles Meneses a Sobremonte, 16.09.1805, AGN IX, 3-5-2 (cf. Apéndice 3).

Teles para conocerlo»[77]. No sin causar cierta preocupación al virrey, que tuvo a bien prevenir a Teles Meneses «que sin desagradar a los Indios procure excusar la frecuencia de sus venidas» para evitar tan crecidos gastos[78]. Los sucesivos informes de Teles Meneses reflejan que, mientras la construcción del fuerte avanzaba más despacio de lo que él hubiera deseado, los indios no dejaban de acercarse «y entre ellos bienen algunos de los mas ynternados mandados por sus Caciques á saludarme y ofrecerme su amistad». Además de los caciques fronterizos, sus familias y mocetones, que «ocupan este fuerte demostrando su confianza, agradecimiento y amistad», venían correos del cacique huilliche (ranquel) Guechudeo e indios de los Llanos de Chile, mandaba saludos el ranquel Carripilum y hasta se habían instalado como vecinos tres familias de indios de Boroa, que «ya ocupan las ynmediaciones de este Fuerte, cuya poblacion se aumenta con las mugeres é hijos de varios soldados casados que sirben en la guarnición»[79]. Antes que bastión inexpugnable, el fuerte de San Rafael nacía como un *melting pot*, atrayendo a indígenas de las más variadas procedencias. Hacia fines de 1809, cuando la muralla que rodeaba el fuerte ya casi alcanzaba los cuatro metros de altura, se previó al exterior de la fortaleza «una casa con corredores por todo el gran Patio para alojamiento de Indios» y otra de adobes para vecinos, mientras brotaban en las proximidades algunos ranchos de paja. Los habitantes de la nueva población superaban las trescientas personas, «en que se comprenden veinte y cuatro Indios»[80].

Teles Meneses falleció en enero de 1810 sin haber alcanzado a concluir las obras del fuerte. Con su desaparición, seguida de los trastornos provocados por las guerras de la independencia, el avance de la nueva población quedaría por varios años en suspenso. Entretanto, el fuerte de San Rafael, que había servido de lugar de reclusión de prisioneros británicos tras las invasiones inglesas, fue utilizado como cárcel de realistas. Cuando las autoridades surgidas de la Revolución de Mayo convocaron a los pehuenches para que sumaran sus brazos y lanzas a la lucha contra los españoles, los reunieron nuevamente en el fuerte de San Carlos. Y cuando, en 1813, los soldados de San Rafael fueron trasladados «con engaño al Pueblo», varios caciques puelches y pehuenches –Manuel y Vicente Goyco, Cumiñan, María Josefa Roco y un capitanejo del cacique gobernador Ñeicuñam– se dirigieron a San Carlos, donde su paisano fray Inalicán redactó a su pedido una carta al teniente gobernador Alexo Nazarre intercediendo por

---

77 Oficio de Inalicán a Sobremonte, 10.07.1805, AGN IX, 3-5-2.
78 Oficio de Sobremonte a Ansay, 8.10.1805, AHM, EC, 52/112.
79 Informe de Teles Meneses al virrey Liniers, 8.12.1806, AGN IX, 11-4-5.
80 De Teles Meneses al gobernador de la provincia de Córdoba, Juan Antonio Gutiérrez de la Concha, 25.09.1809, AHC, Gobierno, Caja 31, legajo 17.

«sus hermanos los soldados» que, según temían, corrían el riesgo de ser pasados por las armas. Los caciques solicitaban su retorno y lamentaban que no hubiera quedado un solo soldado en San Rafael, «siendo así, que aquel fuerte se construyó para mantener una tropa para consuelo de ellos». En plena tormenta revolucionaria, los pehuenches y puelches de la frontera mendocina reafirmaban su propia interpretación del tratado de 1805: el fuerte que habían admitido en sus tierras debía servir para defenderlos. Despoblado San Rafael, los indios quedaban desprotegidos y «las mujeres de los soldados solas sin tener quien las cuide»[81]. La súplica de los caciques es la expresión más clara del sentido que había adquirido el fuerte de San Rafael, como antes el de San Carlos, en tanto espacio de convivencia multiétnica en la frontera mendocina.

Un escenario de encuentros

Erigido con vocación defensiva, cuando en la Araucanía el rechazo a la política de reducción a pueblos agitaba las fronteras del reino de Chile, el fuerte de San Carlos se implantó en un espacio débilmente ocupado por pobladores de los más diversos orígenes étnicos y geográficos, cumpliendo una función esencial en la circulación de personas, bienes y noticias entre una y otra vertiente de los Andes: «Ninguna otra Frontera puede producir los necesarios fines de cubrir á las demas con todo el giro del comercio de Chile á Buenos Aires tan bien como ésta, por su situacion para adquirir noticias de las dichas naciones [pehuenche, huilliche, ranquelche y pampa] por lo que ella misma le facilita para trasladarlo a las otras á fin de que las halle el enemigo apercividas», se felicitaba el comandante Amigorena casi al culminar su vida[82]. Si bien en circunstancias puntuales fue el espacio desde el cual se organizaron salidas punitivas, la vocación militar del fuerte quedó muy pronto relegada por su papel económico, social y político. Pasaje obligado para los indios que llegaban de tierra adentro a comerciar en Mendoza, era albergue, posada, enfermería, proveeduría, antro de juegos, espacio de encuentros protocolares, oficina de reclamos, calabozo y capilla donde el comandante, el sacerdote, el baqueano, el lenguaraz y el médico exhibían los atractivos y rigores de la «vida en policía». Entretanto, sin darse cuenta, ellos mismos se iban adaptando a las prácticas indígenas y terminaban convirtiéndose en improvisados mediadores.

Al pasar por el fuerte, los caciques recibían los agasajos previstos por el reglamento, y cuando éstos resultaban escasos y los *lonkos* amagaban con irse tristes

---

81 Carta de Inalicán a don Alexo Nazarre, 28.09.1813, en AHM, EI, 234/51 (cf. Apéndice 11).
82 Informe de Amigorena al virrey, 19.07.1798, AHM, EC, 30/44.

por no tener qué repartir entre los suyos, «me fue preciso regalarle a Pichintur y Canihuan un Saco de Arina a cada uno, y algunos frascos de vino para que convidasen a los Indios»[83]. El comandante Esquivel Aldao, que en alguna carta confiesa su corto conocimiento de la lengua de los pehuenches, podía escribir a Amigorena que el cacique Antepan «manda a Vd. muchos Mary Mary»[84]. Lo que en un principio parecía insistente pedigüeñería, fue poco a poco comprendido como un imperativo de generosidad, del que dependía el prestigio –y por ende la capacidad de persuasión– de los líderes aliados y lo que había empezado como voluntad de conversión y de aculturación terminó siendo un reconocimiento, y hasta cierto punto una forma de recuperación, de ciertos rasgos de la alteridad. El recinto amurallado era un canal de comunicación que funcionaba en los dos sentidos. Los indios amigos que vivían a proximidad esperaban de la fortaleza protección, prodigalidad y buen trato. Y, mientras los comandantes hacían ostentosos despliegues de autoridad, impartían retos y amenazaban castigos, tanto ellos como los indios amigos sabían que se necesitaban unos a otros y que la seguridad dependía más de las lanzas de los mocetones pehuenches que del desvencijado cerco de madera y del escaso armamento del fuerte. Ya decía don Joseph Francisco de Amigorena que «la paz y el sosiego que hoy se logra en todas las fronteras de este Virreinato» se debía en parte a las campañas militares y en gran medida, a «la guerra declarada que profesan [los Pehuenches nuestros amigos] contra los Huilliches y Ranquelches [...] de que hoy se ahorran grandes caudales al Real Erario con la conservación y amistad de estos Indios Guerreros que se han hecho dignos de que S. M. los premie»[85].

Si la frontera mendocina conoció un largo período de tranquilidad desde fines de la década de 1770 fue gracias a la exitosa combinación de una política ofensiva, desplegada desde el fuerte de San Carlos, con una estrategia de alianza con grupos pehuenches y puelches que, asentados cerca del fuerte, recrearon la franja de amortiguación asegurada un siglo antes por los chiquillanes. Los indios fronterizos no sólo pusieron el cuerpo para pelear contra los enemigos de los mendocinos sino que hicieron valer sus extensas redes de parentesco para transmitir mensajes y buscar soluciones a los conflictos que periódicamente sacudían las tolderías.

La fundación del fuerte de San Rafael en 1805, que el virrey Sobremonte presentó jubiloso como un corrimiento de la frontera hasta el río Diamante,

---

83 Oficio de Juan Morel a Amigorena, 26.11.1793, AHM, EC, 69/60.
84 Oficio de Esquivel Aldao a Amigorena, 2.10.1793, AHM, EC, 66/106.
85 Testimonio de los méritos y servicios de Joseph Francisco de Amigorena, 7.05.1793, AGN IX, 5-10-3.

no llegaría a serlo efectivamente hasta algunas décadas más tarde. Durante años, los muros de adobe que con paciencia y esfuerzo hizo levantar don Miguel Teles Meneses delimitaron un endeble enclave en la margen septentrional del territorio pehuenche, al que acudían desde todos los puntos cardinales caciques, indias y mocetones deseosos de conocer a ese *huinca* con reputación de dadivoso, encantados de conversar en su idioma con su pariente sacerdote, fray Inalicán, y decididos a ver por sí mismos si de veras era mejor la vida que llevaban los pocos pehuenches que habían pedido el bautismo. Venían de lejos, con los caballos cansados de devorar leguas, cargados de sal, ponchos y mantas que esperaban vender en la ciudad y ávidos de volver a sus tolderías dignamente agasajados y vestidos a la española, con historias que contar y botijas de vino que repartir.

CAPÍTULO 6

Fray Francisco Inalicán,
orfebre de la palabra indígena
en la frontera mendocina

> *Huna de las cosas que mas condecoran entre los Indios Pe-*
> *huenches à sus mayores, es tener, y conserbar papeles que*
> *relacionen, la amistad y corresponda con los hombres*
> *constituidos en dignidad. No hay un casique que deje de*
> *tener Despachos de Presidentes, ó Governadores, y quan-*
> *do vajan à los Pueblos los presentan como un testimonio*
> *de la entidad de sus Personas [y piden que] se asienten en*
> *los libros de contratos los nombres de los Pehuenches. [En*
> *el parlamento q.e acabo de celebrar por comicion de VS]*
> *todos por su orden fueron presentandome sus Despachos,*
> *y hubo entre ellos uno con fecha de quarenta y dos años*[1]*.*

El primer contacto de las sociedades orales americanas con la escritura debió parecer cosa de magia: el papel, esa materia desconocida cubierta de signos ininteligibles, hablaba por boca de quien posaba la mirada sobre su muda superficie. El novedoso vehículo de palabras causó en un principio incredulidad –recordemos la escena del Inca Atahualpa arrojando al suelo la Biblia que a él «no le decía nada»–. Al estupor inicial sucedió la curiosidad y la urgencia por apropiarse de ese sofisticado artilugio que, bien utilizado, daba acceso a los misterios de una cultura ajena y podía usarse como medio de reafirmación y resistencia, una vez que se lo convertía en receptáculo de memorias evanescentes y tribuna desde la cual afirmar derechos y enunciar reclamos (Chang Rodríguez, 1988; Adorno, 2000). Al cabo de una o dos generaciones surgirían en el corazón de los antiguos imperios prehispánicos los primeros cronistas

---

1   Oficio del Comandante de Frontera José de Susso al general José de San Martín, 30.11.1814, AHM, EI, 235/46

indígenas y mestizos: Hernando Alvarado Tezózomoc, Domingo Francisco Chimalpahin Cuauhtlehuanitzin y Fernando de Alva Ixtlilxóchitl, en México; Garcilaso Inca de la Vega, Guamán Poma de Ayala y Titu Cusi Yupanqui, en el Perú. Tal fue la fascinación por el trazo escrito que la vemos extenderse más allá de los confines del imperio colonial, entre grupos indígenas no sometidos. Los historiadores advierten desde hace algún tiempo que, entre las sociedades orales de las pampas y la cordillera, el papel escrito empezó a cobrar importancia como herramienta de comunicación con autoridades coloniales desde, por lo menos, mediados del siglo XVIII (Jiménez, 2019; Lienhard, 1992; Lobos, 2015; Ojeda, 2008; Passetti, 2018; Pavez Pagliai, 2020; Roulet, 2005b y 2009; Tamagnini, 2011 y 2019; Vasallo, 2024; Vezub, 2014, entre otros). Los grupos que no se valían cotidianamente del castellano sumaban al desafío de acceder a la tecnología del alfabeto el de comprender el idioma en el que esos signos adquirían sentido. Este doble imperativo los llevó a dotarse de especialistas que fueran capaces de leer y traducir las comunicaciones recibidas de parte de las autoridades estatales, así como de volcar en castellano los textos que les serían dictados en lenguas indígenas.

Los primeros escribas de los que echaron mano fueron hombres externos a sus sociedades, más o menos instruidos, con quienes tenían un trato casual: comandantes de algún fuerte, estancieros, mercachifles que pasaban por las tolderías, Capitanes de Amigos[2], cautivos, renegados y religiosos. Ya a fines del siglo XVIII aparecen los primeros secretarios bilingües letrados, culturalmente mestizos, que acompañaban a los caciques en sus encuentros con funcionarios coloniales. El nivel de educación de estos individuos era sumamente variable y sus desiguales competencias lingüísticas en el propio idioma y en el ajeno se hacían patentes en el manejo del lenguaje escrito. Muy pocos eran quienes poseían un acabado conocimiento de los códigos epistolares y las convenciones literarias en boga, por lo que a veces la redacción de los textos, más próxima a la expresión oral que a la escrita, nos resulta hoy difícilmente inteligible. Como si estas limitaciones no bastaran, su ambigua condición étnica inspiraba desconfianza. Si querían asegurarse de que sus decires quedaran debidamente reflejados en la letra escrita y estar ciertos de comprender y memorizar el contenido de las cartas de sus corresponsales, los caciques no tenían otro expediente que hacerlas releer y traducir por el mayor número de individuos. Contar con un

---

2   La institución chilena del Capitán de Amigos distinguía a individuos generalmente bilingües y capaces de leer y escribir, nombrados por las autoridades coloniales para residir entre los indios amigos, vigilarlos, aconsejarlos e informar sobre sus designios. Cumplían también funciones militares, diplomáticas, mediadoras y redistributivas al servicio de los caciques (Roulet, 2015).

letrado fidedigno y cultivado, perfecto conocedor de ambas lenguas y que fuera visto con simpatía por unos y otros era un lujo que en raras ocasiones estuvo al alcance de líderes indígenas y autoridades coloniales.

En la frontera mendocina, durante las primeras décadas del siglo XIX, tan improbable privilegio tuvo un nombre: fray Francisco Inalicán.

Este sacerdote indígena (que también es mencionado como Analicán o Quiñelicán) había nacido hacia 1765 y pasado su primera infancia en la localidad de Carahue, en la Araucanía, donde Pedro de Valdivia fundó en 1551 el fuerte de La Imperial. Aunque destruido y abandonado por los españoles en 1600, el sitio mantuvo la denominación que le había impuesto Valdivia. Francisco era hijo de Felipe Quiñelicán o Inalicán –Pichi Felipe–, cacique gobernador de La Imperial. Con sólo ocho años había sido enviado por su padre a educarse en el Real Colegio de Naturales de San Carlos, en Santiago de Chile, donde estudió filosofía, latinidad, derecho y teología antes de ser transferido al Colegio de Naturales que funcionaba en el convento franciscano de Propaganda Fide, en la ciudad de Chillán (Enríquez, 2005 y Pelagatti, 2006). Francisco fue uno de los pocos hijos de caciques que se sintió llamado a tomar los hábitos, con la vocación de contribuir a la conversión de sus paisanos predicándoles el Evangelio en su propio idioma y ganando sus voluntades en virtud de la confianza que sólo generan los vínculos de sangre.

El trámite, sin embargo, no sería sencillo, porque los obispos se negaban a ordenar naturales argumentando que los pretendientes a la dignidad sacerdotal no cumplían, entre otros requisitos, con la condición de legitimidad de nacimiento. La demanda se ventiló en la Audiencia de Santiago y el expediente llegó hasta el Consejo de Indias. Quien debió terciar en el asunto, por suerte para Inalicán, fue don Ambrosio O'Higgins, un irlandés que, además de ser el padre natural del patriota chileno Bernardo O'Higgins, ocupaba entonces el cargo de Gobernador y Capitán General de Chile. Don Ambrosio tenía al cacique Felipe Inalicán por «uno de mis principales amigos y mejores servidores del Rey» y veía en la ordenación de su hijo Francisco una ocasión única «de instruir a todos en el conocimiento de Dios y de nuestra sagrada religión»[3]. Superadas las objeciones episcopales merced a la insistencia de O'Higgins, Francisco Inalicán tomó el hábito franciscano en 1794 y fue ordenado presbítero en Santiago de Chile en 1800 (Enríquez, 2005; Leal e Iturriaga, 2009). Poco después se lo destinó al convento franciscano de Mendoza, donde se desempeñó como Maestro de Gramática Latina.

---

3   Carta del gobernador O'Higgins a don Felipe Inalicán, 24.12.1792, AGI Estado 85, n° 7 (en Boccara, 1998a: 246).

En 1804, un ambicioso aventurero chileno, de paso por Mendoza, procuraría sumarlo al proyecto de convencer al virrey del Río de la Plata de la conveniencia de abrir un nuevo camino entre Buenos Aires y la chilena ciudad de Talca a través de territorio pehuenche. Don Santiago de Cerro y Zamudio venía madurando esta idea, explorando sendas de montaña y tejiendo vínculos con los pehuenches de Malargüe desde hacía un par de años (cf. Roulet, 2016). Durante su primera visita a Buenos Aires, Cerro y Zamudio había escrito al Virrey del Pino insinuándole que, además de adelantar la frontera sur y propiciar los tratos comerciales con los indios de paz, este camino favorecería la instrucción religiosa y civilización de los indios, «como lo acredita la experiencia en muchos de sus hijos que despues de imbuidos en los conocimientos de las letras y de nuestros Dogmas, han recivido las ordenes maiores, y sirven en el dia en aquella Capital veneficios eclesiasticos. Siendo estos mismos los mas idoneos para emprender esta Conquista espiritual»[4]. Aún no lo menciona con todas las letras, pero es probable que Cerro tuviera en mente el nombre de Francisco Inalicán.

Cuando pasó por Mendoza unos meses más tarde, Cerro y Zamudio escribió al Padre Guardián de San Francisco, fray Tadeo Ugarte, solicitando licencia para que lo acompañara hasta Buenos Aires fray Francisco Analican (sic), quien mediante su don de lenguas «serviría de mucha instrucción y adelantamiento en los dogmas de nuestra Religión a la nación Peguenche»[5]. Gustoso habría accedido fray Ugarte a la demanda del chileno, "porque el Religioso que pide no sólo se halla adornado de virtud, juicio y posee con perfección las tres lenguas (como expresa) sino que también sirviera de mucho estímulo a los naturales para establecerse la deseada alianza entre ellos y los españoles, ya por el paisanaje, ya también por lo distinguido de su Nación», pero no estaba en sus facultades sino en las del Provincial, a ruego del virrey, autorizar la salida de Inalicán hacia otra provincia[6].

Fray Inalicán no acompañó entonces a Cerro y Zamudio hasta la capital del virreinato, pero los caciques y cacicas pehuenches que escoltaron al viajero intercedieron ante el nuevo virrey, Rafael de Sobremonte, para que lo

---

4   Carta de Santiago de Cerro y Zamudio al virrey del Pino. Buenos Aires, 6.06.1803, en AGN IX, 30-7-4.

5   Oficio de Santiago de Cerro y Zamudio a Fray Tadeo Ugarte. Mendoza, 9.08.1804, en AGN IX, 39-5-5.

6   Respuesta de fray Tadeo Ugarte a Cerro y Zamudio. Mendoza, 16.08.1804, en AGN IX; 39-5-5. Hasta 1807, el territorio de Cuyo dependió en lo religioso de la diócesis de Santiago de Chile.

designara sacerdote conversor[7]. Seducido por la perspectiva de avanzar la frontera, Sobremonte obtuvo el permiso requerido y fray Inalicán pudo sumarse a la expedición al Diamante conducida por don Miguel Teles Meneses, «por quanto su nacimiento, idioma y religiosa conducta puede contribuir à que vayan catequizándose aquellos Indios»[8]. Su rol a partir de entonces excedería en mucho las expectativas de quienes habían promovido su actuación como evangelizador: más paisano que cura, más pariente que extraño, Inalicán asumiría pronto a ojos de los pehuenches y puelches las funciones que esperaban de un Capitán de Amigos –protector, consejero, apaciguador y redistribuidor– y llevaría sus voces y reclamos a oídos de las más altas autoridades de la provincia. Le tocó actuar tanto en los años postreros de la era colonial como en tiempos de la revolución, cuando el territorio mendocino se convirtió en antemural de la reconquista realista de Chile y cuna del Ejército de los Andes.

En el difícil contexto de las guerras de la independencia, la figura de Inalicán se distinguiría como una notoria excepción: mientras los franciscanos chilenos sostenían con cuerpo y alma la causa de la monarquía (Valenzuela Márquez, 2005), el fraile mapuche sería una pieza clave en la estrategia de los patriotas para asegurarse la amistad de sus «hermanos pehuenches», amos y señores de los pasos cordilleranos. De 1805 a 1823 –el tiempo de su vida en la frontera– fray Inalicán sería más que un lenguaraz, traductor y mediador (Pelagatti, 2006), más que un sacerdote enrolado con el movimiento independentista (Leal Pino e Iturriaga, 2009) y otra cosa que el amigo araucano del general San Martín (Simón, 1944). Querido como un hermano de sangre por pehuenches y puelches, supo escucharlos con respeto, aconsejarlos con prudencia y hablarles «al alma» con el lenguaje de la generosidad que ellos comprendían. Para nuestro regocijo, su fértil pluma dejó estampada una letra de trazos regulares en cantidad de cartas que lo revelan como vocero de los caciques y cacicas del sur mendocino. En sus textos advertimos la intervención de una pluralidad de sujetos que argumentan, razonan, discuten y acuerdan un discurso que es producto colectivo del debate grupal. Firma Inalicán, pero es la voz tribal la que habla como una sola entidad (Tamagnini, 2019). Es este aspecto poco estudiado de su actuación en la bisagra entre dos mundos el que me propongo explorar.

---

7   Oficio del virrey Sobremonte a Faustino Ansay, 10.10.1804, en AHM, EC, 52/102.
8   Oficio del virrey Sobremonte al Comandante de Armas don Faustino Ansay, 5.01.1805, en AHM, EC, 48/19.

Fray Inalicán, mediador ante los pehuenches

Por asombroso que hoy nos parezca, Francisco Inalicán no fue el único sacerdote nativo presente en Mendoza al alba del siglo XIX. También residía en el convento franciscano fray Josef María Curiñamcu, "que viene por línea recta de los grandes Curiñancus héroes más afamados y respetados entre ellos que los Scipiones entre los Romanos y Africanos». Fray Tadeo Ugarte, estaba convencido de que ambos hijos de caciques principales, «por sus progenitores y paisanaje servirán, no sólo de estímulo para el establecimiento de la alianza y propagación de la Fe, sino también para resguardar de toda invasión a las personas de los Españoles» [9]. La candidatura de Curiñamcu fue sin embargo desestimada por el Provincial de la orden, fray Joaquín Ripoll, quien consideró que «no conviene ni es a propósito para el caso» y que otros religiosos podrían desempeñarse mejor, «aunque no estén instruidos en el idioma, lo podrán conseguir fácilmente con la mediación que supongo del P. Inalican» [10]. Curiñancu se esfumó de los registros tan pronto como había aparecido. La actuación posterior de fray Francisco Inalicán demostraría cuán cruciales fueron no sólo su perfecto manejo del idioma mapudungun sino sus vínculos parentales y su íntimo conocimiento de la cultura indígena para el éxito de su misión entre los pehuenches.

Un logro que se asentaría en la práctica constante de la generosidad, difícil ejercicio para quien había optado por los votos de pobreza de la regla franciscana. Previsor, el Padre Guardián pedía que se diera al fraile, además del equipamiento necesario para el viaje y estadía en el Diamante, «algunos agasajos p.a q.e haga à los Caciques sus gratificaciones como que son tan propensos al interés» y los apreciarán aún más recibiéndolos «de su Paysano y Pariente» [11]. Los regalos lo ayudarían a predisponer a los pehuenches a oír «sus santas instrucciones y ejercer su Ministerio con feliz éxito» [12]. Consciente de la importancia del don, Inalicán agotaría enseguida los obsequios que llevó desde Mendoza y tuvo que solicitar una renta individual para acoger a los caciques, capitanejos y mocetones "y despacharlos contentos, porque ninguno

---

9   Carta de Fray Tadeo Ugarte al virrey Sobremonte. Mendoza, 8.02.1805, en AGN IX, 30-7-6. Sobre el padre de Joseph María Curiñamcu, que había encabezado en 1766 una sublevación oponiéndose al intento colonial de reducir a los mapuche en pueblos, véase León Solís, 1990.

10 Carta de fray Joaquín Ripoll al virrey Sobremonte. Santiago, 19.06.1805, en AGN IX, 30-7-6.

11 Oficio de fray Tadeo Ugarte a Faustino Ansay. Mendoza, 2.02.1805, en AHM, EC, 284/45.

12 Oficio de Miguel Teles Meneses a Sobremonte, 15.02.1805, en AGN IX, 30-7-6.

de ellos quiere volverse sin que se le regale, aunque de mi sueldo invierta parte en regalarlos, es preciso tener separado de cuenta del rey yerba y tabaco para darles"[13]. Si de veras la intención era "tener contentos a los indios", el imperativo de generosidad requería una partida presupuestaria permanente.

Fray Inalicán en el parlamento del Río Diamante

Como vimos en el capítulo anterior, la expedición a la que se sumó fray Inalicán conjugaba objetivos diversos: el adelanto de la frontera hasta el río Diamante, anhelo principal del virrey Sobremonte; la apertura de un camino a Talca por territorio indígena, propuesta por Santiago de Cerro y Zamudio, y la evangelización de los pehuenches, que interesaba al fraile. Este ambicioso proyecto tenía lugar en un contexto de tensiones múltiples, entre indios y españoles, de un lado, y entre linajes indígenas, de otro. Las cartas del cura conversor –que había prometido al virrey mantenerlo informado «de todo cuanto me haga capaz, así de propuestas, solicitudes, y designios de aquellos Naturales»–[14] nos revelan cómo comprendieron los pehuenches los acuerdos alcanzados y mediante qué reclamos hicieron valer su propia agenda en las discusiones.

Mientras Sobremonte aseguraba que el cacique Caripan, su prima María Josefa Roco, Neculante –sobrino de ambos y residente en la vertiente chilena de la cordillera– y María del Carmen, también sobrina de los dos primeros, habían expresado «a nombre de los demás de su nación» admitir la traslación del Fuerte de San Carlos a la confluencia del Atuel y el Diamante y vivir en reducción[15], las cartas de Inalicán manifiestan que ninguno de ellos estaba habilitado a hablar en nombre de su nación en materia tan trascendente. Una semana después de concluido el parlamento, el fraile escribía al virrey una primera misiva en la que describía el tenso contexto que precedió a las negociaciones[16]. Vista la inquietud que a su arribo cundía entre los pehuenches, quienes planeaban "hacer retirar a los cristianos y no admitir tal Fuerte en sus tierras", el principal empeño del fraile había consistido en "oir, atender y escuchar a todos los caciques concurrentes". Oír esas voces que sin esfuerzo

---

13 Carta de fray Inalicán a Sobremonte, 10.07.1805, en AGN IX, 3-5-2 (reproducida en el Apéndice 8).

14 Oficio de fray Inalicán al virrey Sobremonte, 13.02.1805, en AGN IX, 30-7-6.

15 Nota del Virrey Sobremonte a don Nicolás de la Quintana. Buenos Aires, 4.10.1804, en AGN IX, 1-7-6.

16 Carta de Fray Inalicán al virrey Sobremonte, San Rafael, 9.04.1805, en AGI Buenos Aires 92 (cf. Apéndice 4).

comprendía, atender a los líderes con las debidas marcas de respeto y generosidad, escuchar a todos por igual y a cada uno en particular, ésa sería su impronta personal. La disponibilidad de Inalicán para acoger la palabra de "los naturales Peguenches, mis Paysanos", lo habilitará a reproducirla con la autoridad propia del testigo presencial, aquel que conoce de vista y de oído, sin mediaciones.

Y lo primero que constató el religioso es que los naturales aprobaban el nombramiento de don Miguel Teles Meneses a la cabeza de la expedición, "porque si algún otro hubiera sido, no se logra cosa alguna, ni menos hubieran venido a la Junta". Su mera presencia había disuelto los resquemores: "todos decían que habían tenido al principio sus recelos, pero luego que supieron que el Señor Comandante don Miguel Teles era el comisionado entonces se animaron y se pusieron en camino para venir a saber, escuchar y publicar después en sus tierras las buenas noticias y consejos que VE les mandaría como Padre en nombre del Rey Nuestro Monarca". Con elegancia y discreción, evitando nombrar al iracundo comandante de armas y frontera Faustino Ansay, el sacerdote transmite el inocultable regocijo de los pehuenches, porque "es mucho el amor que le tienen y profesan a don Miguel Teles". Su designación como negociador suponía apartar a Faustino Ansay del manejo de las relaciones fronterizas. Por sí sola, esta medida era leída como una victoria diplomática y una sólida prueba de que los reclamos de los caciques en Buenos Aires habían sido tenidos en cuenta.

Si Teles Meneses merecía el aprecio de pehuenches y puelches es, en primer lugar, porque lo conocían de larga data, como que había secundado a José Francisco de Amigorena desde sus primeras campañas tierra adentro y sumaba a sus funciones militares la condición de estanciero, proveedor de la guarnición de San Carlos y comerciante de ganado hacia Chile, con vastas conexiones en el mundo indígena. El cacique Caripán recordaría que, en tiempos pasados, cuando los mendocinos asaltaban las tolderías pehuenches, Teles «no quería que matasen a los viejos, a nuestras mugeres y a nuestros coñis, levantaba pañuelo blanco por mandar a sus guincas no ysiesen fuego las talcas, todos lo obedecían»[17]. A esos imborrables gestos de piedad se añadía «que lo miran como Padre natural por su bondad y cariños que reciben", pues los "mantiene en su mesa y en su compañía para pasar la noche": misericordia, comida, alojamiento, confianza, respeto, son los atributos que distinguen al

---

17 Arenga del cacique Caripán, traducida y quizás transcripta por fray Inalicán, en el campamento del río Diamante, 2.04.1805, en AGN IX, 3-5-2 (reproducida en el Apéndice 7). Talca, literalmente "trueno", era el nombre que daban los indios a las armas de fuego.

oficial y lo hacen merecedor del afecto de los indios. Inalicán insiste: incluso "en sus embriagueces, pendencias y quimeras que han tenido, luego que el Señor Comandante don Miguel Teles se presenta, luego se humillan, se rinden y se sumisan y se quedan conformes a su dictamen y parecer". Un ascendiente que, como era de esperarse, tenía su fundamento en la generosidad: para reconciliar a los pehuenches del linaje de Roco (Caripan, Pañichiné y María Josefa), decididos a vengarse del puelche Bartolo Guelecal por tres muertes que éste había causado, Teles Meneses los convidó a su mesa y entregó un regalo a Bartolo "para que éste lo diera a Pañichine con cuyo motivo allanaron sus dificultades"[18].

Tres veces encomia el fraile la acertada decisión del virrey de comisionar a don Miguel Teles como negociador. Tamaña insistencia sólo puede interpretarse como un modo sutil de sugerir –haciéndose eco del parecer de los caciques– que ese nombramiento puntual debería transformarse en un cargo permanente. "Me recelo que si al Señor comandante don Miguel Teles no se le da el dominio para con ellos por su bondad y cariños que del señor Comandante reciben [...] se pierda la paz, y el sosiego que prometieron haber entre ellos", se atreve a insinuar. Sus cuidadas expresiones surtieron efecto. Poco después, el virrey designó a Teles Meneses "Comandante de esta Frontera incluida la de San Carlos"[19]. Al logro de no tener que vérselas con el comandante Ansay, los pehuenches sumaban así, gracias a la persuasiva pluma de fray Inalicán, el de promover a la comandancia de frontera a un hombre merecedor de su respeto y su afecto.

De cura conversor a werkén[20]: la voz indígena de Fray Inalicán

La carta de Inalicán dice más: puesto que el comisionado actuaba en nombre del monarca, la eminente figura real era garantía de que no se trataba de arrebatarles sus dominios, pues "como Padre, Señor y Rey de ellos no juzgaban que mandase los perjudicasen en sus tierras". Pehuenches y puelches consideraban el río Diamante como límite norte de su territorio, excepción hecha de los enclaves de indios fronterizos que desde la década de 1780 vivían a proximidad del fuerte de San Carlos, en terrenos asignados por los españoles. El proyectado avance de la frontera hasta la ribera norte del

---

18 Carta de Teles Meneses a Sobremonte, San Rafael, 8.04.1805, en AGI Buenos Aires 92.

19 Respuesta del virrey Sobremonte a don Miguel Teles Meneses. Buenos Aires, 3.05.1805, AGI Buenos Aires 92.

20 En las comunidades mapuches, el *werkén* (literalmente, «mensajero») es una autoridad tradicional que cumple la función de enviado y portavoz de los jefes o *lonkos*.

Diamante no afectaba por tanto sus posesiones y acercaba en cambio las oportunidades de comercio a las tolderías. Pero en este punto, don Miguel Teles Meneses introdujo una astucia en el debate, proponiendo (en el artículo 3° del tratado) "que S.E. disponía se hiciese el Fuerte *en nuestros terrenos* que considerásemos *desde el Río Atue* (sic)". Si la sutil maniobra hubiera pasado inadvertida, los caciques habrían aparecido cediendo la posesión de las tierras entre el Diamante y el Atuel. Pero la reacción fue inmediata: el mismo tratado admite que al oír la propuesta "reclamaron su derecho, cediendo y dando con mucho gusto y complacencia justa y legítima posesión de *los terrenos que hacen las confluencias de ambos ríos Diamante y Atuel* [...] prefiriendo la vista del Río abajo por ser la principal entrada de los Ranquelches". Y lo subraya fray Inalicán: "Se estableció también a gusto de todos ellos, que se hiciera *aquí en su tierra el fuerte*, por donde sus enemigos pasaban y que se les pusiesen en él todo comercio" (los destacados son míos). El fraile deja sentado que los caciques son los legítimos dueños del terreno cedido para la construcción del fuerte.

En cuanto a la propuesta de erigir una capilla y un pueblo para las familias indígenas que quisieran convertirse, el tratado refleja en su artículo 4° la conformidad general con la implantación de una capilla pero revela fuertes reticencias a la idea de vivir en pueblo, que no ofrecía ventajas evidentes: "según viesen el beneficio y resultaban [sic, por resultas] vendrían a su Pueblo y que en este se entablase un comercio para todos". Fray Inalicán da una versión bastante más cruda:

> A esto respondieron uno por uno en círculo como estaban comenzando desde el Gobernador hasta el último de la rueda, diciendo todos que no querían, que ninguno de sus Antecesores habían vivido así, que mejor estaban vivir en sus costumbres y que por el pronto no determinan hasta ver el buen trato que les hiciesen.

Para consternación del fraile, hasta Caripan se había opuesto, a pesar de haber prometido en Buenos Aires al virrey que se convertiría: en otra carta escrita dos meses más tarde, Inalicán diría al virrey que "Al Cacique Carripan cuando viniese a este fuerte, haré presente la oferta que dio a V.E. de bautizarse con el nombre de San Rafael (sic) pues tengo presente que él fue el último de la rueda y uno de los que siguió la voz común»[21]. A la hora de las grandes decisiones que involucraban a la comunidad, la voluntad individual

---

21 Carta de Inalicán a Sobremonte, San Rafael, 16.06.1805, en AGN IX, 30-7-6 (reproducida en el Apéndice 6).

perdía embate frente a «la voz común». Apartarse de las tradiciones heredadas de los ancestros era cruzar un umbral simbólico, dar un paso irreversible. Los únicos dispuestos a zanjarlo fueron el cacique fronterizo Carilef, su hijo Cumiñan (quienes venían pidiendo un templo y una casa para el misionero cerca de sus toldos desde hacía más de una década), y la cacica María Josefa Roco, con sus familias. Teles Meneses los estimaba en unas treinta personas a lo sumo. Viuda, libre de ataduras familiares, la cacica «hizo saber a todos […] que ella admitía la oferta del Rey nuestro Señor, pues la Población y la Iglesia se la ofrecía para su felicidad, y la poseiría concluida que fuese y para esto señaló el lugar llamado el Agua Caliente". Se puede ser pehuenche y cristiana, parece estar diciendo María Josefa, si los emblemas de la religión –la capilla, el sacerdote y las casas de material– se integran a nuestra vida y no a la inversa, si la conversión nace de una meditada elección y no de una imposición.

La cristianización, en cualquier caso, no sería inmediata. Inalicán aclara que los caciques retornarían al fuerte en la primavera para recibir instrucción religiosa, requisito previo al bautismo. Y describe cómo Neculante, Caripan y María Josefa, encomiaban "la bondad y el amor que VE les tenía y así los aconsejaba y les hacía saber el recibimiento y el cuidado que VE había tenido para con ellos". Bondad, amor, cariño: tres veces machaca en su carta Inalicán esas palabras que son la clave de una buena relación con sus paisanos, el sésamo que desterrará la desconfianza y el riesgo de un levantamiento. Su insistencia es pedagógica. No es el lenguaje de la prepotencia el que doblegará a los pehuenches sino el del amor y la paciencia.

Las cartas de Inalicán nos permiten asimismo atisbar la visión indígena de un aspecto confuso del tratado de 1805: la propuesta de fundación, en los terrenos de la confluencia del Diamante con el Atuel, de un pueblo con viviendas de material para aquellos pehuenches que aceptaran el bautismo. Una de las copias del tratado incluye una "Nota especial y general [de] la Cacica doña María Josefa Roco", en la que solicita que se le haga "la Iglesia *y casa* para ella vivir y los demás que quisiesen", y el cacique Caripan diría que el virrey había mandado a Teles Meneses "a Nuestras Tierras para que *nos haga casas*"[22]. Estaríamos hablando entonces de una reducción de indios, situada ya sea en la confluencia de los ríos, ya en el paraje de el Agua Caliente, a cuatro o cinco leguas de los toldos de María Josefa, Pañichiñe y Caripan, que «es por donde todos los Pegüenches transitan para esta Villa y la Ciudad de Mendoza y tienen sus Tolderías en la Sierra o en la falda de ésta cuando nieva mucho, y

---

22 Copia del tratado y discurso del cacique Caripan en AGN IX, 3-5-2.

por lo mismo y para no desviarse mucho trecho de sus habitaciones, querrán allí la construcción de su Pueblo»[23].

Pero el artículo 10° trae una sorpresa: los caciques habrían pedido "que la gente que se les pusiese en esta nueva Frontera y Población sea toda buena para que por parte de estos puedan recibir buen agasajo". ¿Reducción de pehuenches o pueblo de cristianos? ¿Un solo pueblo o dos? ¿Quiénes serían estos nuevos pobladores? La ambigüedad del texto revela que, entre la propuesta que se asentó en el tratado y los planes no explícitos urdidos por los funcionarios coloniales había una considerable distancia. Joseph Sourryère de Souillac, el geógrafo encargado de escoger el mejor sitio para implantar el fuerte, contemplaba fundar junto a éste un "Pueblecillo", y tomaba en cuenta la disponibilidad de "tierras de pan llevar, y las tomas o acequias de este río para regar todos los terrenos de los nuevos Pobladores", estudiando las diversas "circunstancias y proporciones que se deben procurar para hacer un Pueblo feliz". Sourryère no parece haber estado pensando precisamente en un pueblo de indios[24]. Por cierto, Sobremonte consideraba que poblar a españoles y pehuenches en un mismo sitio "puede no traer buenos resultados, y que probablemente es preferible una distancia proporcionada de modo que participen de la doctrina y pasto espiritual sin incomodidad"[25]. Por lo pronto, el virrey daba prioridad a un establecimiento de españoles: en cuanto se adelantara lo suficiente la construcción del fuerte de San Rafael, se trasladaría allí a los 25 partidarios de San Carlos, "que deberán ser los primeros Pobladores a quienes se repartan solares y Chacras en propiedad con las dimensiones que le daré oportunamente". Una vez acabada y equipada la fortaleza, se consideraría avanzada la frontera y "se publicará llamando a Población y distribución de terrenos a los vecinos o habitantes de Mendoza y de cualquiera otra parte que quieran concurrir, admitiendo sólo gente de buena calidad como lo solicitan los Caciques". ¿Habían sido debidamente consultados los caciques acerca de este plan de poblamiento o sólo se les habló de una reducción? En todo caso, el virrey se desentendió enseguida de un hipotético pueblo de indios, que por el momento la mayoría de los pehuenches resistía: "Presumo que aunque la Población que solicita doña María Josefa Roco en el Agua Caliente tenga efecto en calidad de reducción conviene fomentarla de españoles bajo el cañón del Fuerte de San

---

23 Oficio de Juan Morel, comandante del fuerte de San Carlos, al virrey Sobremonte. San Carlos, 7.04.1805, en AGN IX, 30-7-4.

24 Carta de don Joseph Sourryère de Souillac al virrey Sobremonte. Campo del Diamante, 4.04.1805, en AGI Buenos Aires 92.

25 Oficio de Sobremonte a Teles Meneses, 5.01.1805, en AGN IX, 30-7-6.

Rafael, al modo que lo está la de San Carlos"[26]. De hecho, nunca se concretó la reducción ni se hicieron las casas para los caciques. La capilla y la habitación del capellán quedaron integradas en el fuerte y los soldados, sus familias y los indios amigos se fueron asentando al exterior de la muralla en galpones, casuchas de paja y toldos.

Sin embargo, los pehuenches no olvidaron lo convenido en el parlamento. En 1812, fray Inalicán transcribiría sus palabras: "q.e el terreno se dio para que trabajasen, sembrasen sus habitantes para subsistir, y de consig.te habían cedido el terreno que hay entre los dos ríos de Diamante y Atue para un Pueblo, para sus Paisanos, que quisieren abrazar la religión Christiana"[27]. La memoria indígena, que no necesitaba de papeles para perdurar en el tiempo, era certera y tenaz. Y no era la única en mantener el recuerdo vivo de lo acordado: don José de Susso, sucesor de Teles Meneses, evocaría esos compromisos en 1820: "haviendose extipulado con los Indios en Parlamento formal que del Diamante a la parte del Sud solo hellos serian dueños"[28]. A quince años del tratado y mal que le pesara al comandante Susso, la cláusula no había perdido vigencia.

Educando al soberano… y a sus funcionarios

Desde su primera epístola al virrey, Inalicán se hace portavoz de los caciques pehuenches, ilumina con su relato la interpretación que ellos y ellas hacen del tratado y explica las normas que rigen la conducta de sus paisanos. Al día siguiente del parlamento, el cacique principal de los pehuenches fronterizos, Carilef, conferenció públicamente con Caripan y María Josefa Roco, dejando constancia de su satisfacción por la renovación de la alianza con los españoles, que traería a los pehuenches la felicidad, la paz y el orden de que disfrutaban los cristianos. Fray Inalicán tradujo la arenga de Carilef y las respuestas de Caripan y María Josefa, discursos que causaron tan buena impresión entre los asistentes "que llenos de gusto sacaron copias y corren en Santiago de Chile"[29]. Aunque Inalicán figura junto a Teles Meneses como uno de los firmantes de la transcripción de esa conferencia, no podemos afirmar si fue él mismo, el comandante Teles Meneses o algún otro quien la llevó al papel, pero sí que el razonamiento

---

26 Del virrey Sobremonte al comandante Teles Meneses, Buenos Aires, 3.05.1805, en AGI Buenos Aires 92.

27 Carta de fray Inalicán al Teniente de Gobernador Alexo Nazarre, fuerte de San Carlos, 29.11.1813, AHM, EI, 234/51, reproducida en el Apéndice 10.

28 De José de Susso al gobernador, San Carlos, 10.02.1820, en AHM, EI, 762/42.

29 Oficio de Miguel Teles Meneses al virrey Sobremonte, San Rafael, 27.06.1805, en AGN IX, 3-5-2.

del cacique fronterizo, "me ha edificado y a todos los que lo oyeron, y por ser digno de verse se lo remitiremos a V.E."[30]. No se contentaba Carilef con elevar sus palabras al virrey: dos meses más tarde solicitaría a Inalicán que transmitiera su testimonio de fidelidad al mismísimo monarca, "que se le hiciera saber al Rey N. S.or que nada se le pasase por alto a Su Magestad"[31].

La arenga de Carilef, acabado ejemplo de un discurso colonial que atribuye al orador indígena palabras, géneros y formas propias de la cultura europea, formula un contraste entre el miserable y desdichado modo de vida de los pehuenches, propio de "bestias del campo", y las comodidades, abundancia, paz y orden que reinan entre los cristianos, como hombres racionales. Carilef incita a sus paisanos a estrechar los vínculos con "estos nuestros medio hermanos" y a vivir "bajo las mismas leyes, ciencia, religión y gobierno que ellos". Con respeto y diplomacia, Caripan le responde con un discurso pehuenche que pretende resituar a Carilef en el mundo indígena del que parece renegar –"Tú has nacido de mis antepasados"– e incita al orador a la prudencia. Antes que entregarse ingenuamente, hay que observar el comportamiento de los mendocinos: "Todos estamos a la mira cómo se hace la tierra, cómo nos miran, cómo nos cuidan, cómo nos defienden de nuestros enemigos". Ver para creer, parece decir el cauteloso cacique, sin bajar la guardia. En cuanto a María Josefa Roco, su breve discurso mestizo ensalzó la bondad que le había prodigado la familia de Sobremonte y aseguró los buenos sentimientos del rey hacia los pehuenches[32]. Intérprete en la conferencia, Inalicán contribuyó a hacer audibles esas palabras, que tanto complacieron a los presentes, llevándolas a las más altas esferas del Imperio, donde lisonjearían al virrey y al monarca.

Apenas transcurrido un mes del parlamento, los pehuenches recibieron chasques de Pichapi, un poderoso cacique muluche que estaba viajando hacia territorio ranquel. Enterado de la renovada alianza entre pehuenches y españoles, Pichapi anunciaba que enviaría a su hijo, Güilipan Pichapi, que "venía a conocer y hablar al Señor Comandante don Miguel Tellis y al Cacique Caripan por la buena fama de sus nombres, que en su nación se había divulgado».

---

30 Carta de fray Inalicán al virrey Sobremonte, San Rafael, 16.06.1805, en AGN IX, 30-7-6 (cf. Apéndice 6).

31 Carta de fray Inalicán al virrey Sobremonte, San Rafael, 10.07.1805, en AGN IX, 3-5-2 (cf. Apéndice 8).

32 Razón individual de la conferencia que tuvo el cacique Peguenche Carilef con el Cacique Caripan de la Nacion Peguenche, 2.04.1805, en AGN IX, 3-5-2 (reproducida en el Apéndice 7). He analizado en detalle los tres discursos indígenas en Roulet, 2009 y el de María Josefa en Roulet, 2025.

Fray Inalicán se hace vocero de los caciques y consejero en materia de usos y costumbres indígenas: los pehuenches pedían cinco cargas de vino que demostraran «la amistad y fidelidad que les profesan los españoles», anunciaban que acompañarían al visitante hasta San Rafael y que «le avisaban a don Miguel Tellis para que no lo hallasen desprevenido y que pedían que lo habían de recibir con las mismas ceremonias con que a ellos los habían recibido en el Parlamento, por ser hombre y Cacique de buen natural»[33]. Donde un funcionario de la corona hubiera estado tentado de calificar estos pedidos de «interés» y «pedigüeñería», el fraile destaca las cualidades del cacique forastero, ante quien los pehuenches desean exhibirse como favorecidos aliados de los españoles.

Mientras las nevadas retrasaban el arribo de Güilipan, fray Inalicán no cesaba de transcribir las insistentes demandas de los pehuenches, temerosos de quedar abochornados ante su huésped, «hijo de un cacique principal como ellos, que no le dejase de mandar la petición para no quedar avergonzado y corrido en su recibimiento». A su modo, Inalicán aclara el uso ceremonial del alcohol en los rituales de hospitalidad y subraya que la tacañería es motivo de vergüenza, tanto para quien no da como para quien deja de recibir, se siente ignorado y ve frustrada la ocasión de demostrar su propia generosidad (Bechis, 2000). Años más tarde, cuando le tocara anunciar el fallecimiento del cacique Pañichiné y el consiguiente pedido de bebidas para «suavizar las penas» de los deudos, Inalicán volvería a explicar: «es costumbre entre ellos el consolarse vnos con otros por medio de un embiado, quando el Cacique no puede ir personalmente à dar su sentimiento a los dolientes por la muerte de un Cacique principal como era éste». El obsequio de alcohol es señal de «la alianza que tenemos con ellos, y para que sepan que hay verdadera amistad, digo, si à V.S. le cae en gracia el hacerlo»[34]. Afán didáctico sin comentarios moralizantes: a los pehuenches no hay que juzgarlos sino comprenderlos. Frente a la extrañeza con que otros describen los usos indígenas, Inalicán elige esclarecerlos y con esa sola precaución humaniza a sus paisanos, apelando a la sensibilidad del lector y movilizando su capacidad de empatía. El fraile sabe que todo el mundo conoce los sinsabores de un duelo y que cada quien busca el modo de encontrar una razón y un consuelo a la pérdida. Desde su entrañable conocimiento de la cultura mapuche intenta aclarar el sentido de una práctica que por siglos ha sido sujeta a vituperio, dejando a libre arbitrio del destinatario la decisión de facilitarla o no.

---

33 Carta de fray Inalicán al virrey Sobremonte, San Rafael, 12.05.1805, AGN IX, 30-7-6 (reproducida en Apéndice 5).

34 Carta de fray Inalicán al gobernador, San Rafael, 20.12.1820, en AHM, EI, 123/2 (cf. Apéndice 17).

En los alterados tiempos de la revolución, cuando el recurso a la pena de muerte se había convertido en atroz banalidad, pehuenches y puelches acudieron a fray Inalicán para interceder por los soldados desertores de San Rafael. Varios caciques –entre ellos, la cacica María Josefa Roco– se desplazaron hasta San Carlos, donde por entonces residía el fraile, «se juntaron en el quarto del referido P. Ynalican costeandose desde sus abitaciones cin otro objeto q.e aver tenido noticia de la desercion de los soldados y q.e ce trataba de castigarlos Rigurosamente»[35]. Entre los argumentos que el religioso plasmaría por escrito, los caciques invocaron sus propias prácticas culturales como modelo de clemencia: «Y aun dicen mas: que entre ellos alcansa perdon aquel que quita la vida à otro, por intercesion de otro q.e tiene valimiento para con el agrabiado; pues los soldados (segun saben) no han llegado à esta desgracia, para no ser perdonados»[36]. Los caciques se sitúan en el papel de ese «otro, que tiene valimiento para con el agraviado» e Inalicán no los contradice ni reviste su discurso de consideraciones evangélicas sobre el amor y el perdón. Parece estar traduciendo con exactitud cada palabra, sin interferir en la lógica de la alocución. Más werkén que predicador, consumado intérprete, ocasional secretario y fino maestro, fray Inalicán oficiaba como lo que hoy llamaríamos un traductor intercultural.

Fray Inalicán, cura conversor

En los papeles, al menos, cuantos promovieron la candidatura de fray Inalicán para secundar la empresa de avance de la frontera mendocina hasta el Diamante confiaban en que sus conocimientos lingüísticos, su índole dócil, sus vínculos de sangre con los pehuenches y el prestigio de su linaje serían decisivos para concretar la siempre postergada conquista espiritual de los amos de la cordillera. Así lo esperaba él también, cuando agradeció el nombramiento de «Cura Capellán de este Fuerte y de la nueva población [...] que se ha de hacer de los Naturales», mientras pedía libros de oraciones en lengua mapudungun para ayudarse en su trabajo. El fraile mapuche ansiaba ver edificada y poseída la iglesia por quienes la habían deseado y suplicaba que «Dios les conceda a mis Paysanos un conocimiento firme para que conozcan el estado en que se hallan, y a mí un celo Apostólico palabras y persuasiones eficaces para hacerles ver la diferencia que hay de la vida de ellos, la de los Christianos, y por último de la eternidad»[37].

---

35 Carta de Joseph León Lemos al Teniente de Gobernador de Mendoza. San Carlos, 29.09.1813, en AHM, EI, 762/16.

36 Carta de fray Inalicán al Teniente de Gobernador de la ciudad de Mendoza, Alexo Nazarre, 28.09.1813, en AHM, EI, 234/51, reproducida en el Apéndice 10.

37 Carta de fray Inalicán a Sobremonte. Real Fuerte de San Rafael, 16.06.1805, en AGN IX, 30-7-6 (cf. Apéndice 6).

Pero había que mostrarse paciente. Concluidas las formalidades del parlamento con ejercicios ecuestres, juegos de pelota, carreras con apuestas y otras diversiones, los caciques, mocetones y chusma regresaron a sus toldos y el campamento provisorio se mudó al sitio demarcado, en la ribera norte del Diamante, donde pronto se iniciarían las obras del fuerte. Allí permanecieron don Miguel Teles Meneses, fray Inalicán y los cien milicianos movilizados desde Mendoza, abocados a la tarea de talar árboles, cortar madera, cavar acequias, fabricar adobes y levantar muros. A inicios del invierno, el sacerdote prometía recordar a los caciques Caripan, Carilef, Cumiñan y María Josefa su vocación de bautizarse. Los treinta hipotéticos candidatos a la conversión se había reducido a cuatro, todavía dubitativos. Para los caciques, el bautismo imponía no sólo la previa adquisición de un mínimo de instrucción religiosa sino «renunciar y desprenderse de sus mugeres y demas ritos de sus antepasados»[38]. Recién en diciembre de 1806 se acercarían la cacica María Josefa y su sobrina, María del Carmen, dispuesta a casarse con un joven soldado de la guarnición, «dando principio á la nueva poblacion de naturales" y los caciques Carilef y Cumiñan, ofreciendo «no retardar con sus familias el aumento de su pueblo»[39]. Caripán, que había pretendido cumplir su palabra de "cristianarse" en enero, se marchó a sus toldos cuando supo que debía quedarse con una sola mujer y no regresó en diciembre ni tenemos constancia de que haya recibido las aguas del bautismo. En 1813, Inalicán escribe que los caciques [Vicente] Goyco, Cumiñan y María Josefa "son los que residen en San Rafael"[40].

¿Cuánto éxito tuvo la prédica del fraile mapuche entre sus paisanos? Las esperadas conversiones no parecen haber sido más que un puñado. En 1814, el fraile se congratula de haber puesto óleo y crisma a dos hijas del capitanejo Cumiñan, con lo que sumarían cuatro los miembros de la familia que «siguen, por la gracia de Dios, la Ley del Evangelio de Jesu Christo» [41]. Es decir que la conversión del padre no supuso de manera automática la de su entorno doméstico. Al año siguiente, Cumiñán tenía «en el gremio de la religión seis hijos» y algunos nietos. Según Inalicán, el cacique se había mantenido en San Rafael –pese a las promesas inclumplidas de edificarle un rancho y de

---

38 Carta de fray Inalicán al virrey Sobremonte, Fuerte de San Rafael, 21.01.1806, en AGN IX, 4-7-8 (en Leal e Iturriaga, 2009: 25. Cf. Apéndice 9).

39 Informe de Teles Meneses a Sobremonte, 8/12/1806, AGN IX, 11-4-5. En el censo de los habitantes del valle de Uco, hecho el 22.11.1810, María del Carmen Roco aparece casada con el artillero Thomas Gonzales (AHM, EI, 13/5).

40 Oficio de fray Inalicán al Teniente de Gobernador Alexo Nazarre, 28.09.1813, en AHM, EI, 234/51.

41 Oficio de fray Inalicán al gobernador Florencio Terrada. San Carlos, 25.04.1814, en AHM, EI, 234/80.

entregarle un terreno sembrado de granos, con vacas y ovejas para crianza y herramientas agrícolas– «por el amor de sus hijos, que abrazaron la religión, y por la voluntad que a mí me ha profesado por ser su paysano»[42]. Si la cosecha de almas resultó magra, el papel que jugaba el sacerdote tejiendo el diálogo y sembrando buen entendimiento en la frontera era insustituible. No sólo porque sabía escuchar, comprender e interpretar a los caciques. Tenía además el don de «hablarles al alma». Y, aunque no alcanzara a impregnarles los misterios de la fe, sabría sumarlos a la «causa de la libertad» en la década de 1810.

Fray Inalicán en tiempos de revolución y guerra

A la distancia de más de dos siglos, cuesta imaginar el profundo cimbronazo que provocaron los sucesos de mayo de 1810 en los más remotos rincones del virreinato del Río de la Plata. Las noticias acerca de la deposición del virrey y la conformación de la Primera Junta de Gobierno llegaron a Mendoza el 13 de junio. Hubo en los días siguientes conciliábulos entre vecinos y miembros del Cabildo acerca de la actitud a adoptar. Sin embargo, cuando el Gobernador de Córdoba exigió el envío de tropas para combatir a los revolucionarios porteños, se reunió un Cabildo abierto que resolvió reconocer a la Junta. Sólo tres hombres votaron en contra. Uno de ellos era el Comandante de Armas, Faustino Ansay, que renunció a su cargo, fue detenido y hecho prisionero. Un orden que durante dos siglos y medio se había tenido por inmutable –aunque por cierto cambiara, y mucho, en direcciones y a ritmos variables– se desmoronaba como un castillo de naipes, no sin ofrecer tenaces resistencias.

En una sociedad de Antiguo Régimen, los estamentos estaban sólidamente definidos y el peligro podía venir ya sea desde abajo, nacido de la revuelta de las castas inferiores –indios, negros, mestizos y pardos–, ya sea desde afuera, en la boca de los cañones apuntados contra los dominios de España por las flotas de alguna potencia enemiga, como lo había intentado Inglaterra en sus desembarcos de 1806 y 1807. En el confuso orden que inauguraban los revolucionarios, el lugar de cada uno estaba por redefinirse y el enemigo moraba adentro, a veces en la propia familia: quizás el padre o el suegro, el cuñado, los primos, el vecino, el superior jerárquico o el ocasional cliente. Las conversaciones se llenaron de sospechas, rumores, delaciones, susurros y súbitos silencios. La palabra se hacía entonces esquela y circulaba en secreto, con el riesgo de caer en manos indebidas y comprometer tanto al emisor como al destinatario y al mensajero. En todas

---

42 Oficio de fray Inalicán al gobernador José de San Martín, septiembre 1815 (tomado de Simón, 1944: 68, cf. Apéndice 13).

partes se adivinaban conspiraciones, se identificaban traidores y cómplices, se perseguían prófugos, se requisaba, se encarcelaba, se confiscaba, se desterraba, se fusilaba. En la era del rigor, la compasión aparecía como evidencia de debilidad. La proclamada libertad nacía sedienta de sangre, y sangre pedían también los restauradores del viejo orden. Se vivían las primicias de una inédita forma de violencia fratricida dirigida hacia un enemigo interno, que atravesaría las siguientes décadas y resurgiría culminando el siglo XX.

Claro que, para pelear contra un semejante y estar dispuesto a quitarle la vida, hay que imaginarlo distinto a uno, haciendo énfasis en la diferencia y postulándola insalvable. En tiempos coloniales, todas aquellas personas que no formaban parte de alguna «casta» se identificaban como españolas y así las registraban los sacerdotes en las actas de bautismo. Españoles en los papeles, los criollos habían visto sin embargo frustradas sus aspiraciones de acceso a las más altas dignidades políticas y religiosas, reservadas a los peninsulares. Ahora, lo «español» se eclipsa como autoreferencia en el discurso de los promotores del «nuevo sistema». Recordemos, en la cita que abre este capítulo, la rebuscada fórmula que usó en 1814 el comandante José de Susso para evitar toda alusión a «los españoles», sustituidos por «los hombres constituidos en dignidad». No era cuestión de rememorar la antigua y probada amistad de los pehuenches con los representantes de la monarquía. En cambio, la oposición que ahora cuenta para la élite criolla, es la que divide a los nacidos en la tierra, los «americanos», de los nacidos en la Península, los «europeos». Ya no es la sangre heredada ni la religión sino el suelo natal el criterio fundante de la identidad. Cuando algún criollo contestaba la automática adhesión a la causa y mantenía su fidelidad al rey, merecía el mote de «Americano desnaturalizado»: un mal nacido que renegaba de la comunidad de principios y valores supuestamente constituida por quienes habían visto la luz del día en tierra americana.

Fray Inalicán advertía, más allá de las renovadas identidades, la continuidad de comportamientos discriminatorios y abusivos de «algunos ambiciosos cristianos» hacia «los indios». En 1815, haciéndose portavoz de la queja del cacique Cumiñán por la contribución que le obligaban a pagar en San Carlos cuando compraba vino para llevar a su casa, Inalicán detalló los múltiples servicios del cacique desde tiempos de Amigorena, que no habían recibido retribución alguna porque «los Españoles se servían de los Yndios en tiempo de necesidad [y] acabada esta los abandonaban, y es la causa que sus méritos estén obscuros y sin premio alguno». Una ingratitud que se prolongaba en los tiempos presentes: «Y a mi ver aun dura este humo entre los Americanos por que le parecen (sic) que con alcanzar la Religion un pobre Yndio tiene todas las comodidades y proporciones para sostenerse, y pagar los derechos que el Gobierno impone a sus súbditos, sabiendo que un pobre indio no tiene más que su bulto, estando fuera de su tierra»[43]. Por debajo de las nuevas categorías que dividían a la población «blanca» en españoles y americanos, persistía la vieja oposición colonial entre cristianos e indios, con la desigualdad y las discriminaciones que suponía.

La reconfiguración política, militar e identitaria provocada por la Revolución afectaría a los pehuenches, que durante décadas se habían mostrado dóciles hijos del monarca y aliados constantes de los españoles de Mendoza y Chile. ¿Cómo reaccionaron a la inédita situación, que ponía cabeza abajo todo lo que hasta entonces se les había dicho acerca del rey y sus dignos representantes? Cuando los realistas lanzaron en Chile las primeras reacciones armadas contra los patriotas, que acabarían liquidando el breve experimento de la Patria Vieja en octubre de 1814 tras la derrota de Rancagua, se hizo evidente para los revolucionarios el valor estratégico del territorio pehuenche. A caballo entre un Chile que había vuelto a caer en manos monárquicas y una Mendoza donde el general José de San Martín, ungido gobernador de Cuyo en septiembre de ese año, comenzaba a organizar el Ejército Libertador, los aguerridos pehuenches serían una pieza clave en la defensa de la causa revolucionaria y el futuro éxito de la campaña de los Andes.

¿Cuándo y por quién se enteraron del «cambio de sistema»? ¿Qué debates internos suscitó la novedad entre los caciques? ¿En qué medida alteraron esos repentinos cambios sus relaciones cotidianas con los criollos? Los documentos son parcos al respecto, pero intuyo que el canal de comunicación fue fray Inalicán y que la novedad que más los afectó en 1810 fue la muerte del comandante Miguel Teles Meneses, en enero, y, al tiempo, su reemplazo por don José de Susso. Este vecino de Mendoza y capitán de caballería, que había servido en las expediciones tierra adentro en tiempos de Amigorena, era en cierto modo para los caciques un viejo conocido con alguna experiencia –ya algo añeja– de los usos fronterizos, que había sido recomendado para el cargo por el propio Teles en su lecho de muerte[44]. En cambio, a nivel de las máximas autoridades mendocinas, las designaciones se sucedían una tras otra.

Tras la renuncia y prisión de Ansay, cobró protagonismo la figura de don Alejo Nazarre, que hasta entonces se desempeñaba como Ministro Contador de la Real Renta de Tabacos y Naipes. En diciembre de 1812 fue nombrado

---

43 Oficio de fray Inalicán al gobernador José de San Martín, septiembre de 1815, tomado de Simón, 1944: 68 (cf. Apéndice 14).

44 Probanza de méritos de don José de Susso, 30.10.1809; Solicitud de José de Susso para suceder a Teles Meneses en la Comandancia de Fronteras, 15.01.1810; Dictamen de Joaquín de Soza y Lima, s/f, en AHC, Gobierno, caja 32 (1810).

Teniente de Gobernador de la ciudad de Mendoza por el Segundo Triunvirato, hasta que casi un año más tarde cedió el puesto al militar porteño Florencio Terrada, quien sería fugazmente reemplazado por otro militar bonaerense, Marcos Balcarce, antes de que José de San Martín asumiera el cargo de Gobernador Intendente de Cuyo hasta septiembre de 1816, cuando lo sustituyó el general peruano Toribio Luzuriaga. En los convulsionados tiempos de la Revolución, un vértigo de nombramientos recaía sobre hombres que nunca antes habían pisado tierra mendocina. Imaginemos por un instante el desconcierto de los caciques, que veían desfilar ese incesante carrousel de desconocidos mandamases, portadores de ideas que subvertían todo aquello que se les había predicado por años.

Es que lo novedoso, en efecto, no era sólo ese elenco de nuevas figuras designadas por dirigentes porteños igualmente efímeros, sino el discurso que proponían. El 16 de abril de 1812, cuando aún no era sino Ministro Contador, Alexo Nazarre convocó a pehuenches y puelches en el fuerte de San Carlos, repartió agasajos, y les dirigió una proclama «con el objeto de reconocer nuestro gobierno e imponerse de la causa que defendemos». Su arenga, publicada en la Gaceta de Buenos Aires, no menciona la imprescindible tarea del intérprete, que suponemos haya sido fray Inalicán. Nazarre propone a pehuenches y puelches –a quienes llama «pampas»– un vínculo de fraternidad sustentado en la fortuita circunstancia de haber nacido en un mismo suelo y se permite la licencia de remontar el ficticio origen común a tiempos prehispánicos: «Amigos, hermanos y compatriotas: una desgracia fatal acaecida ahora trescientos años, separó de nuestro augusto tronco, los preciosos y nobles ramos. Un conquistador europeo, que codicioso se apareció en nuestras riberas, cortó el dorado hilo de nuestro feliz entroncamiento; y nos reduxo á distancias». Tronco común, ramas apartadas por la espada de la tiranía. Esclavitud para unos –el «nosotros» criollo de Nazarre–, forzada errancia para otros –el «vosotros» que designa a los indígenas–, desgracias ambas que por fin llegan a su término: «podemos arrancarnos los pesados hierros [...] y volver a respirar la libertad sagrada [...] en el seno mismo de nuestra adorada patria». Nazarre los convoca pues, en tanto hijos de una patria común, a sumar sus vigorosos brazos y sus armas a la causa. «Formando un solo cuerpo nos haremos inconquistables»[45].

¿Qué cara habrá puesto el veterano cacique gobernador Colimilla? ¿Qué habrá sentido doña María Josefa Roco, tan imbuida como había estado de afecto hacia el virrey Sobremonte y su bondadosa familia? ¿Y los fieles pehuenches

---

45 Proclama que dirigió á los caciques de los indios pampas de la frontera de Mendoza el ministro contador de aquellas caxas D. Alexo Nazarre en el acto de repartirles los presentes que les hacía el gobierno (*Gaceta de Buenos Aires*, 19.06.1812, t. III, 1811-1813: 228, cf. Apéndice 9).

fronterizos Carilef, Cumiñan y Pitoñan, allí presentes? Siete años atrás, sin que hubiera habido un pedido expreso en ese sentido, todos ellos habían ofrecido espontáneamente sus lanzas y caballos para apoyar al rey de España, en guerra contra Inglaterra. ¿En nombre de quién hablaba ahora este individuo que los convocaba al campo de batalla? ¿Qué les ofrecía a cambio de arriesgar sus vidas por una causa que no era la suya? El silencio de la Gaceta, que no comenta la reacción de los caciques, es quizás elocuente. Una respuesta parcial a las propuestas de Nazarre la encontramos al año siguiente, en la carta que fray Inalicán escribió «por súplica de mis Paysanos el Cacique Marcos Goyco, Vicente Goyco, Cumiñan y la Cacica D.a María Josefa Roco, y Lemunahuel, Capitanejo del [nuevo cacique] Governador Neicuñan y del Cacique Millaguiñ». Los peticionantes admitían la metáfora de la fraternidad territorial, implorando clemencia para los soldados desertores del fuerte de San Rafael, «sus herma.s y paysanos por ser nacidos en las Indias»[46]. Es la única concesión que hacen al discurso de Nazarre: ni sumarse a la lucha contra los realistas, ni dejar sus montañas para vivir en pueblos, ni hacerse agricultores, los pehuenches pretendían volver a lo tratado en 1805[47]. Que no se castigara con rigor a los soldados, que estos regresaran al fuerte para protegerlos, que cuidaran de sus propias mujeres e hijas y trabajaran la tierra cedida al solo fin de asegurar su subsistencia.

La contribución pehuenche a la causa de la revolución se limitó a vigilar los pasos de la cordillera, transmitir noticias de interés militar y evitar el paso de chilenos realistas hacia Mendoza, deteniendo a quienes lo intentaran. A cambio de que se condescendiera a sus pedidos, claro está. En diciembre varios nuevos reclutas y desertores indultados fueron remitidos al fuerte de San Carlos, 13 de los cuales serían destinados a San Rafael[48]. Complaciendo a los caciques, los mendocinos esperaban conservar su fidelidad.

A principios de 1814, mientras los realistas ganaban terreno en el sur de Chile, la relación con los amos de la cordillera pasó por circunstancias críticas. Un desertor indultado que había ido a tierra de indios llegó al fuerte de San

---

46 Carta de fray Inalicán al Teniente de Gobernador Alexo Nazarre, San Carlos, 28.09.1813, en AHM, EI, 234/51 (reproducida en el Apéndice 11).

47 Quizás con alguna excepción: en 1814, Inalicán pide a nombre del cacique Giñuman herramientas para labrar unos terrenos inmediatos al fuerte de San Rafael (oficio del gobernador Florencio Terrada al Administrador de Aduana, 3.06.1814, en AHM, EI, 23/1).

48 Oficio de José de Susso a Alexo Nazarre, 15.12.1813, en AHM, EI, 762/19. Susso no aclara si los 13 hombres que envió a San Rafael eran los mismos que habían desertado en septiembre. Una carta de Inalicán reitera «la queja de Neicuñan [...] por los soldados por quienes se habia empeñado», lo que sugiere que Nazarre había demorado su gesto de clemencia (Carta de fray Inalicán al Teniente de Gobernador Alexo Nazarre, San Carlos, 29.11.1813, en AHM, EI, 234/51, reproducida en el Apéndice 11).

Carlos con la noticia que doscientos chilenos de Penco (Concepción) habían llegado al Campanario, donde parlamentaron con los caciques pidiéndoles caballos y diciéndoles que fuesen a ver a su legítimo rey. Cundió el pánico en San Carlos y en la indefensa Mendoza. El gobernador temió una invasión desde el sur y se dispuso a emplear «q.tos medios sean imaginables p.a mantener con los Ind.s nrôs amigos la buena armonia q.e h.ta aqui»[49]. Pero enseguida resultó que los chilenos no eran realistas sino enviados del gobierno patriota aliado, y que se habían robado la caballada de los indios. «Los Casiques me han mandado decir –informa José de Susso inquieto– q.e si no se toma providencia para reponerles sus caballos, es ceñal de q.e tenemos parte en el echo, y q.e se retirarán de nrâ amistad». La situación era grave y ameritaba convocar a un parlamento en las tolderías. «Los indios a su modo son delicadisimos, y es de absoluta necesidad tomar interes en este asunto asiendo una con nosotros su causa». Susso sugiere al gobernador Terrada urgir a las autoridades chilenas el pago de los caballos, redactar una carta para los caciques y enviar a fray Inalicán a los toldos con la misión de hablarles «a la Alma»[50]. Él mismo escribía a los «Señores Casiques amigos y Hermanos mios» una carta en la que les aseguraba que quien hiciera mal a los pehuenches lo hacía también a los mendocinos, «q.e somos una misma familia». Y concluía con una declaración de amor: «Yo soy amante hermano de los Señores Casiques de la Frontera del govierno de Mendoza»[51].

Terrada no sólo redactó la carta para sus «amados hermanos» sino que pidió a Inalicán que la explicara a los caciques, añadiendo cuanto le pareciera oportuno afin de convencerlos de «q.e los Mendocinos son buestros Amigos inseparables y q.e hacen causa comun con vosotros»[52]. Particular inquietud causaba que los pehuenches bajaran a Talca, recuperada por los realistas en marzo. El fraile era solicitado nuevamente para dirigirse a los toldos del cacique gobernador Neicuñan a averiguar con qué motivo comunicaban los pehuenches con un territorio ocupado «p.r los Enemigos de ellos mismos y de nosotros»[53]. Lo cierto es que, desde tiempos inmemoriales, los pehuenches orientales cruzaban a Chile cada primavera a vender sus productos y comprar

---

49 Oficio de Florencio Terrada a José de Susso, Mendoza. 8.02.1814, en AHM, EI, 23/1.

50 Oficio de José de Susso al Gobernador Terrada. San Carlos, 19.02.1814, en AHM, EI, 235/8.

51 Carta de José de Susso a los caciques pehuenches, San Carlos, 20.02.1814, en AHM, EI, 235/8.

52 Carta de Florencio Terrada a los caciques pehuenches. Mendoza, 21.02.1814, en AHM EI, 23/1.

53 Carta de José de Susso a fray Inalicán, 25.03.1814, en AHM, EI, 235/14.

granos. Si los mendocinos recelaban de los indios, éstos tampoco confiaban en sus exigentes aliados. El cacique Vicente Goyco habría afirmado «q.e el otro Gov.no antiguo no engañaba», dejando flotar los sobreentendidos[54]. Los nuevos gobernantes debían hacer méritos para congraciarse con un pueblo que había sabido sacar ventajas materiales y simbólicas de su probada amistad con los españoles.

Entretanto, los patriotas chilenos sumaban derrotas: al cabo de tres meses de expeditiva campaña, las tropas limeñas reconquistaron Chile para la corona española. De a decenas y centenas, los revolucionarios cruzaban la cordillera a pie o a caballo, buscando refugio en Mendoza. Era cada día más urgente asegurar la buena correspondencia con los pehuenches para cuidarse las espaldas. A un mes de haber asumido sus funciones de Gobernador Intendente, José de San Martín resolvió concretar el postergado parlamento. No iría él en persona a asegurar a los caciques su indefectible amistad como «el mejor de vuestros hermanos» sino, en su nombre, el comandante de frontera José de Susso, con fray Francisco Inalicán, encargado de pedir noticias acerca de los movimientos de «los enemigos de nuestra sagrada causa»[55]. El fraile es solicitado para traducir, explicar y convencer a sus paisanos de conservar la amistad con los mendocinos, a cambio de «alg.as ofertas de poco costo en consideración a la escasez de fondos en q.e nos hallamos» y pasaportes para los caciques, «si es posible estendidos en papel dorado, u otra especie equibalente, con cuya nimiedad se conseguiria mayor aprecio»[56].

Inalicán anticipa que los pehuenches aceptarán el trato, «pues no es la primera vez, que se les há hecho ver, q.e no nos es conveniente que los extraños de otra Nacion nos rijan: y asi espero en el Señor, que serán ellos los fronterizos, que tendremos para con nuestros enemigos de nuestra sagrada causa»[57]. Si los realistas –españoles como criollos– son ahora «extraños de otra Nación», se sobreentiende que, en tanto americanos adictos a la causa de la revolución, pehuenches y mendocinos forman parte de una misma entidad: Inalicán emplea aquí la fórmula «nuestros Paysanos los Pehuenches». Novedosa propuesta de inclusión simbólica en un único conjunto político e identitario, que enseguida matiza presentando a los indígenas como un tercer término,

---

54 Oficio de José de Susso al gobernador Terrada. San Carlos, 25.03.1814, en AHM, EI, 235/14.

55 Oficio de San Martín a fray Inalicán. Mendoza, 11.10.1814, en AHM, EI, 23/1.

56 Oficio de San Martín al Secretario de Gobierno, Mendoza, 11.11.1814, en AHM, EI, 23/1.

57 Oficio de fray Inalicán a San Martín, Frontera de San Rafael, 20.10.1814, en AHM, EI, 234/80 (Apéndice 12).

«ellos, los fronterizos», cuyo territorio se interpone entre el de los defensores de la sagrada causa y el de sus enemigos. Lo cual supone resignificar también la noción de frontera en circunstancias en que los pasos y valles pehuenches de la cordillera se habían convertido en zona de tránsito y eventual refugio de multitud de cristianos, ya sea «españoles» como «americanos», patriotas como realistas, combatientes o desertores, prófugos o emigrados, mercaderes y espías. La frontera se desplazaba a la cordillera, cuyas abras eran la necesaria vía de acceso por la que los realistas podrían intentar una invasión. Y los primeros en hacerle frente, los «fronterizos», serían los pehuenches.

Durante el parlamento, celebrado a orillas del río San Pedro el 23 de octubre de 1814, se pidió a los caciques que no permitieran la entrada «de los contrarios de la livertad Americana», que dieran aviso de cualquier novedad y que no bajaran a comerciar a Chile. Según el comandante José de Susso, los pehuenches respondieron con regocijo, haciendo valer sin embargo que, puesto que ya no podrían comerciar en Chile, se les tuviera conmiseración en Mendoza. «Que el Gov.no no dude de su palabra; q.e los Peguenches jamas disen una cosa y hasen otra», se jactaba el cacique gobernador Neycuñán ante un escéptico José de Susso, íntimamente convencido de que «estos Indios asen a dos hases»[58].

Los pehuenches acataron lo pactado, aunque ciertas imprecisiones en los términos del acuerdo daban lugar a malentendidos. Al mes siguiente, el cacique Pañichiñé mandaba avisos a fray Inalicán sobre el cruce de varios hombres por el paso del Planchón y José de Susso concluía «que los Indios cumplen lo q.e han tratado con VS por mi conducto, y realisan en cierto modo, mi modo de pensar en esta parte»[59]. Pero tiempo después, cuando unos patriotas emigrados chilenos pasaron por las tolderías de un capitanejo del mismo Pañichiñé, donde fueron «desnudados y saqueados enteram.te», Susso montó en cólera, clamó por la ruptura de lo tratado y el atropello hacia el gobierno y reclamó que se tomaran «providencias q.e seran dolorosas y cencibles». Si bien Pañichiné argumentó que sus hombres no hacían sino proceder de acuerdo a lo convenido, el comandante solicitó la mediación de fray Inalicán, para que, junto con María Josefa Roco, fuera «a hacerles una reconvencion q.e nos de margen para el castigo q.e cerrada la cordillera deuen sufrir». Acorde a los violentos tiempos que se vivían, Susso juzgaba indispensable una represalia

---

58 Arenga del Comandante General de Frontera José de Susso en el parlamento con los pehuenches, 23.10.1814, en AHM, EI, 123/1 y oficio de Susso a San Martín, 12.01.1815, en AHM, EI, Carpeta 237/2.

59 Oficio de fray Inalicán al comandante José de Susso. San Rafael, 27.11.1814, en AHM, EI, 234/130 y José de Susso a San Martín, San Carlos, 30.11.1814, en AHM, EI, 235/46.

aleccionadora, «ya q.e aora sea necesario usar de la tecla q.e pide nrâ presente hepoca»[60]. Los caciques se inquietaron y mandaron preguntar a San Martín si podían bajar con seguridad a su comercio en Mendoza. El Gobernador no siguió la bravata belicista de Susso y éste mismo terminó concediendo que era mejor atraer buenamente a Pañichiné. Antes que pensar en castigos, había que cuidar la alianza estratégica con los pehuenches y permitirles comerciar en Mendoza, pues «necesitan proveerse de los renglones q.e les surtía Chile, cuia escases lamentan, y es preciso no desatenderlos aunq.e sea a costa de alg.n sacrificio con respecto al interes q.e [es] su pasion dominante»[61]. Pero don José de Susso no perdía la esperanza de que más adelante llegara «otra época», en la que se pudiera contener con «el azote» a los indios «malos»[62].

Al año siguiente, unos realistas prófugos del fuerte cordobés de Santa Catalina liderados por el coronel Agustín Huici fueron igualmente despojados en la toldería de Neycuñan cuando intentaban pasar a Chile. Los caciques los detuvieron, desarmaron y «desnudaron», dejándolos «en miserable estado sin mas q.e lo puesto». Esta vez, el comandante del fuerte de San Carlos, que fue a Malargüe por ellos, omitió reconvenir a los indios «p.r q.e asi se les prometio p.a estimularlos a lo echo»[63]. No sólo eso: el propio San Martín –que había mandado ofrecer a los caciques cuantos premios y gratificaciones los incitaran a contribuir a tal captura– quiso recompensar a Neycuñán con un obsequio de 400 yeguas[64]. Los caciques se encontraban pues ante un doble rasero: licencia para desnudar al enemigo realista o al soldado desertor, escándalo y amenaza de rigurosas represalias cuando el despojado era un aliado. Lo que en un caso se estimulaba, en el otro se reprobaba. Pero, ¿cómo podían saber con certeza quién era quién, cuando hasta los propios criollos manejaban informaciones contradictorias, como había sucedido poco antes con los chilenos ladrones de caballos? Valga anotar un detalle no menor: los pehuenches entregaron al coronel Huici y demás prófugos desnudos, pero vivos. Y con la expresa súplica de que se les perdonase la vida, «por pareserle [a Neycuñán] core riesgo la suia p.a el benidero p.r los de Chile»[65]. Como en 1813, cuando había mandado sus chasques a San Carlos para implorar piedad para los desertores de San Rafael,

---

60 Oficio de José de Susso a San Martín, Chacayes, 12.01.1815 y otro desde Totoral, 23.01.1815, en AHM, EI, carpeta 237/2.

61 Oficio de José de Susso a San Martín, febrero de 1815, en AHM, EI, 237/11.

62 Oficio de José de Susso a San Martín. San Carlos, 28.10.1815, en AHM, EI, 237/72.

63 Oficio de José León Lemos a San Martín, Malargüe, 16.05,1816, en AHM, EI, 239/36.

64 Oficio de San Martín al Comandante General de Frontera, 27.05.1816, en AHM, EI, 23/3.

65 Oficio de José León Lemos a San Martín, Malargüe, 16.05,1816, en AHM, EI, 239/36.

Neycuñán intercede por estos hombres que ni siquiera conoce, temiendo que su eventual ejecución inicie una espiral de venganzas de sangre que recaerá sobre su gente, por haberlos entregado.

Una y otra vez, el sacerdote mapuche toma la pluma en nombre de sus paisanos defendiendo la vida, tanto la de indígenas como la de «americanos» o «europeos». En esos reiterados pedidos de clemencia podemos advertir una velada crítica de los caciques –y del propio Inalicán– hacia un tipo de violencia política que no tenía equivalente en sus culturas, donde sólo un asesinato era merecedor de la muerte del causante, cuando no se hubieran entregado compensaciones juzgadas equivalentes. Pero la deserción y la inobediencia sólo podían verse como delitos si se aceptaba la premisa del ciego acatamiento a una voluntad ajena, algo inconcebible para estos hombres libres que no se ataban a ninguna autoridad coercitiva. Desde la perspectiva pehuenche, castigar tales conductas no podía constituir un acto de justicia sin menoscabo de la noción misma de libertad individual que tan cara les era.

Tampoco merecía la pena máxima la muerte accidental de un agresor en una trifulca. Antes de aplicar mecánicamente la Ley del Talión, los usos consuetudinarios imponían considerar las circunstancias, prestar oídos a los valedores o garantes, interrogar a los testigos, imaginar castigos alternativos y meditar acerca de las consecuencias de una justicia que podría entenderse como cruel y parcial. Así lo sugiere una carta escrita por fray Inalicán en el invierno de 1815 a pedido de los caciques puelches Vicente y Marcos Goico, quienes se habían ofrecido a interceder ante San Martín por dos jóvenes hermanos, autores de las heridas que habían causado la muerte a un tal Francisco Domínguez. Los Goicos, padrinos de los hermanos Casimiro y Eusebio Mudon, «me imploraron que hiciera a V. S. una carta relación del acontecimiento». Inalicán accedió a la súplica y contó que, en ocasión de una reunión con motivo del casamiento de una hija cristiana del cacique Cumiñán, Francisco Domínguez había salido con sigilo de la fiesta para entrar en la casa de Gerónimo Mudon[66], «en donde se hallaba una niña sola en su labor, con quien se atribuyó que tubiese contracción, en virtud de sacarla a castigar, cuyo motivo lo ignoro». El abuso de Domínguez llegó a oídos de los hermanos de la niña, que corrieron a socorrerla. Domínguez sacó entonces un arma blanca e hirió a uno de ellos en el rostro, a lo que los hermanos respondieron «en su defensa, de cuya herida

____

66 Gerónimo Mudon aparece registrado cinco años antes como soldado, de 29 años. Su familia está compuesta de su esposa, Bernardina Gallardo, de 26 años, y sus hijos Casimiro (14), Eusebio (12), Petrona (10), Vicente (6), Pedro (3), Rafaela (2) y Juana, de 1 año (Padrón que comprehende todas las familias del valle de Huco, sus hedades y exercicios, realizado por el comandante Juan Morel el 22.11.1810, en AHM, EI, 13/5).

feneció a los tres días». La relación de Inalicán contextualiza el episodio: los hermanos Mudón no agredieron a Domínguez sino que actuaron en defensa propia y en socorro de su hermanita, en presencia de testigos. Lo que corrobora la autoinculpación del propio Domínguez, quien antes de morir había comunicado reservadamente al fraile «que del hecho no tenían la mayor culpa los dichos Mudones, en atención de ser él, el que lo ocasionó». Inalicán no se limita aquí a reproducir los dichos de los caciques Goicos: al revelar la confesión del moribundo atribuyéndose la entera responsabilidad de los hechos, toma partido y suma su testimonio de cura confesor. Sin duda, intenta inclinar a San Martín en favor de la propuesta de los caciques: que «V.S. los mande alistar en las armas para que sirvan à la Patria, con el bien entendido, que se les conserben las vidas» [67]. Magnánimo, el gobernador accedió a indultarlos de la pena máxima, condenándolos a servir por cinco años en la guarnición de la ciudad de Mendoza. Pero cuando uno de los muchachos no se apersonó como convenido, Inalicán recibió la orden de «hacerle entender q.e si no se presenta dentro de 12 dias se suspenderá el indulto q.e para el consiguió dho Goyco»[68].

La correspondencia de fray Inalicán nos muestra un mundo en acelerada transformación: en un espacio por el que circula cada vez más gente, con o sin licencia escrita, el Estado nacional en gestación incrementa los controles. El discurso y las prácticas políticas se endurecen, los altos mandos van y vienen, la vigilancia sobre el espacio y sobre los cuerpos se generaliza, partidas de soldados recorren los campos, visitan las tolderías y controlan los pasos del Portillo y del Planchón, las rutas de montaña se cierran a pico, azadón y pala, los circuitos comerciales se alteran, los antiguos usos se ven trastocados. No es raro que los transeúntes se lleven ganado robado a los indios, como ya sucedía en 1805, cuando los caciques contaban que "vienen muchos con pretexto de cambalaches y no son más que a robarles sus haciendas, de lo que resulta que se van quedando algunos sin ganado y expuestos a robar para mantenerse»[69]. Algunos caciques pierden paciencia y deliberan sobre si dejar pasar a los mendocinos hacia Chile. Tierra adentro, las novedades de la guerra dividen las opiniones. Fray Inalicán no da abasto: de San Carlos a San Rafael, del Diamante a los toldos de Neycuñan y Pañichiné, de Mendoza a San Luis, el sacerdote es comisionado para transmitir órdenes y proponer premios a los caciques, explicarles decisiones tomadas sin consulta previa, recabar información sobre los proyectos de los realistas, averiguar el paradero del ganado sustraído a sus paisanos, sugerir medidas

---

67 Oficio de fray Inalicán al Gobernador San Martín, San Rafael, 27.08.1815, en AHM, EI, legajo eclesiástico (tomado de Arnaldo Simón, 1944: 63-64, cf. Apéndice 13).
68 Oficio de San Martín a fray Inalicán, 15.10.1815, en AHM, EI, 23/2.
69 Artículo 9 del tratado del 1.04.1805, en AGI Buenos Aires 92 (cf. Apéndice 2).

para el fomento de la población… Sus cartas, más concisas que en los primeros tiempos, dan cuenta del exacto cumplimiento de las múltiples misiones que le son encomendadas, valiéndole el deferente trato de «mi amigo el Padre Inalicán, cura del fuerte de San Rafael», que le brinda San Martín, quien lo hace juez del incipiente poblado (Simón, 1944: 84, 111).

Pero si el fraile mapuche es recordado por cierta historiografía, si su nombre hoy designa alguna calle o escuela en la provincia de Mendoza, no es por las innumerables gestiones que llevó adelante desde 1805, sino por su actuación puntual en un evento particular muy poco documentado, sobre el cual la posteridad eligió poner el foco: el parlamento que celebró San Martín con los pehuenches junto al fuerte de San Carlos en septiembre de 1816, con el pretexto de entregarles las yeguas prometidas por la captura del coronel Huici y sus hombres.

En su *Historia de San Martín*, Bartolomé Mitre presentó ese encuentro como un astuto ardid del estratega, que usó la «guerra de zapa» para persuadir a los realistas de que sus tropas cruzarían la cordillera por el sur de Chile, cuando en realidad tenía previsto hacerlo por el centro. Los caciques pehuenches habrían sido malinformados con la intención de que, mediante su «natural perfidia», transmitieran al general español información falaz acerca de los objetivos militares de los patriotas (Mitre, 1890: 579). La tesis de Mitre fue retomada por varios historiadores (Barros Arana, 1884; Morales Guiñazú, 1938; Espejo, 1953, entre otros) que colocan a los pehuenches en el papel de perjuros y traidores a la causa americana. Sin embargo, como lo señalara Abelardo Levaggi (2000) y lo demuestra Martín Vilariño (2020), nada prueba que San Martín haya engañado deliberadamente a los caciques ni que éstos se apresuraran a librar información al enemigo. Según escritos del propio general al Director Supremo Juan Martín de Pueyrredón, San Martín se propuso obtener el permiso de los caciques para pasar por sus tierras y recibir de ellos auxilios en ganado y caballadas, que serían pagados a su justo precio (Vilariño, 2020: 82). Objetivos que coinciden con los enunciados entonces por Bernardo O'Higgins, en su *Plan de campaña para atacar, destruir y exterminar a los tiranos usurpadores de Chile*, redactado ese mismo año en Mendoza. El militar chileno aconsejaba hostilizar a los realistas dividiendo las fuerzas patriotas en cuatro columnas, que cruzarían la cordillera por distintos pasos, previo «consentimiento de los indios para el tránsito por sus tierras a Chile». O'Higgins sugería recurrir a hombres inteligentes en el «idioma chileno» para entablar amistad con los pehuenches, «ganándoselos por medio de regalos adecuados al gusto de estas naciones; se les convencerá de la necesidad de que franqueen caminos por sus tierras a nuestras tropas, para exterminar de

Chile a los *moroguincas* o españoles, sus antiguos e irreconciliables enemigos y competidores» (O'Higgins, 1950 [1816]: 66). De acuerdo con el plan de O'Higgins, era crucial apoderarse en primer lugar de la provincia meridional de Concepción, la más guerrera, la que podría cortar la retirada de las tropas realistas hacia Valdivia y la más accesible por los boquetes del sur. Proponía entonces que la primera división entrara a Chile por el boquete de Antuco, mientras la segunda se dirigiría hacia Curicó por el del río Claro, situado un poco al sur del paso del Planchón. La tercera división cruzaría desde San Juan a Coquimbo por cuatro caminos distintos y la cuarta división se dirigiría a la isla de la Mocha para operar sobre las costas del Pacífico. Entretanto, se debía hacer correr la voz de que el ejército pasaría por el Planchón y allanar el camino de Uspallata al Aconcagua, desorientando a los realistas y obligándolos a dividir sus fuerzas. Este plan de ataque «sólo debe variarse cuando las circunstancias igualmente varíen y lo requieran» (O'Higgins, 1950 [1816]: 78).

Según el relato del general Guillermo Miller, años después del parlamento San Martín le habría dicho que, si bien nunca había entrado en sus planes atacar a los realistas por el sur, quiso hacerles creer que ése era el punto que amenazaba. Pero en ningún momento sugiere que los pehuenches incumplieran lo convenido y más bien destaca que se habían mantenido neutrales en la revolución, «a pesar de los esfuerzos que a echo el Gobierno Español para que nos hostilizasen» (Vignati, 1953: 3, 8). ¿Cuándo y por qué se pasó del plan inicial de O'Higgins al de San Martín, que haría cruzar el grueso de las tropas y armamentos por los altos pasos de Los Patos, en San Juan, y de Uspallata, en Mendoza? Algún especialista en historia militar debe saberlo. Cabe en todo caso preguntarse si la decisión ya estaba tomada a mediados de septiembre de 1816, cuando San Martín parlamentó con los caciques, o si se definió después.

Considerando la perspectiva de los pehuenches, el parlamento sería la ocasión de recibir el premio prometido por la captura del coronel Huici, de conocer en persona a San Martín, y de hacerse un juicio acerca de su comportamiento y generosidad. La alianza se renovaría con un intercambio ritualizado de palabras, gestos y obsequios en los que el fraile mediador tendría un papel central. Sentado junto a San Martín y al comandante del fuerte de San Carlos en la cabecera de la mesa en torno a la cual se ubicaron los caciques por orden de ancianidad, fray Inalicán

> comenzó su arenga haciéndoles presente la estrecha amistad que unía a los Indios Peguenches al General, que éste confiado en ella, los havia reunido en Parlamento general para obsequiarlos abundantemente con bebidas y regalos, y al mismo tiempo para suplicarles permitiesen el paso del Ejército Patriota

por su Territorio, a fin de ir a atacar a los Españoles de Chile, extrangeros a la Tierra (Vignati, 1953: 4-5).

Fieles a lo acordado, los pehuenches se dispusieron a auxiliar a las tropas que debían atravesar su territorio. Sólo lo haría la columna del teniente coronel chileno Ramón Freire, que se internó por el paso del Planchón hacia Talca a fines de enero de 1817. El 4 de febrero, después de haber esperado en vano a Bernardo O'Higgins –con quien debía reunirse en el Diamante–, fray Inalicán escribía al gobernador que el paso de las tropas no se había efectuado, «que me considero, sería por justo motivo. Sólo ha pasado por allí el S.or Ten.te D.n Ramon Freire comandando su guerrilla" (Leal e Iturriaga, 2009: 36). Inalicán estaría quizás sorprendido por la inasistencia de O'Higgins a la cita convenida, pero no parece haberse sentido ni engañado ni manipulado y seguiría respondiendo fielmente a la autoridad de San Martín. En abril de 1819 remitía al fuerte de San Carlos a seis desertores capturados en San Rafael, donde habían tenido «la osadía de oponerse à las ordn.s que tengo del exmo. S.or D.n José de San Martín». No contentos con hacer frente a los vecinos con sables y fusiles, lastimando a alguno de ellos, «se dejaron decir tambien que despues se seguirian conmigo dando a entender que me quitarian por medio»[70].

Defendiendo a sus paisanos

En su triple rol –religioso, mediador y judicial– fray Inalicán no se hizo sólo amigos. En 1822, el indio Marilinco que vivía en las márgenes del río Atuel «alzado, sin sugetarse a ningún cacique», desafiaba al comandante del fuerte y al padre Inalicán, con «un mensaje bastante escandaloso e insultante»[71]. Durante los primeros años de su actuación en San Rafael, la misión apostólica entre los pehuenches se había visto eclipsada por su función de portavoz de los caciques y traductor cultural. En el contexto de la revolución y las guerras de la independencia, en cambio, lo encontramos desenvolviéndose como agente de las autoridades mendocinas ante los indios, aconsejando, explicando, transmitiendo instrucciones, prometiendo recompensas e insinuando castigos. Amén de influir –y, llegado el caso, de aprehender– a «hombres vagos y sin ocupación, q.e o por desidia o ignorancia desconocen el trabajo», tareas que deben haberle granjeado la antipatía de más de uno[72].

---

70 Oficio de fray Inalicán al gobernador Luzuriaga. San Rafael, 4.04.1819, en AHM, EI, Legajo eclesiástico, cit. por Simón, 1944: 94.

71 Oficio (incompleto, sin nombre de autor ni destinatario). San Carlos, 26.11.1822, en AHM, EI, 123/4.

72 Oficio de José de San Martín a fray Inalicán, Mendoza, 17.04.1816, en AHM, EI, 23/3.

Pese a ello, Inalicán no dejó nunca de promover los intereses de sus paisanos indígenas. Cuando se le pidió que reflexionara sobre el mejor modo de hacer prosperar la decaída villa de San Carlos, la primera medida que propuso consistió en obligar a los vecinos y sus familias «a negociar equitativam.te con los Yndios con todos aquellos efectos y especies, que ellos acostumbran comprar, y traficar a tierra adentro». Si algún cacique pidiera recibir en las tolderías una carga de licor, que con ésta se llevaran también otras de granos, harina y pasas[73]. Equidad y variedad en la oferta, sumando a la bebida una buena dosis de alimentos, tal como a principios de siglo lo habían solicitado los caciques por las mismas razones. El alcohol seguía originando dramas cotidianos. «Que cesen las internaciones de bebidas hasta que ellos las pidan», imploraba el fraile reproduciendo la queja de los caciques, «por que de estas, dicen nacen las desavenencias, heridas, muertes, y robos» que la ebriedad suscitaba entre los indios[74]. No se trata, ni para los caciques ni para Inalicán, de suprimir la internación de bebidas, sino de graduarla en función de la demanda y el interés de los caciques. Se entiende así que el fraile apoyara la queja de Cumiñan contra el pago que se le exigía en San Carlos «por una, ó dos cargas de vino, que suelen traer à sus casas», cuya venta le permitía contratar peones para hacer labranzas[75].

La circulación constante de «vivanderos» (comerciantes), soldados y desertores en territorio indígena daba lugar a frecuentes robos a los indios, que iban a quejarse a Inalicán para que los ayudara a recuperar lo sustraído. En octubre de 1815, el fraile viajó a San Luis tras el ganado robado al capitanejo pehuenche Colimilla y poco después reclamó al gobernador, a pedido del mismo, que se librara sentencia en la causa seguida a los responsables[76]. En 1819 hacía constar la denuncia del cacique gobernador Neycuñán contra la gente del sargento Ortiz, que «le había arreado un pico de ovejas en el campo»[77]. Cuando no eran robos, eran estafas en las cantidades de alcohol vendidas a los indios, que en ocasiones venían «bautizadas» con agua. O servicios no retribuidos, como los del abnegado cacique Cumiñan, que «debió haber sido asalariado

---

73 Oficio de fray Inalicán al gobernador Intendente. San Rafael, 26.06.1817, en AHM, EI, Legajo Eclesiástico (tomado de Simón, 1944: 91-92, cf. Apéndice 15).

74 Oficio de fray Inalicán al gobernador intendente. San Rafael, 12.08.1819, en AHM, EI, Legajo Eclesiástico (tomado de Simón, 1944: 98-99, cf. Apéndice 16).

75 Oficio de fray Inalicán al gobernador San Martín. San Rafael, Septiembre 1815, en AHM, EI, Legajo Eclesiástico (tomado de Simón, 1944: 69-71, cf. Apéndice 14).

76 Simón, 1944: 72-74 y nota del gobernador San Martín al Teniente de gobernador de San Luis, 29.02, 1816, en AHM, EI, 23/3.

77 Oficio de fray Inalicán al gobernador intendente. San Rafael, 12.08.1819, en AHM, EI, Legajo Eclesiástico (tomado de Simón, 1944: 98-99, cf. Apéndice 16).

desde el tiempo de Amigorena por que fue su chasque continuado en tierra adentro, y aún le hicieron tomar las armas contra sus paysanos». Inalicán enarbola la pluma para sostener su reclamo, sin ocultar el dolor que le produce «ver, y oír decir algunos ambiciosos Christianos, que los Yndios no son capaces de producir ciertas cosas [...] por que los consideran tan brutos, que no son sugetos de producir semejantes expreciones». Para que nadie lo supusiera a él autor fantasioso de los reclamos que ponía en boca de los caciques, Inalicán se decía su vocero: «refiero ante el Govierno lo que ellos exponen»[78].

Y no lo hacía sólo en favor de los indios que moraban junto al Fuerte de San Rafael ni de los pehuenches de la cordillera. En 1820 lo vemos interceder por el cacique ranquel Rayú Huenchun, que había acompañado a un tal Angelo Baez, conductor de unos pliegos del gobernador de Cuyo para el Director Supremo, desde sus tolderías hasta Buenos Aires, tanto a la ida como a la vuelta, empresa que le había consumido varios meses y gran cantidad de caballos. Rayú solicitaba una recompensa en especies para él y sus acompañantes, «q.e siendo gratificado, tendrían el camino abierto en lo sucesivo, si se ofrecía otro igual acontecimiento». El cacique rogaba a Inalicán que pusiera sus dichos por escrito, «por si no huviese algún Interprete que pudiese explicar bien lo que el podría producir en su presencia y manifestar su pensamiento». Fiel a su estilo, el sacerdote transcribía las palabras del ranquel y dejaba en manos del gobernador resolver la conducta a adoptar: «Ahora medite V.S. lo que le paresca por mas conveniente»[79].

Testigo de abusos, de promesas incumplidas, de engaños deliberados y servicios no retribuidos, Inalicán no se erige en exaltado fiscal. Sus cartas lo muestran esforzándose por mantener —no siempre con éxito— una posición de aparente neutralidad. Como si pretendiera invisibilizar su indispensable mediación para hacer oír la voz prístina de los caciques. «No soy yo quien habla, sino ellos», insinúan sus escritos. Y, sin embargo, suya es la compasión ante el riesgo de ejecución que pende sobre los soldados desertores y sobre los hermanos Mudon, como suyos son el sentimiento de injusticia que le inspira la suerte de Cumiñan o la sorda indignación que le provocan esos ambiciosos cristianos que tratan de brutos a los indios. Por más que intente hacerse transparente, Inalicán no logra ocultarse del todo y podemos adivinar los profundos cuestionamientos éticos, políticos e identitarios a que dio lugar su peculiar ubicación entre dos mundos.

---

78 Oficio de fray Inalicán al gobernador José de San Martín. San Rafael, septiembre 1815, en AHM, EI, Legajo Eclesiástico (tomado de Simón, 1944: 67-69, cf. Apéndice 14).

79 Oficio de fray Inalicán al Gobernador Intendente de Cuyo, 28.09.1820, en AHM, EI, Legajo eclesiástico, tomado de Simón, 1944: 113-114 (cf. Apéndice 16).

Los paisanos de Inalicán

El paso de la era colonial a la etapa independiente significó, para criollos e indígenas, un reacomodamiento de lealtades políticas y una redefinición identitaria. ¿Cómo vivió ese tránsito fray Inalicán? Un detalle de sus escritos nos permite atisbar en qué cambiante posición se ubicaba él mismo en tan movedizo escenario: el uso que hace de la noción de «paisanos». Desde el instante en que fue comisionado a parlamentar con los indios en el Diamante, Inalicán alude a «los naturales Peguenches, mis paisanos» (cf. Apéndice 4). ¿Debemos entender entonces que se identificaba como pehuenche? Aunque el virrey Sobremonte lo presenta inicialmente como religioso observante "de nación Peguenche conventual del mismo Mendoza"[80] y el artículo 4° del tratado de 1805 lo da como «de su mismo idioma y Nación y aun emparentado entre ellos» (cf. Apéndice 2), nos consta que era oriundo de La Imperial, en el Butalmapu de la Costa, y que él mismo nunca se dice pehuenche. Al asignarle esa identidad, el virrey y el redactor de los artículos del tratado parecen estar usando el concepto de nación en un sentido amplio, que englobaría tanto a los habitantes nativos del territorio pehuenche como a quienes, oriundos de otras regiones, compartieran con ellos el idioma, la cultura y los vínculos de parentesco. Y es ése el uso que empieza dándole el fraile al término paisano, que carece del sentido peyorativo de «indio» –un concepto que rara vez aparece en la pluma de Inalicán– pero remite a la misma identidad colectiva, en la que el sacerdote se incluye.

En su segunda carta, en cambio, se opera un principio de distanciamieno: Inalicán se sitúa en un lugar intermedio entre sus «paisanos» –a quienes se refiere como «ellos»– y «los cristianos», anclando su identidad personal en el cruce entre las dos pertenencias que la constituyen: la indígena, que lo vincula con «los Naturales», y la católica, que lo asocia al conjunto de los cristianos. Él se ve como un puente entre ambas, pidiendo a Dios «un celo Apostólico, palabras y persuasiones eficaces para hacerles ver la diferencia que hay de la vida de ellos, la de los Christianos, y por último de la eternidad» (cf. Apéndice 6).

Cuando el vocabulario de la revolución popularizó como sinónimo de «americano» el concepto de paisano –que el *Diccionario de Autoridades* define como «El que es de un mismo País, Provincia o Lugar que otro o otras»–, Inalicán lo extendió a los soldados prófugos del fuerte de San Rafael, «hermanos y paisanos por ser nacidos en las Indias» (cf. Apéndice 11). Aquí se desdibujan las pertenencias étnicas y las particularidades religiosas y culturales de naturales y soldados y se privilegia como denominador común la adscripción a un

---

80 Oficio de Sobremonte al rey, Buenos Aires, 25.06.1805, en AGI Buenos Aires 92.

mismo suelo natal. Una inclusión que quizás fuera facilitada por el hecho de que buena parte de los partidarios que servían en la frontera tenían orígenes indígenas o mestizos. Sólo en dos ocasiones, en su correspondencia con José de San Martín –quien hizo frecuente uso del término «paisanos» al dirigirse a los pehuenches–, Inalicán lo emplea con ese sentido de nativo del mismo territorio, ubicándose explícitamente en el campo de los patriotas. «Quiere V.S. solidar nuestra amistad con nuestros Paysanos los Pehuenches, haciendoles un parlam.to», escribe a San Martín en octubre de 1814 (cf. Apéndice 12). Acá, el «nosotros» de Inalicán incluye a San Martín y al proyecto político que encarna, extendiendo un vínculo de amistad y paisanaje hacia un Otro pehuenche. Un año más tarde, Inalicán firma una misiva al gobernador intendente como «Su Capellán y Paysano» (Simón, 1944: 74). Es la última vez que lo encontramos incluyéndose en el mismo conjunto social y político, probablemente gracias a su cordial vínculo personal con San Martín.

Inalicán no parece haberse sentido cómodo en ese espacio simbólico que lo asociaba a los americanos criollos. Enseguida vuelve a identificarse con sus paisanos indígenas. Y no se limita a englobar en ese término a los pehuenches y puelches de la frontera de San Rafael sino que incorpora también, como vimos, al ranquel Rayú Huenchun (cf. Apéndice 17). Esto es: en la pluma de Inalicán, la noción de paisano no designa estrictamente a quien nació en el mismo país, vive en la misma región o responde a la misma acotada identidad étnica, sino a quien comparte vínculos de parentesco, idioma y cultura y que, más allá de sus lealtades políticas y de sus eventuales esfuerzos de aprendizaje y asimilación de la religión, la lengua y otras prácticas culturales occidentales, sigue siendo categorizado por los *huincas* como «indio». En un tiempo en el que aún no existían ni argentinos ni mapuches, Inalicán usa el concepto con un sentido englobante y superador de particularidades regionales, prefigurando la capacidad de autorepresentación colectiva que adquirirá, a partir del siglo XX, el etnónimo «mapuche».

Los últimos años… ¿y después?

Luego del cruce de los Andes por el Ejército Libertador estallaron conflictos al interior del bando patriota, con un intento de conjura contra la autoridad de O'Higgins y de San Martín planeado por los hermanos Juan José y Luis Carrera, que fueron apresados cuando intentaban ingresar a Chile y fusilados en Mendoza en 1818. Tras la batalla de Maipú, ese mismo año, varios oficiales realistas se refugiaron en la Araucanía, desde donde lanzaron una guerra de guerrillas contra el ejército chileno, apoyados por grupos mapuches

–*wenteches* o arribanos y pehuenches occidentales– que se mantuvieron fieles a los tratados firmados con la corona, pues veían en el empuje criollo y sus veleidades de expansión territorial hacia el Estrecho de Magallanes un riesgo mucho mayor para la continuidad de su modo de vida. Como lo señala el historiador José Bengoa (1985: 141), «apoyar a los españoles era para los mapuches la continuación de su lucha por la independencia». A partir de 1819, el teatro de operaciones bélicas se desplazó hacia el sur, con ramificaciones hacia el Neuquén, el sur mendocino y las pampas. Indígenas y realistas acosaron a las fuerzas chilenas, incendiaron localidades, robaron y mataron, en un conflicto irregular donde la sorpresa, el pillaje, el saqueo de poblaciones y la destrucción de los bienes del enemigo imprimieron tales rasgos a la violencia recíproca que se conoce ese período (1819-1824) como «la Guerra a Muerte». Derrotadas las fuerzas del caudillo realista Vicente Benavides hacia fines de 1821, la guerra de montoneras continuó algunos años, esta vez bajo el liderazgo de los hermanos Antonio, Santos, Pablo y José Antonio Pincheira, que aglutinaron bajo sus órdenes una abigarrada tropa de campesinos, bandoleros e indígenas y actuaron en un amplio territorio, entre el río Maule, el sur mendocino y las pampas.

En 1819 todavía quedaba vivo José Miguel, el más carismático y turbulento de los hermanos Carrera, y el gobernador de Cuyo, Toribio Luzuriaga, temía que intentara introducirse en Chile por algún paso situado en territorio pehuenche. En pleno invierno, y una segunda vez entrada la primavera, fray Inalicán fue solicitado para viajar a las tolderías, donde prometió premios a los caciques si lograban remitirlo a las autoridades. Pañichiné se mostró ofendido por la insistencia y le dijo al fraile «que en las personas de estimacion y de honor no se le habla mas de una vez, que si ya no estaba encargado anteriormente». Tampoco al gobernador Neycuñan parece haberle caido bien la segunda advertencia y respondió «que si ya no se tenía presente la aprensión y entrega» del coronel Huici (cf. Apéndice 19). La reacción airada de los caciques es reveladora de cierto malestar, quizás provocado por la incertidumbre que generaba la falta de informaciones fiables. No por nada mandaría decir Pañechiñé «que habia echo mui bien V.S. en darle la noticia del Sugeto, que solo asi pueden ellos saber las cosas del Govierno» (cf. Apéndice 16). Tan enemistado con O'Higgins y San Martín como con los dirigentes porteños, José Miguel Carrera encontró refugio entre un sector de los ranqueles, con cuyo apoyo asaltó la población de Salto en la madrugada del 3 de diciembre de 1820. Perseguido por las tropas del gobernador de Buenos Aires y hostigado por el de Córdoba, se adentró en territorio ranquel, iniciando un penoso periplo hacia Chile que culminó con su captura y fusilamiento en Mendoza, en 1821.

En Chile como en el Río de la Plata, una vez salida de la caja de Pandora, la violencia desbordaba los cauces, invadía nuevos territorios, permeaba las prácticas políticas de todos los actores, prosperaba en la anarquía, y se metamorfoseaba en guerra civil. El fantasma de la amenaza indígena volvía a tomar cuerpo. En Mendoza se abandona bruscamente la retórica de la fraternidad inaugurada en 1810 y empiezan a oírse voces que claman por nuevas expediciones contra las tolderías, para vengar «las incursiones, robos y asesinatos de los Indios Barbaros sobre las Fronteras y caminos que guían al gran Pueblo de Buenos Ayres, particularmente desde que vaxó de estas Cordilleras el Guerrillero Pincheira con dos mil Indios de los restos de Benavides»[81]. Los hacendados presentan al gobierno un plan para asegurar sus haciendas del riesgo de invasión indígena. El proyecto consiste en hacer de San Rafael una Villa y proponer a los naturales la compra de los terrenos que poseen entre el Río Diamante y el Atuel, contra un pago en especies, «p.a que poblando estos campos, q.e son famosos, y q.e exceden a los q.e hoy poseemos, se aumenten las crias de ganado en beneficio de ellos y nuestro». Seducido por la propuesta, el gobernador propuso que fray Francisco Inalican convocara a los caciques a un parlamento en San Rafael, el siguiente mes de marzo[82]. Ésta sería la última misión encargada al franciscano, que falleció antes de poder concretarla, el 20 de diciembre de 1823.

Casi cuatro meses más tarde, los vecinos de San Rafael rogaban la designación de un sucesor, pues algunas familias devotas se retiraban hacia San Carlos y la ciudad de Mendoza, «solicitando el pasto espiritual»[83]. Designado doctrinero en San Rafael, el cura de las Lagunas no parece haberse mantenido sino unos meses en el cargo. En agosto de 1826 los vecinos volvían a reclamar el nombramiento de un sacerdote, pues hacía más de un año que estaban sin párroco. No había quien bautizara a los niños, quién casara a los enamorados ni quién confortara a los moribundos.

Si la falta de sacerdote ponía a los habitantes cristianos de San Rafael en tal estado de desamparo, ¿qué decir de los pehuenches, puelches y ranqueles, que habían tenido en su paisano Inalicán un interlocutor comprensivo, un vocero

---

81 Nota del Gobernador de Mendoza Pedro Molina al Gobernador de la Provincia de Buenos Aires. Mendoza, 8.01.1823, en AHM, EI, 123/5.

82 Plan de los vecinos hacendados de Mendoza y respuesta del Gobernador Molina, Mendoza, 12.11.1823, AHM, EI, 123/6.

83 Súplica y solicitud de la comunidad de San Rafael de un religioso ante la muerte de fray Francisco Inalicán. San Rafael, 10.04.1824. Archivo Diocesano de Mendoza, doc. N° 104-1 (código 715) y Oficio de José Olmos al Cura y Vicario don José Godoy, Capilla de la Arboleda, 21.08.1826, en Archivo Diocesano de Mendoza, doc. N° 706 (código 715), en Leal e Iturriaga, 2009: 46 y 48.

eficaz, un generoso anfitrión y un firme defensor? ¿Quién los escucharía en tiempos de renacida desconfianza? ¿Quién traduciría sus palabras, explicaría sus hábitos y trasladaría sus quejas? ¿Quién se pondría de su lado ante los renovados embates de la sociedad criolla, que ya no disimulaba su apetito de tierras?[84] Ahora que la guerra contra el enemigo realista había degenerado en luchas civiles, donde los contendientes movilizaban en su apoyo a las lanzas indígenas mediante alianzas efímeras, ancladas en lealtades personales con individuos que perseguían sus propios proyectos políticos –los Carrera, los Pincheira y tantos otros–, la amarga constatación de fray Inalicán cobraba todo su sentido: si «los Españoles se servían de los Yndios en tiempo de necesidad, [y] acabada ésta, los abandonaban», los Americanos no habían resultado ser mejores. La ilusión de un vínculo fraterno, las declaraciones de amor y amistad permanentes, las promesas de dádivas y pasaportes con ribetes dorados quedaron definitivamente atrás. Muerto el incansable mediador, renacía el discurso belicista que había prevalecido hasta 1780. Con Inalicán desaparecía no sólo el paciente orfebre que llevó al papel la palabra de los caciques, sino una experiencia irrepetible de cohabitación fronteriza.

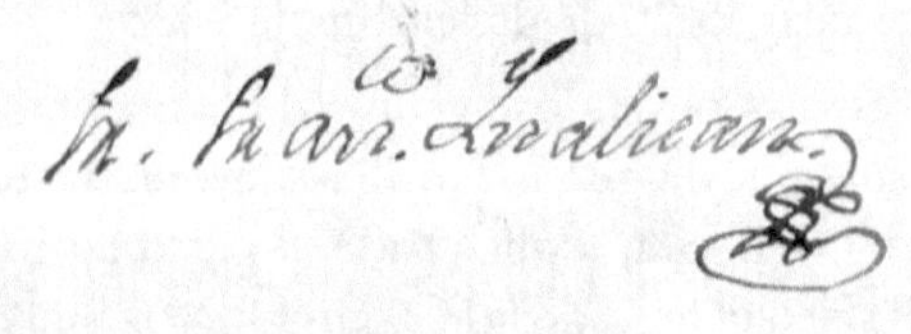

---

84 Entre el 27 de abril de 1824 y el 11 de mayo de 1825, el cacique Vicente Goico «vende» sin contrapartida explícita una ingente cantidad de terrenos entre el Atuel y el Diamante a Nicolás Guiñazú, Juan Miguel y Miguel Aldecua, Manuel Lopez, Bartolomé Baez, Ignacio Bombal, Juan Gualberto Godoy y Miguel Baes (AHM, EI, Protocolos 189 y 191).

Apéndices documentales

Capitulaciones de las paces de 1742
(ARAHM, Colección Mata Linares, t. VIII, fs. 197-199)

[Manuscrito en papel con sellado que dice "Valga para el Reynado de S.M. el Sr. D. Carlos IV. Vn quartillo" y otro sello que dice: "Sello Qvarto, vn qvartillo, años de mil setecientos noventa y noventa y vno"].

Capitulaciones de las paces hechas entre los Yndios Pampas de la reducción de Nuestra Señora de la Concepción, y los Serranos, Aucas y Peguenches, que se han de publicar en presencia del Cazique Brabo y de otros Caziques, y también en la dicha reduccion por orden del Señor don Miguel de Salcedo Governador y Capitan General de la Provincia del Rio de la Plata.

1. Las paces hechas con los Españoles comprehenden tambien à los Yndios Pampas de la reduccion de Nuestra Señora de la Concepcion como á Vasallos del Rey. Por consiguiente se han de olvidar sus diferencias pasadas, que hubo entre el Casique Brabo y la casa del Casique Mayupilquia, y con cualquier otro Yndio de la Reduccion. 2. El Casique Brabo, y los demas casiques amigos pondrán sus tolderias en el tandil y Cayrú, y quando llegare el tiempo de la feria de los ponchos darán aviso à los Padres Misioneros de la reducción de los Yndios Pampas, para que se dé esta noticia al Señor Governador. 3. Para evitar grandes desordenes y ocasiones de nuebas guerras: el Casique Brabo como Maestre de Campo de toda la Sierra no dejará bajar à ningún Yndio, ni Yndia à Buenos Ayres ni à sus estancias, sin expresa licencia de el Señor Governador, por lo qual el Saladillo, que ciñe dichas Estancias de Buenos Ayres, será en adelante el lindero, el qual ningun Yndio infiel pasará sin dicha licencia; y si alguno sin licencia lo pasare, y se cogiere en esta Vanda del Saladillo, se pondrá en la Cárcel de Buenos Ayres, hasta que lo pida el Casique Brabo. 4. No obstante, que la feria de los ponchos siempre se ha de hacer en el tandil, y Cayru, los Yndios amigos podrán bajar, y visitar à los Yndios de la reducción de los Pampas, quando quisieren, con tal que no hagan molestia ni à los Padres Misioneros, ni à los Yndios de la reducción. 5. Los Yndios amigos no podrán sacar ó llevar á ningún Yndio, ó Yndia de los avecindados en dicha reducción. 6. Si algún Yndio ó Yndia de los avecindados en dicha reducción se huyere de esta à los Yndios amigos, ó à qualesquiera otros, el Casique Brabo —como

Maestre de Campo de la Cierra lo castigará, y lo restituirá à dicha reducción. 7. Si algún Yndio de la reducción hiciere algún agravio à los Yndios Amigos, los Padres Misioneros han de ser avisados del delito, y lo castigarán; y si alguno de los Yndios amigos fuere el delinquente, lo castigará el Casique Brabo. Si el delinquente mereciere la muerte se entregará al Señor Governador. 8. Si los Yndios amigos, que bajaren à la reducción fueren muchos de una vez no entrarán todos en la reducción –sino solos los Casiques, y de noche tendrán su alojamiento fuera del Pueblo, en el Paraje, que los Padres Misioneros les señalasen. 9. Si algunos de los Yndios amigos quisieren avecindarse en la reducción de los Pampas, para hacerse cristianos, no se lo estorvarán sus Casiques. 10. Los Padres Misioneros de la reducción podrán libremente hirse à la Cierra, siempre, y quando quisieren, y asi el Casique Brabo, como los demás Casiques les darán licencia para predicar el Santo Evangelio à sus Vasallos, y para que puedan hacerse cristianos todos los que quisieren, y tendrán en grande veneración à los Padres Misioneros, como à personas embiadas de Dios, y del rey Nuestro Señor, para que les enseñen el camino del Cielo.

Apéndice 2

Acta del parlamento con caciques pehuenches y puelches de Mendoza celebrado el 1° de abril de 1805 en las márgenes del río Diamante
(original en AGN IX, 30-7-6; copias en AGN IX, 3-5-2
y en AGI Buenos Aires 92)[1]

Don Miguel de Teles, teniente coronel y sargento mayor de las milicias urbanas de Mendoza y comandante de la expedición destinada por el excelentísimo señor virrey capitán general de las Provincias del Río de la Plata etc. En virtud de la comisión que dicho señor excelentísimo en fecha de 5 de enero de 1805 puso a mi cargo para establecer una nueva frontera y reducción de los indios infieles de la nación Peguenche en las inmediaciones o confluencia de los ríos Diamante y Atuel, cité en cumplimiento de esta superior determinación para que concurriesen a mi campamento, que lo tenía situado en las inmediaciones de dichas confluencias, a los caciques para tratar sobre dichos puntos, como asimismo pasando el correspondiente oficio al teniente de caballería de la frontera de Buenos Aires don Esteban Hernández a fin de que por justos motivos que interesaban al mejor servicio de Su Majestad reuniese su partida con mi expedición, así para lograr no solo los mejores fines de mi comisión cuanto para el mejor éxito y seguridad de la suya, y habiendo dicho oficial comandante reunídose como igualmente los caciques siguientes: el gobernador Colimilla, Llamiñancu, Melimanque, Ancanamun, Levigueque, Millaguin, Millatur, Lincoñam, Puñalef, Caniupi, Guirscañaneu [Guiricañancu],

---

1 En esta transcripción la ortografía ha sido modernizada y las abreviaciones, desplegadas. Los nombres y otras palabras entre corchetes son los que figuran en la copia de AGI Buenos Aires 92.

Loncoñancu, Carripan, Panichine, Nagueltipay [Nagueltripay], Emineu [Eminau], Guntinau [Guentenau], Burinaguel, Antipan, Lincoñam, Guayquillan, Carilef [Carrilef], Catruen, Marcos Goyco, Bartolo Guelecal, y los capitanejos Puitriñancu, Millanancu, Terquillanca, Cumiñan, Unieri [Vniers], Epuguan [Epugurr], Lloncopa, Vicente y José Goycos, Mariguanque, Calfical, y formando según costumbre en círculo con toda mi oficialidad y capellán, el teniente don Esteban Hernández, el ingeniero geógrafo don Joseph Sourriere, el comisionado don Joseph Santiago Zerro y Zamudio y demás de su comitiva en la plazoleta que formaba los ramadones que servían de alojamiento a dichos caciques que para el efecto se habían construido cerrando el frente que daba a nuestro campamento, la tropa formada en ala, etc. Entramos a tratar por cinco intérpretes a las nueve de la mañana coadyuvando con su buen celo y eficacia el reverendo padre lector Fray Francisco Analican [Inalican], práctico en el Idioma Peguenche, y saludando a cada uno de los Caciques y capitanejos particularmente por sí en nombre de Su Majestad y del excelentísimo señor Virrey y capitán general del Río de la Plata el señor marqués de Sobremonte, y concluida esta indispensable ceremonia se les hizo por los dichos intérpretes entender los puntos siguientes:

1° Que los recelos que tenían de que los Españoles les querían quitar sus tierras y esclavizarlos, para cuyo fin habían venido aquellas dos partidas, era incierto, que conociesen que nuestra antigua fidelidad y amistad era permanente e inviolable con lo que quedaron satisfechos y persuadidos, desvaneciéndose todas las malignas ideas que se habían formado entre ellos que los habían puesto en movimiento a toda la nación, según los informes que nos comunicaron reservadamente algunos más fieles, influencias de las otras naciones de abajo.

2° Que su Excelencia disponía se hiciese un fuerte en nuestros territorios que consideramos desde el Río Atuel, no solo para la seguridad de toda la nación Peguenche por lo que corresponde a sus enemigos sino para su mayor felicidad y fomento de su comercio a lo que unánimes se conformaron aunque reclamaron su derecho, cediendo y dando con mucho gusto y complacencia justa y legítima posesión de los terrenos que hacen las confluencias de ambos ríos Diamante y Atuel por las ventajas que resultaban a los españoles de las maderas y que el fuerte lo contemplaban estar bien puesto donde les pareciese prefiriendo la vista del río abajo, por ser la principal entrada de los ranqueles cuyos terrenos se abanzan de la Frontera de San Carlos sobre 70 leguas[2].

3° Que el Rey nuestro señor les reconoce a todos por hijos y que así es menester que ellos lo miren como a Padre, cediendo y franqueando los terrenos que necesite [necesitase] a lo que contestan [que] todos reputan por su Padre al Rey, pues mira por todos ellos viendo asi mismo en la persona del Señor Virrey la de Su Majestad, y que franquean todos sus terrenos para que puedan abrir los caminos a las ciudades o pueblos que gustasen, pasando sin ningún recelo por sus tierras.

4° Que su excelencia disponía igualmente se hiciese una capilla dando por párroco al reverendo padre lector Fray Francisco Enalican [Inalican] de su mismo idioma y nación

---

2   En la copia de AGI Buenos Aires 92 los artículos 2 y 3 están invertidos.

y aún emparentado entre ellos para que instruyesen en nuestra religión a los que voluntariamente quisiesen ser bautizados. Se conformaron se hiciese la capilla y que todos la pedían, siendo su compañero el Padre Enalican [Inalican] y que según vieren el beneficio que resultaba vendrían a su pueblo y que en éste se entablase un comercio para todos.

5° [Que] para que experimentasen las benéficas y hermanables disposiciones del excelentísimo señor Virrey mandaba se les mirase con todo amor y benevolencia y que tratasen alli mismo los que voluntariamente quisiesen reducirse a nuestra Religión Católica eligiendo igualmente el paraje donde quisiesen para su Iglesia, contestaron que estaban enterados del mucho amor y cariño que en esto les manifestaba su excelencia y que para erección de la Iglesia fuese donde nos acomodase mejor, que con el tiempo irían reduciéndose poco a poco, distinguiéndose el cacique don Francisco Carilef [Carrilef] que él se llamaba a dicha reducción con toda su familia, y por consiguiente la Cacica doña María Josefa Roco, haciendo ver que por lo presente no era conveniente se les instase mucho que con el tiempo se irían llamando todos a reducción.

6° Que era menester franquearse [franqueasen] libremente sus terrenos para abrir [hacer] camino a la ciudad de Talca a [o] donde mejor conviniese sin poner obstáculos en los que transitasen así como ellos tenían libertad para ir a los pueblos o ciudades de nuestros dominios sin impedimento alguno, en los que se les miraba con todo aprecio y estimación y que en abrir caminos para todas partes resultaba más [en] beneficio de ellos y no de nosotros pues tendrían sin salir de sus tierras todo cuanto necesitasen comprándolo a los que transitasen y vendiendo ellos sus efectos. A lo que todos unánimes y con mucho gusto admitieron sin la más mínima repugnancia esta propuesta, franqueando sus terrenos y auxilios para que se abriesen los caminos que el Rey su padre y el señor Virrey quisiesen y que conocían las ventajas que les resultaban en el comercio.

7° Que las desavenencias que hay entre unos y otros deben quedar sepultadas en el olvido y que en adelante deben tratar [tratarse] todos como hermanos en tranquila y pacífica Paz y sosiego, entablando nueva vida. Quedando todos avenidos principalmente el cacique Pañichine y su hermana doña María Josefa Roco, como partes dolientes en estas enemistades tan inveteradas de estos caciques Peguenches con los de la Nación Puelches o Pampas que se hallan en esta reducción cuales son el cacique don Bartolo Guelecal y los tres capitanejos Goycos, Marcos, Josef y Vicente, quienes en voz alta e inteligible se hicieron entender por medio de los Intérpretes el reverendo padre fray Enalican [Inalican], don Santiago Serro y Samudio, don Joseph Vibancos, Dionisio Morales, don Juan Neculante y el intérprete general de ellos Coliguaca, que ellos deseaban se acabasen enteramente las enemistades que con ellos tenían los Peguenches y que en adelante se tratasen hermanablemente quedando estas partes conformes y avenidas, dándose para prueba de sus reconciliaciones y unión las manos en presencia de todos.

8° Que en adelante débese conservar [debe conservarse] una inviolable paz entre ellos y nosotros, y que siempre que algunos malos hombres fuesen a inquietarlos con algunas novedades diesen parte inmediatamente y que de este modo se conservaría y jamás habría desunión entre ambas partes, concordando en todo este artículo.

9º Piden y representan todos ellos en este Parlamento que por el señor excelentísimo Presidente de Santiago [de Chile] se dé providencia para que se evite la entrada de todos aquellos que no traigan su licencia, pues vienen muchos con pretexto de cambalaches y no son más que a robarles sus haciendas, en que [de lo que] resulta se van quedando algunos de su Nación sin ganados y expuestos a robar para mantenerse. Pidiendo algunos caciques por capitán de ellos a don Manuel Girón, vecino de la Ciudad de Talca, otros a don Santiago Serro y Samudio, y otros a don Elías Bergara, Alférez de Milicias y vecino de la Villa de Curicó para que todos estos entendiesen en sus negocios en los pueblos de su residencia, a lo que tuvimos que condescender a sus representaciones por contemplarlas justas y arregladas.

10º Representan asimismo que la gente que se les pusiese en esta nueva Frontera y Población sea toda buena para que por parte de estos puedan recibir buen agasajo, así como nosotros gustaríamos recibirlo por parte de ellos, lo que concedemos por justa a la propuesta.

11º Asimismo piden y suplican que todos los puntos citados tanto por parte nuestra como por la de ellos se dé cuenta de todos al excelentísimo señor Virrey de Buenos Aires y al excelentísimo señor Presidente de Santiago de Chile, para que no sólo lo hagan saber a todos los pueblos de sus mandos y los que en ellos mandan en sus nombres, sino también para que lo hagan saber al Rey que es Padre de todos, y que conozca que ellos son también sus vasallos fieles y leales y que están en todo sujetos a obedecer no solamente a él sino a los que gobiernan en su nombre y para comprobación de la nueva alianza establecida en este Parlamento y en reconocimiento de su fidelidad, lealtad y vasallaje al Rey, firma a nombre de todos ellos el reverendo Padre Enalican [Inalican] aquellos tratados, y a su continuación todos los Españoles [que habían concurrido al círculo del Parlamento, asegurando con esto una firme y estable unión entre Peguenches y españoles], a lo que condescendí gustosísimo.

12º que para prueba de todo les expidiese el señor Virrey un Pasaporte o despacho a cada uno de los Caciques y capitanejos tanto a los principales [presentes] como a los que no han concurrido por ser preciso para el cuidado de sus casas y haciendas para cuyo fin se pase una lista de todos al señor Virrey por el Comandante don Miguel de Teles para que su excelencia se los mande inmediatamente para que por ellos sean conocidos por vasallos leales de su majestad en todos sus dominios, y que lo piden a nombre o por parte de los que no están. Quedando en hacerlo presente su pedimiento al excelentísimo señor Virrey, y concluidos estos dichos tratados se batió marcha por todo el alojamiento o ramadones donde servían a dichos caciques y haciéndose una salva de [con] la artillería cuyo Parlamento se concluyó a las dos de la tarde, convidando a todos los caciques [a comer] para el día siguiente a que viniesen a comer, lo que han verificado no sólo con el fin insinuado sino para ratificarse en todos los artículos de los tratados que firmó a continuación el Rdo. Padre Inalicán como comisionado de [por] todos los Caciques y firmaron todos según el orden que va puesto: el Teniente de Blandengues de la frontera de Buenos Aires don Esteban Hernández, el Ingeniero Geógrafo don Joseph Sourriere de Subillac, los oficiales de caballería de voluntarios de Mendoza, el capitán don Joseph León de Torres, el Teniente don Juan Francisco Delgado, el Alférez don Andrés Godoy, el subteniente de Milicias don Manuel Montaña, Ayudante de la Expedición de Buenos Aires, el Comisionado don Santiago Zerro y Zamudio, el cadete porta estandarte y Ayudante de la Expedición de mi cargo don Joseph Encinas. En el Río del Diamante al siguiente día de la celebración de dicho Parlamento que fue en 2 de abril de 1805. A ruego de todos los Señores caciques, capitanejos y cacica, fray Francisco Enalican [Inalican] y por mí, Miguel Teles Meneses. Estevan Hernández. Don José Sourrier y Subillac. José Santiago Serro y Samudio. José León Torres. Juan Francisco Delgado. Andrés Godoy. Manuel Montaña, Nicolás de Aranda. José Luis Encinas y Salas. Manuel Cháves. José María Polloni. Francisco Eduardo Balenzuela. Jayme Palau. Gregorio Graviola. Javier Balenzuela. Angel Francisco Candia. José Antonio de Pareja.

Nota especial y general de la Cacica doña María Josefa Roco pide que en el lugar de el agua Caliente 35 leguas de distancia de este acampamento[3] se le hiciese la Iglesia y casa para ella vivir y los demás que quisiesen, advirtiendo que el concurso de los naturales ascienden a doscientos y mas personas. Teles. Fr. Francisco Inalican. Hernández. Zamudio. Torres. Aranda. Encinas. Godoy.

Es copia del original que certifico. San Rafael y octubre nueve de mil ochocientos siete[4].

APÉNDICE 3

Parlamento del comandante de frontera de Mendoza Miguel Teles Meneses con el cacique moluche Güilipan Pichapi.
(Oficio de Miguel Teles Meneses al virrey Sobremonte.
San Carlos, 16.09.1805, en AGN IX, 3-5-2)

En oficio de 9 de julio último di parte a V.E. [vuestra excelencia] sobre la venida de Guilipan Pichapi según las noticias que me havían comunicado los Caciques, haviendo quedado de avisar a V.E. de sus resultas, y como luego de su llegada a los Toldos del Gobernador Colemilla frecuentaron los correos de éste y de diferentes caciques, avisándome ael Fuerte de San Rafael del Diamante cada uno de por sí su llegada así como lo hizo también él, por dos Propios que me mandó saludándome de parte suia y de su Padre previniéndome en donde podría berse conmigo, contestéle por otro igual mensaje diciéndole al mismo tiempo de que bendría aguardarlo en San Carlos o en las orillas del río de Mendoza con el Padre Ynalican en atención a que en San Rafael, por ser una Frontera que resien se estaba criando no tenía como poderlo allí recibir, a lo que se allanó con los demás Caciques, y me señalaron día por dos Propios que me hizo el Gobernador Colemilla a saber si ya me allava en San Carlos, los mismos que tuve en rehenes hasta que llegasen, por ser personages. Haviéndoles mandado avisar de la epidemia de las

---

3   El original en AGN IX, 30-7-6 se interrumpe en «acampamento» y añade: «Advirtiendo que el concurso de los naturales asciende a doscientas y más personas más o menos».

4   Corresponde a la copia que figura en AGN IX, 3-5-2.

viruelas que se havia propagado en esta de San Carlos, y en la de Mendoza, me responde Güilipan Pichapi quería benir acumplir su palabra.

El 9 del corriente llegaron a San Carlos dos Capitanejos embiados por ellos, pidiendo licencia para presentárseme, que se hallavan en Llaucha que dista de esta frontera trece leguas inmediatamente despaché al Comandante de San Carlos don Juan Morel con diez y seis partidarios de esta Guarnición y al Alférez de Milicias don Juan Guiraldes a encontrarlos. Llegaron el 12 del mismo a mi acampamento que lo tenía dos leguas avanguardia de San Carlos afin de preservarlos del contagio u epidemia de las viruelas, luego que se presentaron hicieron sus escaramuzas de a caballo, hecharon pie a tierra, se vinieron a mi alojamiento con todas aquellas ceremonias que acostumbran, les di asiento, y formando una especie de círculo veinte caciques, nueve capitanejos, catorce cacicas y tres mugeres de los capitanejos, y siento y cincuenta mocetones, en término parlamentario pidió licencia para hablar el cacique Gobernador Colemilla y después de hecha su relación, se siguieron todos los otros caciques por sus turnos, dándome a reconocer a su huésped el Cacique Guilipan Pichapi, hijo del Cacique Pichapi, Gobernador de las Naciones Muluches, Osorno, Imperial, Valdivianos y costas de aquellos mares, y habiéndoles contestado a cada uno de por sí, dándole la bienvenida se levantó dicho Güilipan Pichapi dandome a nombre de su Padre quatro avrazos, me dijo que él benía mandado por su Padre en atención haverse divulgado por sus tierras el parlamento que el Rey había mandado hacer con los Pehuenches para componer toda la tierra, que su Padre deceoso de imponerse bien de las buenas noticias, y del que el S.or Virrey había puesto por cabeza de la tierra, pues ya su nombre havia divulgádose como la más alta cordillera, y que me digera también que si yo hera mas viejo que su Padre, él sería mi hijo, y que si yo hera mas moso, él sería mi Padre, que me mandava ofrecer sus tierras y vasallos, y que lo hiciera presente al S.or Virrey de Buenos Ayres que havía dado buenas razones al Cacique Carepan y a Neculant, avisando al Rey que él compondría toda la tierra y que ya no quería ser malo, pues le havía encargado que viniese dando buenas razones a los quatro vutanmapus para componerlos. Le contexté después de mis cariñosas demostraciones que la mente del Rey Nuestro Señor y del S.or Virrey en haver mandado formar aquella nueva tierra en donde se haría Iglesia para ellos, que quieran ser cristianos, hera solamente a veneficio de ellos, pues el Rey los amava como ha hijos y vasallos, que se condolía de su miseria que pudiendo también ser felices como nosotros por tener la dicha de ser christianos y el honor de ser vasallos de un Rey Católico y Poderoso, como que estamos disfrutando de su protección y amparo, pues su Poder y grandeza sujetaba a otro Rey, sin envargo que en la actualidad se hallava en guerra y peleando con otro Rey, no por eso dejava de encargar al S.or Virrey que los atendiese, y oídas estas mis razones, ellos entre sí se hablaron, y levantándose el Cacique Gobernador Colemilla, Carepan, Millaguin, Pañichiné, Carilef y Güilipan, dixeron, Ea, Capitán Grande Teles, tu heres nuestro Padre, Señor Rey peleando, aquí estamos vamos con vos aiudarle, como Soldados, como vasallos nos hallamos promptos con nuestros mocetones, y lleba también a Patiru Ynalican. Havisa luego luego al S.or Virrey donde quiere que bamos, y todos ellos a una decían bamos bamos Teles, ofreciéndose con mucha arrogancia y espíritu.

Diles los agradecimientos a nomvre de S.M. [Su Majestad] y de V.E. [Vuestra Excelencia], diciéndoles que no esperaba menos de ellos en prueba del mucho amor y cariño que Nuestro Soberano y V.E. les tenían, y que en su Real Nombre les ofrecía su amparo como a sus vasallos, y que así también lo hiciesen entender en toda la tierra, y que más se ha de estender su Real y piadoso corazón con aquellos que volumptariamente avrazasen nuestra buena y Santa Religión, pues veían la grandeza y abundancia que entre nosotros havía, y que la mente de V.E. hera de que ellos nos imitasen para cuia causa se querían abrir los caminos por sus tierras para darles más balor a sus Ponchos, Mantas, Lanas y demás que ellos fabricaban, y que se me encargava por V.E. que no consintiera sus desavenencias, pues no hera regular que entre ellos corriera su propia sangre, haciéndoles comprender palabra por palabra por su Yntérprete y paisano Fr. Francisco Ynalican. Y he quedado con ellos de que daría parte de todo a V.E. haviendo demostrado quedar mui gustosos, se avrasaron unos con otros, y después me avrasaron a mí todos ellos, hallándose presentes el citado padre Fr. Francisco Ynalican, el Capitán Comandante del Fuerte de San Carlos don Juan Morel, el Alférez de Milicias Urbanas don Juan Güiraldes y varios soldados de la Guarnición que allí se hallavan formados. Concluida esta ceremonia convidé a comer a mi meza a todos los Caciques, y a los demás todo el obsequio que provisionalmente pude acopiar para corresponder a tan no esperada generosa demostración. Pidieron se les hicieran unos tiros con los fuciles y mandé que la tropa hiciera Vivas al Rey y ellos también lo repitieron.

Al segundo día mui de mañana se avocaron en mi alojamiento todos los caciques y capitanejos ha decirme si avía quedado enterado de sus razones, les respondí que sí y pidieron que para que constase al Padre del Cacique Güilipan Pichapi de que todos ellos lo havían acompañado hasta benir a presentármelo, pidiese a V.E. un pasaporte en el que hiciera relación de los Caciques y Capitanejos que lo havían acompañado y de otros más que havían enviado sus pasaportes acreditando su complacencia, diciendo Güilipan que aunque su Padre había mandado avisar que hiva a Buenos Ayres haver a V.E. rompiendo la tierra de los Ranquelches después de haver vengado un agravio con uno de aquellos Caciques, avisaba que por ahora no hiva por haverse compuesto con su contrario, y que en otra ocasión hiría su Padre, o talves él, por ser más mozo.

Que a causa del haviso que les havía yo mandado de la actual peste en la de Mendoza y en esta Frontera, temerosos de ella se havían quedado otros varios caciques, sin benir acompañarlo, pidiendo permiso algunos caciques para retirarse desde esta frontera para sus Toldos con varios Mosetones, que fueron los caciques Caripan, Pañichine, Calguintur, Carilef, Guanquenecul, Marcos Goyco, y los capitanejos Vicente Goyco y Mariguan, encargándome de nuevo todos estos atendiese a Güilipan, resolviéndose los demás a mis muchas instancias vajar a la de Mendoza, en atención a no tener cómo obsequiarlos aquí de cuenta de Su Majestad a sus generosas demostraciones tan conformes a la mente de N.tro Soberano y de V.E. y con efecto me pongo en marcha con ellos y el R.P. [reverendo padre] Fr. Fran.co Ynalican para la de Mendoza, para que de cuenta de S.M. se les hagan los agasajos y regalos que buenamente se puedan.

Apéndice 4

**Carta de fray Francisco Inalicán al virrey Rafael de Sobremonte.
Fuerte de San Rafael del Río Diamante, 9.04.1805**
(en AGI Buenos Aires 92)

Excelentísimo Señor: Gracias a Dios nuestro Señor que en el feliz gobierno de VE se hayan establecido la paz y quietud en [sic] los Naturales Peguenches, mis Paysanos, conseguida con el feliz nombramiento de VE a don Miguel Teles y Meneses por comisionado de este Parlamento, porque si algun otro hubiera sido, no se logra cosa alguna, ni menos hubieran venido a la Junta, y de venir se hubieran muerto unos a otros, y tal vez hubiéranse levantado contra nosotros por que ha de saber SE que es mucho el amor que le tienen y profesan a don Miguel Teles y que por eso cuando oyeron que él era el comisionado entonces se animaron cada uno a montar sus caballos y venir al Parlamento y escuchar las órdenes de VE y las disposiciones del Rey nuestro Señor (a quien Dios guíe muchos años) y después divulgarlas y esparcirlas entre ellos mismos en sus tierras. El día 27 del mes finado empezaron a llegar, y el primero que llegó fue el Cacique Carripan (a quien VE honró con sus cariños en su Palacio) con el cacique Pañichine hermano de la Cacica María Josefa Roco a quien por lo consiguiente favoreció VE en su Real Palacio, después fueron llegando y juntándose los demás en este campamento que es en la orilla del Río Diamante y de éste hay tres días de camino andando a trote largo a los primeros toldos, como ellos mismos me lo han dicho. El día primero por la mañana se celebró el Parlamento del mes que corre, y duró hasta las dos de la tarde; puse todo el mayor conato y cuidado que pude en oir, atender y escuchar a todos los caciques concurrentes, y todos decían que habían tenido al principio sus recelos, pero luego que supieron que el Señor Comandante don Miguel Teles era el comisionado entonces se animaron y se pusieron en camino para venir a saber, escuchar y publicar después en sus tierras las buenas noticias y consejos que VE les mandaría como Padre en nombre del Rey Nuestro Monarca (a quien Dios nuestro Señor conserve su muy importante vida por muchos años), que como Padre, Señor y Rey de ellos no juzgaban que mandase los perjudicasen en sus tierras, sino al contrario que les serían de mayor utilidad de ellos, como que así lo han reconocido por la propuesta que se les hicieron que fue el ponerles todo el comercio en el Fuerte nuevo que se quería hacer. En el Parlamento se desterró entre ellos todo sentimiento, todo disturbio, toda pena y toda tristeza y se estableció la paz como he dicho arriba, la tranquilidad, la quietud y el sosiego, a excepción, una deuda que el cacique llamado Bartolo Guelecal (que quedó pagar un Muchacho al Cacique Pañichine la primera vez que lo encuentre por tres muertes que había hecho), y se libró él de la muerte por la intercesión y súplica del Señor Comandante don Miguel Teles, quedándose por testigos ocho caciques de la paga, y de no cumplirlo se darían por contrarios a él. Se estableció también a gusto de todos ellos, que se hiciera aquí en su tierra el fuerte, por donde sus enemigos pasaban y que se les pusiesen en él todo comercio; se trató también de la Población y de la iglesia que el Rey nuestro Monarca les ofrecía para que si querían bautizarse y hacerse cristianos la poseyesen, nombrándome a mí aunque indigno sacerdote para cura de ellos. A esto respondieron uno por uno en círculo como estaban comenzando desde el Gobernador hasta el último de la rueda, diciendo todos que no querían que ninguno de sus Antecesores habían vivido así, que mejor estaban vivir en sus costumbres y que por el pronto no determinan hasta ver el buen trato que les hiciesen. Definido todo esto, hizo saber a todos la cacica María Josefa Roco que ella admitía la oferta del Rey nuestro Señor, pues la Población y la Iglesia se la ofrecía para su felicidad, y la poseiría concluida que fuese y para esto señaló el lugar llamado el Agua Caliente: el Cacique Carrilef y el capitanejo Cumiñan anteriormente la deseaban y querían poblarse, y así esperan también la conclusión de la Iglesia para la posesión y se ratificaron a la despedida y que para la Primavera se acercarían a este Fuerte nuevo de San Rafael para irse instruyendo poco a poco en la Religión cristiana católica apostólica romana. Aquí mi pariente don Juan Neculante en el recibimiento de los Caciques hizo saber la bondad y el amor que VE les tenía y así los aconsejaba y les hacía saber el recibimiento y el cuidado que VE había tenido para con ellos y esto lo atestiguaba con el cacique Carripan y la Cacica María Josefa Roco, y que él iba a su tierra a hacer saber a su Padre y a todos los suyos los buenos consejos que VE le había dado. Todo esto lo presenciaba de cuando en cuando el Señor Comandante don Miguel Teles y dice que tiene muy presente los Retratos del Rey nuestro Señor y de la Reina nuestra Señora que VE se había servido enseñárselos y está muy empeñado a volver para la Primavera a ver a VE. Por último señor hago saber a VE que todos los caciques están muy imbuidos e inteligenciados que el Señor Comandante don Miguel Teles es el que corre y por eso (como dije arriba) habían venido al Parlamento, por haber visto sus chasques que les hacía y por respeto del Señor Comandante no ha habido disturbio en ellos, por que concurrieron algunos enemigos entre ellos que unos y otros se deseaban la muerte por vengarse de sus agravios, pero por la presencia, respeto y amor del Señor Comandante don Miguel Teles se ha apaciguado todo por que lo miran como Padre natural por su bondad y cariños que reciben, y mediante su venida y el feliz acierto de VE en nombrarlo de esta Expedición (y la llegada nuestra se puede decir que hemos libertado de la vida a los de Buenos Aires) se ha conseguido la paz, que entre ellos estaba ya en punto de perderse, y se hubiera verificado más presto en nosotros, si VE no hubiera comisionado a otro, por que cuando tuvieron noticia de la internación de los Españoles en sus tierras y que venían a plantar un Fuerte, habían hecho ya sus juntas y concilios para hacer retirar a los cristianos y no admitir tal Fuerte en sus tierras y tal vez habría sido por el avance de sus tierras que se les hacían. Y estando en esta Junta dicen que llegó el Cacique Carripan devuelto de Buenos Aires que con la llegada se dejó todo pendiente y comenzaron a celebrar la feliz llegada de su Paysano. Señor, me recelo que si al Señor comandante don Miguel Teles no se le da el dominio para con ellos por su bondad y cariños que del señor Comandante reciben y por consiguiente las viudas y mujeres de ellos se pierda la paz, y el sosiego que prometieron haber entre ellos, porque según a ellos les he oído no quieren ni obedecer a otro, pues así lo he visto en ellos aún en sus embriagueces, pendencias y quimeras que han tenido, luego que el Señor Comandante don Miguel Teles se presenta, luego se humillan, se rinden y se sumisan y se quedan conformes a su dictamen y parecer. Yo también digo que el mantiene en su mesa y en su compañía para pasar la noche. La derechera del camino, he oído a ellos viene estar más adentro del sur en la Nación de los Ranquelches y quienes hacen cabeza en ella son el Cacique Carripilum, Tecalem etc., los cuales no han concurrido por la distancia que hay al Parlamento. Hasta aquí todo cuanto puedo decir en Ley de conciencia, su humilde capellán que desea el feliz gobierno y toda la prosperidad a VE. Fuerte de San Rafael río del Diamante, 9 de abril de 1805, Fray Francisco Inalican.

Apéndice 5

Carta de fray Inalicán a Sobremonte transmitiendo avisos sobre la llegada de Güilipan Pichapi, San Rafael, 12.05.1805
(en AGN IX, 30-7-6)

Participo a V.E. como ayer once del corriente ha llegado por la mañana un chasque Peguenche llamado Francisco Piuchen, chasque de los Caciques pehuenches, es a saber Carripan, Millaguin y Paguichigue [Pañichiné] dando noticia al Sr. Comandante don Miguel Tellis cómo dentro de seis o siete días iban a tener un huésped, hijo de un Cacique muy poderoso en su tierra, llamado Pichapi de la nación de los Muluches y este viejo iba a conocer a V.E. y que en su compañía lleva quinientos hombres para atravesar la tierra de los Ranquilches, por saber que es una nación mala, no obstante que allí quiere vengar un agravio, y que a su hijo manda con mucha recomendación para los toldos de los Peguenches con cinco mocetones, todos hijos de caciques, sin recelo por saber que en la Nación Peguenche se había establecido la paz en un Parlamento que se había celebrado con mucho aplauso, que en toda la tierra se había divulgado las buenas noticias y la alianza que tenían los Peguenches para con los Españoles. El Cacique Gobernador Pichicolimilla daba las mismas noticias, con un chasque que mandaba, el cual había llegado solamente a los toldos de los dichos caciques y que no quiso proseguir mas adelante por habérsele rendido los caballos que traía. Que el hijo venía a conocer y hablar al Señor Comandante don Miguel Tellis y al Cacique Carripan por la buena fama de sus nombres, que en su nación se había divulgado.

Los caciques Peguenches aguardan al tal hijo y suplican al señor Comandante les haga el favor de darles y remitirles cinco cargas de vino para el recibimiento por la amistad y fidelidad que les profesan los españoles. Advierten que ellos han de venir también a acompañar aél cacique a este real Fuerte, que le avisaban a don Miguel Tellis para que no lo hallasen desprevenido y que pedían que lo habían de recibir con las mismas ceremonias con que a ellos los habían recibido en el Parlamento, por ser hombre y Cacique de buen natural. El señor Comandante don Miguel Tellis les va a mandar por lo pronto una carga que tenía para su uso en un caballo reyuno. Dios guíe a V.E. [...]. Fray Francisco Inalicán, que pide por su Patriarca unos breviarios a V.E. de limosna.

Apéndice 6

Oficio de fray Inalicán al virrey Sobremonte comentando sus gestiones ante los pehuenches (fragmento). Real fuerte de San Rafael, 16.6.1805
(en AGN IX, 30-7-6)

[...] Vuelvo de todo corazón las gracias a V.E. por el afecto singular y limosna con que se ha dignado en distinguir y elegirme de Cura Capellán de este Fuerte y de la nueva población [...] que se ha de hacer de los Naturales que quisiera que ya se verificara cuanto antes la Yglesia, y de las personas que la han deseado, poseída. Quisiera como digo hallarme ya ocupado en la instrucción del Camino que guía a la Bienaventuranza. Pues según conozco que el deseo de ellos es grande, veo también que con mi servicio aunque inútil se interesa el de Dios Nuestro Señor, el de S.M. y el de la Patria como V.E. me lo advierte. Dios les conceda a mis Paysanos un conocimiento firme para que conozcan el estado en que se hallan, y a mí un celo Apostólico palabras y persuasiones eficaces para hacerles ver la diferencia que hay de la vida de ellos, la de los Christianos, y por último de la eternidad.

No me olvidaré de hacerles ver, y traer a la memoria a los que no se hallaron en el Parlamento de todo lo que se trató en él, de la sinceridad de los Españoles para con ellos, y de la paz firme y constante que allí se estableció. Al Cacique Carripan cuando viniese a este fuerte, haré presente la oferta que dio a V.E. de bautizarse con el nombre de San Rafael pues tengo presente que él fue el último de la rueda y uno de los que siguió la voz común; pero no obstante la gracia del Todopoderoso es grande, que con el tiempo puede mudar de parecer, según el contexto que dio al cacique Carrilef en su razonamiento que le hizo después del Parlamento que me ha edificado y a todos los que lo oyeron, y por ser digno de verse se lo remitiremos a V.E.

A la Cacica doña María Josefa Roco haré también ver cuando bajase a este fuerte, el amor y trato que se les dio en esa Capital, y haré que no se olvide de su vocación; esta misma diligencia practicaré con Carrilef y Cumiñan. De Neculante nada digo a V.E. (por estar él en el último rincón de Penco y de Arauco en Tucapel, que es su tierra) sino que se fue muy prendado de V.E. así de los buenos afectos como de los saludables consejos que V.E. le había dado, que todo se lo haría presente a su Padre, y que también haría empeño de volver para la primavera a ver a V.E.

El Sor. Obispo de Chile, gustoso del buen éxito y proyecto que V.E. ha tomado, me ha concedido las facultades que igualmente acompaño con la de mi Provincial.

El Cacique Pichapi, de quien noticié a V.E. la vez pasada, no ha llegado todavía a los Toldos de los Caciques, porque estos han mandado avisar al Sr. Comandante don Miguel Tellis con otro Capitanejo, llamado Mañquepii, para que no extrañase su demora, que había cordillera que pasar, que por la mucha nieve que había caído en ella no habría podido pasar. Este capitanejo vino juntamente a rendir su obediencia porque fue uno de los que no vinieron al Parlamento y dijo que quedaban otros por venir, porque dicen en la tierra –dijo– que el buen nombre de don Miguel Tellis se había encumbrado más alto que la cordillera más elevada.

Señor, yo celebro de corazón que V.E. haya elegido por jefe de los Naturales al Sr. Comandante don Miguel Tellis, pues cuando vinieron al Parlamento lo conocieron por tal, que el Rey se los había nombrado para sus consuelos.

No me alargo más por ahora, por no haber cosa particular que poder participar a V.E. sino ésta, que V.E. vea y averigüe entre los Religiosos a ver si se puede hallar un libro escrito por los Jesuitas, intitulado Arte de la Lengua Indica, contiene las oraciones en la lengua y la Doctrina Cristianas, es un libro en que aprenden la Lengua Indica los Padres Misioneros de Chillán, que yo me acuerdo de haber leído allí. Suplico a V.E. esta incomodidad por ser obra de Dios a quien de continuo encomiendo en el Santo Sacramento de la Misa por su salud, y por la de toda su familia y que le conceda a V.E. el mejor acierto en sus altas disposiciones.

APÉNDICE 7

**Discursos de los caciques Carilef y Caripan y Cacica María Josefa Roco
luego del Parlamento celebrado junto al río Diamante.
Campamento del río Diamante, 2.04.1805**
(en AGN IX, 3-5-2)

Razón individual de la conferencia que tuvo el Cacique Peguenche Carilef con el Cacique Caripan de la Nacion Peguenche en este día de la fecha al Seg.do de la Conclusion del Parlamento mandado celebrar en las márgenes del Río Diamante por disposicion del Exmo. S.or Virrey Marqués de Sobremonte con el objeto de la piadosa intencion de S. Ea. de que se propague el santo evangelio en estos bastos terrenos entre sus Naturales y con el fin de abanzar nuestra frontera siendo comisionado para esta expedicion el Teniente Coronel don Miguel Teles Meneses Comandante de las Milicias urbanas a quien dicho cacique le pidió licencia para hablar suplicando al Rdo. Pe. Fray Francisco Inalican atendiese por ser de su propia Nación para explicar al Comandante sus razones y a los circunstantes que abajo firman y es en los términos siguientes:

«Amados Compatriotas: tengo la gloria de ver llegado en mis días ya caducos el momento que dará principio a nuestra felicidad. ¿Qué os parece que ha traido a estos nuestros amigos por aca? ¿Pensais acaso que la codicia de acrecentar sus campiñas y extender su dominacion los ha determinado a benir con el objeto de establecerse entre Nosotros? Os engañáis; ellos tienen campañas deliciosas y feracísimas, y biben en el seno de la abundancia y de la paz. ¿Quién los ha hecho pues benir a nuestros desiertos y estériles campos a hacerse participantes de nuestras miserias y desdichas quando ellos reposaban en las delicias que les proporcionan sus comodidades, sus casas, la Abundancia y el buen Orden en que viven? ¿Pensáis acaso que esta es disposición del Virrey, ni del gran Rey a quien sirben estos hombres? No. El Gran Dios a quien tienen estos la felicidad de Adorar, como a Señor de todos los S. S. y que nosotros hemos tenido la desgracia de desconocer, éste es quien lo ha dispuesto todo. Este Dios padre de los

Españoles y también nuestro y de todos, éste que es dueño de las voluntades de los hombres, los hace serbir a su arbitrio al cumplimiento de sus soberanas eternas disposiciones; este es el que a movido el ánimo de los superiores Gefes de estos españoles para que tomen las disposiciones que veis, todas relatibas al cumplimiento de su eterna Voluntad. Ya dibiso aun entre las densas sombras de mi Ignorancia, alborear un dia feliz que bien presto amanecerá en estas Regiones. Veo… pero yo no puedo daros a entender lo que descubro, porque mi lengua torpe no atina a elegir frases bastante significativas para explicaros el delicioso bosquejo de esta Felicidad que nos aguarda. Veo… que seréis felices como lo son estos amigos nuestros. ¿No habéis cotexado alguna vez la diferencia que hay entre vuestra suerte y la de ellos? Vosotros, que habéis estado tantas veces en sus tierras, ¿No habéis visto la paz, el orden, la caridad con que viven, y que aun se nos hace más palpable la buena hospitalidad con que siempre nos tratan aún quando ellos nada tienen que esperar de nosotros? Este es un carácter digno de hombres. Nosotros, al contrario, siempre ebrios, siempre enemigos implacables de nuestros adversarios, siempre expuestas nuestras vidas por el ciego capricho de nuestros Maches, siempre fatigados y expuestos en nuestras Malocas, siempre desnudos, hambrientos, miserables, sin techos, sin domicilio seguro, sin leies, y lo que es más sin Religión, ¿en qué nos diferenciamos de las bestias del campo quando nuestros conocimientos no los extendemos a más objeto que ellos? Dexemos ya esta vida miserable. Rebistamos el carácter de racionales, dexémonos guiar, por la direccion de este Padre Christiano, que es nuestro paisano, desengañémonos como él se ha desengañado, escuchémosle, que éste es a quien Dios quiso sacar de entre medio de nosotros para hacernos felices por su enseñanza y su exemplo. Echemos este nuevo bínculo a la amistad con estos nuestros medio hermanos, y entonces lo seremos del todo, nada hay en ellos que no pueda convenir à nosotros, pues devemos considerarnos susceptibles de las mismas leies, Religión, siensias y gobierno de ellos y tú, Noble Casica María Josefa, gloria de Nuestra Nación, tú eres digna de todo honor y alabanza porque eres el móvil que eligió Dios para hacer efectivas sus eternas disposiciones; tú eres la primera entre nosotros que labándote en el Santo baño del bautismo, nos dexas abiertas las puertas de nuestra Felicidad para que con tu imitación y tu exemplo no se acobarde ninguno de los nuestros. Tú eres superior a todo elogio. Y tú, Gran Capitán y Amigo Teles, eres nuestro Padre, no desmayes en la práctica de tan laudable empresa, nada hay más digno de tu gran corazón que el exercicio en que te ocupas. Nosotros somos vuestros criados, buestras son nuestras tierras, nada habrá que se os oponga, en nosotros hallaréis unos Amigos fieles y que siempre reconocidos nos tendréis dispuestos a quanto hordenéis, trabajad quanto quisiereis».

Contestó el Cacique Caripán, levantándose y mirando al Comandante le dice «Marimari Teles Capitán Grande, Licencia Señor. Ea, así es, cacique Carilef, tienes razón. Tú has nacido de mis antepasados. Hablas bien, Dios te guarde Padre mío, tú estás en nuestros corazones ea estamos vivos. Ea aquí estoy todavía. Tengamos un solo corazón Grande. Yo te acompaño, no somos pobres y estamos en nuestras tierras, aquí tenemos al patiru, es nuestro paisano, es nuestra sangre también es nuestro padre que nos confiese y se críen nuestros hijos. Si Dios nos quiere, nos acompañará. Todos estamos a la mira cómo se hace la tierra, cómo nos miran, cómo nos cuidan, cómo nos defienden de nuestros enemigos. Si vimos que bien te va y que si Teles siempre bueno corazón, si habla bien por nosotros, toda la tierra es una. Yo ya una palabra al Señor Virrey que bueno corazón tiene. El buenas razones me ha dado, no me engaña. Yo le prometi ser Cristiano, él me bistio y me Regalo, tiene muchos vasallos todos lo Obedecen, está en una casa mui grande, muchos Guincas con sus talcas. El ha mandado a Teles nuestro Padre a nuestras Tierras para que nos haga casas, éste es aquel Guinca. Quando nos daban guerras los cristianos el que andaba adelante, no quería que matasen a los viejos, a nuestras mugeres y a nuestros coñis, levantaba pañuelo blanco por mandar a sus guincas no ysiesen fuego las talcas, todos lo obedecían y [toda la] tierra mucho quererte, y concluida su relación se dieron las manos con Carilef al Comandante y al Padre Inalican y a los demas. Marimari Guinca:

Contestación de la Casica Doña María Josefa. Marimari Señor Teles, marimari Patiru, marimari Guinca. Hablái bien Carilef, Dios te guíe. Yo fui desde mi tierra a ver al Señor Virrey, es mui bueno, su muger también es mui buena, sus hijitos mui buenos, sus consejos me dice que el Rey grande es muy bueno que mucho nos quiere a toda la tierra he de abisar Dios te guíe Carilef, Dios te guíe Caripan una sola palabra y concluidas que fueron sus razones se les hizo su Obsequio y a otros muchos de la misma Nación que estaban presentes en este acampamento de las márgenes del Río Diamante y Abril 2 de 1805.

Miguel Teles Menezes, Fray Francisco Inalican, Santiago Palau, José María Polloni, Angel Francisco Candia.

Apéndice 8

Carta de Fray Inalicán al Virrey Sobremonte con noticias sobre indios pehuenches que lo han visitado en el fuerte de San Rafael, 10.07.1805
(en AGN IX, 3-5-2)

Exmo. S.or.

Doy noticia a V.E. como el 22 de Junio vino aquí el cacique Carrilef a dar las gracias a V.E. por sí y por todos los demás caciques que recibieron los Pliegos, que V.E. les mandó. Es increíble manifestar a V.E. la complacencia de todos los Caciques, que el Comandante don Miguel Teles solo los gobierne, y por mi parte como su Paisano, que es tan natural. El Cacique Carrilef dexó dicho que el razonamiento que hizo a Carripan y a la Cacica María Josefa Roco al 2 día del Parlamento (el qual razonamiento dixe a V.E. que se lo remitiríamos, el Sr. Comandante se lo manda ahora) que se le hiciera saber al Rey Nro. S.or, que nada se le pasase por alto a Su Majestad y que él para la primavera vendría acercarse al fuerte. Aquí lo hice oir misa el Domingo, y el día de la Natividad de San Juan Bautista, conversamos y repasamos a la memoria de la paz, el buen recibimiento que se les hizo a los Caciques, y de todas las demas cosas que se practicó y estableció en el Parlamento, y por último de sus espíritus, que su Exa. se había alegrado mucho de haber sabido de su vocación, a esto me dixo que no habría la menor duda, que poco a poco se hacían las cosas, que él había venido por ahora juntamente a vernos, y en qué estado estaba el fuerte y de todas las demás cosas que habían de haber en él.

El 6 del que rige llegó aquí un Capitanejo, chasque del Cacique Carripan, dando noticia al Sor. Comandante Don Miguel Teles, que tenía un cacique huésped de otra tierra en su toldo llamado Ayenau, y que éste le daba noticia de la venida del Cacique Pichapi, que hacían 3 días que se había separado del camino, y que deseaba conocer y hablar al Sr. Comandante Don Miguel Teles. El cacique Carripan mandó suplicar al Señor Comandante que le hiciera el favor de mandarle un poco de vino para festejar al nuevo huésped, que en toda la tierra sabían la alianza que ellos habían hecho con los Españoles, y así no permitiese dejarlo avergüenzado, pues era Padre de todos, que el Rey se los había puesto para que los favoreciese, y otros regalos más que pedía.

En este mismo día llegó también el Cacique Epulay con su muger, un hijo, y su capitanejo llamado Chanabil, a ver al señor Comandante Don Miguel Teles, reconociéndolo por su Gefe y confirmando por bien hecho todo lo obrado y establecido en el Parlamento, que él no había podido venir por haberse hallado indispuesto de la salud y da esperanza de bautizarse con el tiempo. Su capitanejo Chañabil me prometió traerme su hijo que tiene para la primavera para que se lo enseñe y bautice, y él también vendría a vivir aquí al fuerte, que conquistaría también a su Padre, y a su Muger si ninguno y otro quieren él se vendría solo.

El 7 cayó aquí su Capitanejo del Cacique Gobernador Colimilla dando noticia también de la inmediación de la venida del Cacique Pichapi, que havía recibido chasque de él, que participaba al Sr. Comandante don Miguel Teles como a su Padre, para que se aprontase de todas las cosas precisas y necesarias para quando quisiese vajar a verlo, proponiéndoles los regalos que le podía hacer, que son unas chupas, unos frenos, un par de espuelas, etc. había de ser pobre el Rey que no lo dejase de regalarlo para que supiese y conociese la verdadera alianza que ellos tenían con los Españoles, que así con razón se gloriaban de ser Vasallos del Rey Nuestro Señor. Da noticias también cómo había oído que algunos de los Ranquilches habían celebrado la Paz, establecida en el Parlamento y que deseaban venir a ver al Sr. Comandante don Miguel Teles para conocerlo, y todo lo que pide en nombre de los caciques. Por último pide y suplica al Sr. Comandante don Miguel lo favoreciese con un poco de licor para poder recibir a su huésped, que espera por horas pues venía de lejas tierras, y persona de su posición, hijo de un Cacique principal como ellos, que no le dejase de mandar la petición por no quedar avergüenzado y corrido de su recibimiento. A todos estos los hice oir misa, porque fue dia Domingo.

Estando concluyendo esta de escribir ha llegado otro Capitanejo llamado Millanau con 3 Mocetones a reconocer y dar la enhorabuena al Sr. Comandante don Miguel Teles, regocijándose de tenerlo por su jefe, que el Rey y S.E. se lo había asignado para que los cuidase. Se ha alegrado también por el buen estado de este Fuerte y por el adelantamiento que va teniendo. Ex.mo Sor., es preciso que V.E. señale una renta individual para poderlos recibir, y despacharlos contentos, porque ninguno de ellos quiere volverse sin que se le regale, aunque de mi sueldo lo invierta parte en regalarlos, es preciso tener separado de quenta del Rey Yerba y Tabaco para darles.

Apéndice 9

Carta de fray Francisco Inalicán al virrey Sobremonte informando las últimas noticias ocurridas en el Fuerte de San Rafael, 21.01.1806
(en AGN, IX, 4-7-8, tomada de Leal e Iturriaga,
2009: 25-26)

Excmo. Señor

Con quanto gusto participo a V.E. la noticia siguiente Que en el día ocurre en este fuerte de Sn. Rafael. El Cacique Carripan estubo aquí el 2 del corriente y quizo bautizarse, cumplir su palabra que a V.E. havia dado en su Real Palacio; pero como es necesario renunciar y desprenderse de sus mugeres y demas ritos de sus antepasados, no lo hemos hecho cumplir con su deseo por ahora, y por otra parte por no haver estado instruido en los sagrados misterios de Nuestra Sta. Religión.

Participo también la instancia y venida de la Cacica Da. María Josefa Roco a San Rafael suplicando se le haga un rancho interinamente a las orillas al otro lado del Río del Diamante, hacia el naciente, catorce cuadras poco mas ó menos distante del fuerte de San Rafael, de suerte que el pueblo vendrá tal vez con el tiempo donde la sabia disposición de V.E. havia determinado a los principios, que era entre los dos ríos Diamante y Atuel. Concluido que sea, dice, el Rancho, se viene con la Carmen su compañera, y otra mas, y que el lugar que [¿había?] elegido en el Parlamento, que [era] en el agua Caliente le havia parecido de poca utilidad, mas distante del nuevo fuerte de San Rafael.

Oi ha venido à esto y está actualmente acompañando con otros caciques a los de la expedicion, que se han venido de Talca, con sumo gusto del Sr. Comandante don Miguel Teles de ver que como verdaderos vasallos de S.M. huviesen cumplido exactamente con sus ordenes de auxiliar así à la ida, como à la vuelta a los de la dicha expedicion, que por no amolestar la digna atencion de V.E. no lo expongo al pie de la letra, y para esto me remito al oficio del Sr. Comandante en el que difusamente habla a V.E. de todo, con quanto, y en que han auxiliado los Señores Caciques à los de la Inquisición del Camino de Talca, que han llegado à éste, el ocho del que rige. Asimismo me refiero à la noticia que à V.E. da el Sr. Comandante don Miguel Teles de la muerte del Cacique Pampa Bartolo Huelecal, el como, quando, porqué, y las intenciones que se havian practicado entre los suyos para vengar su muerte; pero el Sr. Comandante don Miguel Teles con sus acostumbradas persuasiones, y saludables consejos, referente a la paz y al buen modo de vivir, desimpresionó sus ideas, y apaciguo sus malos pensamientos, teniéndolos aquí once dias en su compañía algunos principales de ellos; que à la llegada à sus toldos, hicieron sus juntas, y eligieron al Cacique Huanquenecul por Cacique principal de ellos, en lugar del finado Cacique Huelecal. Hasta ahora no haviamos participado à V.E. de la referida desgracia, hasta ver el estado y validarnos bien del sosiego en que al presente se hallan.

Noticio por consiguiente à V. E. como el Cacique Carrilef quiere cumplir su palabra de bautizarse, y requiere que se le edifique tambien su abitacion provisionalmente, entre tanto que se elija el lugar, y se edifique la Iglesia para los suyos, y quiere por ahora vivir à este lado del Diamante, junto al fuerte de San Rafael con mucho gusto, y complacencia de nosotros, de ver que ya Dios les ba dando su divina gracia, y alumbrando sus corasones, pues no se requiere mas que el buen trato, Cariño, y amor de los españoles; y todo el auxilio correspondiente à los primeros conversos para que ellos mismos unos à otros se atraygan à nuestra Santa Religion.

Es quanto por ahora ocurre y participo à V.E. [etc.]

Apéndice 10

Parlamento de Alejo Nazarre con caciques pehuenches y puelches. Fuerte de San Carlos, 16.04.1812
(en *Gaceta de Buenos Aires*, t. III, 1811-1813: 221)

GAZETA MINISTERIAL DEL GOBIERNO DE BUENOS-AYRES
VIERNES 19 DE JUNIO DE 1812

Proclama que dirigió á los caciques de los indios pampas de la frontera de Mendoza el ministro contador de aquellas caxas D. Alexo Nazarre en el acto de repartirles los presentes que les hacía el gobierno

Amigos, hermanos y compatriotas: una desgracia fatal acaecida ahora trescientos años, separó de nuestro augusto tronco, los preciosos y nobles ramos. Un conquistador europeo, que codicioso se apareció en nuestras riberas, cortó el dorado hilo de nuestro feliz entroncamiento; y nos reduxo á distancias. Á nosotros nos hizo gemir, baxo las cadenas de la mas dura esclavitud; y vosotros también colonos, para gozar los derechos de una mediana libertad tubisteis que abandonar vuestros hogares, y andar errantes y dispersos por los encrespados bosques. En el día se nos presenta el monumento [sic] favorable, en que ya podemos romper los pesados hierros, arrancarlos de nosotros, de nuestros hijos, y familias, y volver á respirar la libertad sagrada, que sufocó la codicia y tiranía, en el seno mismo de nuestra adorada patria. Solo falta para tan grande empresa, nos unamos con los estrechos vínculos de hermanos, prestándonos recíprocamente nuestros robustos brazos, el valor, la efervecencia [sic], y las armas, que deben hacer gloriosa la causa que sostenemos. Por ella no verá ya nuestra feliz posteridad, reynar en nuestras Américas la arbitrariedad y el despotismo. Nosotros y vosotros, que hemos nacido en este suelo manchado tantas veces con la sangre de vuestros padres, seamos los gobernadores, lavémoslo como hijos generosos y valientes, con el poder y la heroycidad. Restablezcamos la piedad, y la justicia, que distinguía el trono de nuestros Incas, y que conservaba en los mas infelices con equidad sus derechos y propiedades. Un odio eterno, sea el glorioso blason que nos separe para siempre de esos tiranos que con el oro y la plata nos han bebido nuestra sangre. Para esto pues os convocamos ilustres caciques, valerosos capitanejos. Es preciso que todos formemos una noble familia, una nación brillante. Que dexeis esa vida solitaria y oculta en los peinados montes, que adopteis las playas y llanuras, las riberas de los ríos y fuentes, para nuestras sociedades, comunicación y progresiva armonía tan propia del racional y del alma que teneis; que os reduzcais á pueblos florecientes, al abrigo de vuestros hermanos defensores, edificando casas como las nuestras, cultivando vuestros terrenos, labrando ricas posesiones de plantíos y arboledas, para que sus abundantes frutos y útiles producciones aseguren vuestra subsistencia, y las ventajas de un libre comercio entre vuestros amigos americanos. De este modo felices compatriotas creo que el superior gobierno de nuestra capital de Buenos Ayres será nuestra defensa, contra las fuerzas hostiles, y naciones enemigas, que pretendan usurpar nuestros preciosos dominios, y sujetarnos al pesado yugo, que acabamos de romper. Formando un solo cuerpo nos haremos inconquistables, y vereis que el auxilio recíproco de nuestros brazos, pone el terror, y el miedo en los semblantes de esos déspotas feroces; que caerán avergonzados á nuestros pies, después que nuestro valor nos levante en triunfo el glorioso blasón de nuestra suspirada libertad y seamos felices para siempre. Recibid pues en prueba de nuestra eterna unión, y de la complacencia con que os felicitamos á nombre de nuestro superior gobierno el corto obsequio que os distribuye su gratitud, como fiel garante de nuestra alianza y en fe de ello, digamos: *Viva la patria, viva la libertad*. Alexo Nazarre.

Relación de los caciques y capitanejos peguenches y pampas que asistieron al parlamento celebrado en el fuerte de San Carlos el día 16 de abril de 1812 con el objeto de reconocer nuestro gobierno é imponerse en la causa que defendemos.

Caciques peguenches	*Caciques Pampas*	Loncopan
Colimilla	Huanguenecul	Epunau
María Josefa Roco	Vicente Goyco	Callinau
Millaquin	Marcos Goyco	Currinau
Millatur	Manquepi	Quinchau
Meliman	Llamcu	Merinan
Ante Pan	Antocal	Carilef
Yamin		
Neycuñau	*Capitanejos peguenches*	*Capitanejos Pampas*
Anteiu	Quilaquen	Marrni
Ancan	Tipasipan	José Goyco
Burinau	Peñalef	Jacinto Goyco
Caripilum	Lemimayel	Ancain
Liucoñau (sic)	Antemain	Huenorrupai
Ante Pan	Millatur	Marilinco
Carilef	Llancau	
Comináu [Cumiñan]	Millaquen	
Pitoñan	Paineman	
	Cuyanau	

Apéndice 11

Carta de fray Inalicán al Teniente de Gobernador de la ciudad de Mendoza, Alexo Nazarre, transmitiéndole una súplica de varios caciques pehuenches.

San Carlos, 28.09.1813 (en AHM, EI, Carpeta 234/doc. 51)

Por suplica de mis Paysanos el Cacique Marcos Goyco, Vicente Goyco, Cumiñan y la Cacique Da. María Josefa Roco: y Lemunahuel, Capitanejo del Gov.or Neicuñam, que ha venido à este fuerte para suplicarle à Vd un favor: y dice: que hà sido embiado de su Governador Ñeicuñam, y del Cacique Millaguiñ, quienes mandan decir, que han llegado à sus noticias, q.e à todos los soldados los habían llevado con engaño al Pueblo, y los que habian fugado: pillados que fuesen les habian de quitar la vida; que siempre que fuese así: ellos pedian à V.S. este favor que los perdonen por esta vez, y q.e con este objeto mandan al Capitanejo Lemunahuel para que haga esta relacion al Sr. Com.te de fronteras, y en su ausencia al de San Carlos, por cuyo conducto supiese V.S. la intercesion q.e hacen por sus hermanos los soldados, y que sean restituidos à sus destinos, principalm.te los casados para que cuiden y mantengan à sus mugeres, hijos é hijas, pues habian sabido también que aquel fuerte de San Rafael lo habian dejado sin ningun soldado, siendo asi, q. aquel fuerte se construyó para mantener una tropa para consuelo de ellos, por los soldados que habian de recidir, y q.e el terreno se dió para que trabajasen, sembrasen sus habitantes para subsistir, y de consig.te habian cedido el terreno, que hay entre los dos rios de Diamante y Atue para un Pueblo, para sus Paisanos, que quisieren abrazar la religion Christiana: que cerciorado de todo lo referido, esperan conseguir el favor que piden à V.S. para vivir agradecidos, el Gov.r Ñeicuñam, el Cacique Millaguiñ, y el Capitanejo Lemunahuel.

Los demas Caciques dicen lo mismo, solo con la diferencia de el Cacique Marcos Goyco, Cumiñan y la Cacica Da. Maria Josefa, que son los que reciden en San Rafael, que han sentido grandemente de ver destituido aquel fuerte solo con los sinco vecinos Chilenos, que a no haber quedado aquel fuerte desamparado del todo, las mugeres de los soldados sin tener quien las cuide, y que ése es el motivo por que se han costeado a presentarse a este fuerte para empeñarse por los soldados sus hermanos desgaritados, y por esta ocacion les concedan el perdón à todos: los unos por sus mugeres é hijos y los otros por sus madres y hermanas, que tienen que mantener.

Y aun dicen mas: que entre ellos alcansa perdon aquel que quita la vida à otro, por intercesion de otro, q.e tiene valimiento para con el agrabiado; pues los solda-dos (segun saben) no han llegado à esta desgracia, para no ser perdonados, sino para ser admitidos, y restituidos à sus destinos; supuesto, que hay todavia enemigos, que destruir, y asi no es bueno perder un hombre, ni menos dos que puedan servir para otra ocasion. Y asi piden y suplican à V.S. por los soldados sus herm.s y paysanos por ser nacidos en las Indias. Y que conseguido este favor, tendrán un gran plaser en San Rafael quando llegue la noticia. Menos la Cacique D.a Maria Josefa, que queda espe-rando el contesto de V.S. para llevarle à sus Paysanos la nueva buena.

Marcos Goyco, Vicente Goyco, Cumiñan y Da. Maria Josefa

**Aclaración de Inalicán a Alexo Nazarre sobre que la queja de Neicuñam
no fue por no haberle gratificado, sino por los soldados
por quienes se había empeñado. Fuerte de San Carlos, 29.11.1813**
(en AHM, EI, Carpeta 234/doc. 51)

Recibi el oficio de Vd. fha 22 del q.e se ba acabar, contesto del que à Vd. pasé, y ahora
siéndome preciso el amolestar de nuevo su mui ocupada atension, para significarle y
decir, que la queja de Neicuñam no ha sido de no habersele gratificado, sino solam.
te por los soldados por quienes se habia empeñado, y aun el soldado por quien hablo
personalm.te lo habian destinado a este fuerte por dos meses de trabajo.

Que en quanto à lo demas, que Vd me dice, que debí advertirle, todo lo había
hablado con él, y con los demas Caciques, que se hán presentado aquí, y hán ido à esa,
y siempre q.e se ofresca, les haré ver la pobreza de esas Cajas.

Dios guíe a Vd m.s [muchos] a.s [años] y le conceda feliz govierno.

Apéndice 12

**Oficio de fray Inalicán al Gobernador Intendente José de San Martín,
aceptando ir con el comandante José de Susso a parlamentar con los caciques pehuenches. Frontera de San Rafael, 20.10.1814**
(en AHM, EI, Carpeta 234/doc. 80)

Tengo el honor de recibir el oficio de VS fha 11 del q.e rige, en el que se digna VS. de
participarme los desgraciados sucesos de Chile, y que en esta virtud, quiere VS. solidar
nuestra amistad con nuestros Paysanos los Pehuenches, haciendoles un parlam.to (por
medio del S.or Com.te de Frontera) quienes (no dificulto) aceptaran nuestra propuesta; pues, no es la primera vez, que se les há hecho ver, q.e no nos es conveniente,
que los extraños de otra Nacion nos rijan: y asi espero en el Señor, que serán ellos los
fronterizos, que tendremos para con nuestros enemigos de nuestra sagrada causa.

Aseguro à VS. q.e con esta fha voy a salir para los manantiales de Atue (habiendo
recibido el oficio de VS. ayer al ponerse el sol) en donde me iré à reunir con el Sr.
Com.te gen.l de frontera, lo que participo à VS. para su inteligencia.

Apéndice 13

**Oficio de fray Inalicán al Gobernador Intendente José de San Martín rela-
tando los hechos que llevaron a la muerte de Francisco Domínguez por los
hermanos Mudón. San Rafael, 27.08.1815**
(AHM, EI, Legajo Eclesiástico, tomado de Simón 1944: 63-64)

Pasan à esa Capital los Caciques Vicente Goico y Marcos Goico à interceder por dos
individuos ambos hermanos, en virtud de un funesto acontecimiento que acaeció en
esta inmediación de San Rafael el día quatro del que rige, de resultas de cierta bebida,

que medió un casamiento de la hija Christiana del Cacique Cumiñan de donde fue una reunión de varios individuos; pero estando en dicho regocijo que actualm.te se hallaba el finado Francisco Domínguez, que con mayor sigilo salió de él y pasó a la casa de Gerónimo Mudon, en donde se hallaba una niña sola en su labor con quien se atribuyó, que tubiese contracción; en virtud de sacarla a castigar, cuyo motivo lo ignoro; lo que al momento llegó a noticia de sus hermanos, los que salieron à su socorro: pero haciéndoles resistencia dicho Domínguez por querer efectuar su Idea atropelló con arma blanca, haciéndole una herida en el rostro à uno de ellos, de donde resultó el acontecim.to de haberlo herido en su defensa, de cuya herida feneció a los tres días. Estos han pasado a buscar el patrocinio de los señores Caciques, temerosos de su hecho, los que pasan, como é dicho, comunicar à V.S. cuyos individuos, y paisanos me imploraron que hiciera à V.S. una carta relación del acontecim.to, por imposición de los vecinos de este fuerte, que presenciaron la salida del finado, como el mismo me lo comunicó reservada.te que del echo no tenían la mayor culpa los dichos Mudones, en atensión de ser él, el que lo ocasionó.

Lo que aviso à V.S. para su intelig.a y Gov.no sin perjuicio, que anteriorm.te ya lo había comunicado al Comand.te D.n José de Susso. En la inteligencia, q.e los suplicantes solicitan a V.S los mande alistar en las armas para que sirvan à la Patria, con el bien entendido, que se les conserben las vidas. V.S. resolverá lo que halle por conveniente y sea de su superior agrado.

V.S. [Vuestra Señoría] mande à este su más atento Súbdito q.e B.L.M. [besa las manos] de V.S.

APÉNDICE 14

Oficio de fray Inalicán al Gobernador José de San Martín, transmitiendo la queja del cacique Cumiñán y sus hijos por la contribución que se les cobra por el vino en San Carlos. San Rafael, septiembre 1815
(AHM, EI, Legajo eclesiástico, tomado de Simón, 1944: 67-69)

Señor,

El Cacique Cumiñán, conductor de ésta, y sus hijos conversos, se quexan por la contribución, ó paga que le hacen pagar en San Carlos por una, ó dos cargas de vino, que suelen traer a sus casas: Yo no quisiera mover estas cosas por ver, y oír decir algunos ambiciosos Christianos, que los Yndios no son capaces de producir ciertas cosas; sino que son suposiciones mías lo que refiero ante el Govierno lo que ellos exponen, por que los consideran tan brutos, que no son sugetos de producir semejantes expreciones.

Este cacique se vino à cimentarse en San Rafael separándose de sus paysanos por la promesa, que el finado d.n Miguel Teles le prometió de darle quanto necesitase para su subsistencia, lo que no se ha verificado; pues le prometió darle un rancho edificado, terreno sembrado de granos, vacas y ovejas para criar, y toda erramienta para cultivar el campo y por último, todo auxilio para subsistir lo que no se ha cumplido. El pobre se ha mantenido hasta ahora en San Rafael por el amor de sus hijos, que abrazaron la Religión, y por la voluntad, q.e a mí me ha profesado por ser su paysano. Este señor debió haber sido asalariado desde el tiempo de Amigorena por que fue su chasque continuado en tierra adentro, y aún le hicieron tomar las armas contra sus paysanos. De estos servicios son testigos los Milicianos veteranos, el señor José Mayorga, don Santiago Palau, un tal Narciso Ortiz de San Carlos y otros que existirán de aquel tiempo. Pero como los Españoles se servían de los Yndios en tiempo de necesidad, acabada ésta, los abandonaban, y es la causa, que sus méritos estén obscuros y sin premio alguno. Y a mi ver aun dura este humo entre los Americanos por que le parecen que con alcanzar la Religión un pobre Yndio tiene todas las comodidades y proporciones para sostenerse, y pagar los derechos, que el Gobierno impone a sus súbditos, sabiendo, que un pobre indio no tiene más que su bulto, estando fuera de su tierra, que aún a mí me repugna de oír, q.e en otros lugares paguen óleos, casamientos y entierro.

En fin señor, este Cacique tiene en el gremio de la religión católica seis hijos, que son Antonio Cumiñan, Joaquín Cumiñan, Agustina Cumiñan, Domingo Cumiñan y Paula Cumiñan, y los hijos de éstos, y de estas que han recibido el Santo Bautismo de la Iglesia. Con este conocimiento, q.e la familia se va aumentando a más, puede V.S. hacerle la gracia de exceptuar à sus hijos de la paga que se hace de las cargas de licor, que suelen traer, una tal que vez a sus casas por que con este licor que expenden, adquieren uno, ó dos peones para sus labranzas. Pués con este fin, me ha suplicado mi paysano Cumiñan, eleve a V.S. su sentir para que hallándole de Justicia, haga saber à los exigentes de la paga, no le impidan la introducción de licor, por la paga.

Apéndice 15

**Oficio de fray Francisco Inalicán al Gobernador Intendente de Cuyo
proponiendo medidas para aumentar la prosperidad
de la Villa de San Carlos. San Rafael, 26.06.1817**
(AHM, EI, Legajo Eclesiástico, tomado de Simón, 1944: 91-92)

El 24 del que rige recibí el oficio de V.S. en el que me pide informe sobre el modo de prosperar y aumentar la Villa de San Carlos, àlo que digo, por mi corto conocim.to que tengo de ella.

Que para su aumento y prosperidad es necesario, que los propios vecinos, que estos aumentados con su familia, sean obligados a negociar equitativam.te con los Yndios con todos aquellos efectos y especies, que ellos acostumbran comprar, y traficar a tierra adentro quando alg.n cacique principal pidiese se le interne à sus territorios algunas cargas de licor, y esto acompañadas siempre con otras cargas de granos, arina y pasas. Que con el negocio, y utilidad que adquieran puedan edificar sus casas de adobes, tapiar sus pertenencias, y Potreros: por que siendo de afuera los Bibanderos, y negociantes jamás podrá adelantarse por la ninguna utilidad que les queda a los dichos vecinos. Y privar a un mismo tiempo (con alguna pena) la venta de licor en los dias de labor à los labradores; por que hace atrazar mucho las faenas. Y también la diversion de Varajas: porque hace insensiblemente desnudarse de sus prendas y haberes à los Padres de familias.

Mas digo: que la saca de Sal, que hacen los del pueblo de las Salinas, dejen una Carga de ella, cada vez que hagan sus acarreos que al cabo de tiempo puede acopiarse 50 ó 100 cargas, y conducidas al Pueblo, su importe emplearlo en obras públicas de la Villa. Debiendo correr y tener conocimiento de esto el Juez, que deve ser un hombre de providad, desinterezado y amigo de ver prosperar su Villa.

APÉNDICE 16

**Oficio de fray Inalicán al Gobernador Intendente transmitiendo quejas de los caciques por la introducción de licores a los toldos.
San Rafael, 12.08.1819**
(AHM, EI, Legajo Eclesiástico, tomado de Simón, 1944: 98-99)

Mi mui venerado señor: No puedo menos que significar las quejas que me han comunicado mis paysanos, y suplicado, diga à V.S.: y es que secen las internaciones de bebidas hasta que ellos las pidan: por que de estas, dicen nacen las desavenencias, heridas, muertes, y robos. Como que se acaba de pagar una muerte causada con la bebida que internó un tal Carlos troncoso.

Bibliografía y fuentes éditas citadas

Repositorios documentales consultados

AHC   Archivo Histórico de Córdoba
AHM   Archivo Histórico de la Provincia de Mendoza (Época Colonial: EC; Época Independiente: EI)
AGI   Archivo General de Indias (Sevilla, España)
AGN   Archivo General de la Nación (Buenos Aires)
ARAHM Archivo de la Real Academia de la Historia de Madrid, Colección Mata Linares.

Abreviaciones

AECBA: *Acuerdos del Extinguido Cabildo de Buenos Aires*
CODRHRP: *Colección de Obras y Documentos Relativos a la Historia del Río de la Plata* (Colección Pedro de Angelis), Buenos Aires: Plus Ultra
HAHR: *Hispanic American Historical Review*
TEFROS: *Taller de Etnohistoria de la Frontera Sur* (revista)

Referencias bibliográficas y fuentes éditas

Adorno, Rolena. 2000. *Guamán Poma. Writing and Resistance in Colonial Peru*. 2nd. ed. Austin: University of Texas Press/Institute of Latin American Studies.
Aldao, Francisco de. 1931 [1788 y 1792]. Relación diaria de la expedición que de orden del señor Marqués de Sobremonte, Gobernador Intendente de la Provincia de Córdoba, se hizo de la ciudad de Mendoza (donde dicho señor se hallaba) en auxilio de los indios pehuenches, nuestros aliados, contra las naciones bárbaras del sur, que confederadas hostilizan dicha provincia y las inmediatas por la parte del

sur, en la que fue de Capitán Comandante don Francisco Esquivel Aldao. *Revista de la Junta de Estudios Históricos de Mendoza*, VIII: 318-337.

Alemano, María Eugenia. 2022. *El imperio desde los márgenes. La frontera de Buenos Aires en tiempos borbónicos (1752-1806)*. Buenos Aires: Teseo; San Fernando: Universidad de San Andrés.

Alemano, María Eugenia. 2024. Naciones comerciantes. El comercio entre Buenos Aires y el mundo indígena del sudeste pampeano, 1740-1830. *Memoria Americana. Cuadernos de Etnohistoria* 32 (1): 8-33.

Alioto, Sebastián, Jiménez, Juan F. y Daniel Villar (comps.). 2018. *Devastación. Violencia civilizada contra los indios de las llanuras del Plata y Sur de Chile (siglos XVI a XIX)*. Rosario: Prohistoria.

Amigorena, José Francisco de. 1969 [1780]. Diario de la expedición, que de orden del Exmo. Señor virrey acabo de hacer contra los indios bárbaros peguenches. En De Angelis, Pedro, *CODRHRP*, IV: 203-220. Buenos Aires: Plus Ultra.

Austral, Antonio; Rocchietti, Ana María; Tamagnini, Marcela; Lodeserto, Alicia; Gili, María Laura; Olmedo, Ernesto; Fernández, María Victoria y Ricardo Criado. 1997. Arqueología del Fuerte de Las Achiras (1832-1869) en la línea de la frontera del Sur, Córdoba. En Diez Marín, Cristina (ed.), *Actas del XII Congreso Nacional de Arqueología Argentina*. La Plata: Facultad de Ciencias Naturales y Museo, Universidad Nacional de la Plata: 395-404.

Azara, Félix de. 1943. *Descripción e historia del Paraguay y del Río de la Plata*. Buenos Aires: Bajel.

Barr, Juliana. 2007. *Peace Came in the Form of a Woman. Indians and Spaniards in the Texas Borderlands*. Chapel Hill: University of North Carolina Press.

Barros Arana, Diego. 1884. *Historia Jeneral de Chile*. Santiago: Rafael Jover ed.

Bechis, Marta. 1996. Estructura y procesos políticos en la agrupación borogana pampeana en un documento indígena inédito de 1830. *Cuadernos de Historia Regional* 19: 136-192.

Bechis, Marta. 1998. Fuerzas indígenas en la política criolla. En Goldman N. y Salvatore R., *Caudillismos rioplatenses. Nuevas miradas a un viejo problema*, 293-317. Buenos Aires: EUDEBA.

Bechis, Marta. 2000. Cuando los regalos no llegan, los jefes se ponen "verdes": una crisis en las expectativas de unos jefes boroganos en 1830, descrita por participantes. Ponencia inédita presentada en el 4° Congreso Internacional de Antropología Social.

Bechis, Martha. 2003. Pampas, serranos, puelches y aucas. A propósito del tratado de paz entre la gobernación de Buenos Aires y el cacique tehuelche-serrano Cangapol (1740-1742). En González Coll, María Mercedes y Facchinetti, Graciela (comps.) *En tierras australes. Imágenes, problemáticas y discursos*. Bahía Blanca: Universidad Nacional del Sur.

Bechis, Martha. 2004. A propósito de un documento puntano de 1719 en el que los vaqueros son unos caballeros asustados, los aucas respetan a las autoridades y los pampas-serranos son unos bárbaros asesinos. En Bechis, M. (comp.) *Terceras y cuartas Jornadas de Arqueología Histórica y de Contacto del Centro Oeste de la Argentina y Seminario de Etnohistoria*, I: 13-34. Río Cuarto: Universidad Nacional de Río Cuarto.

Bechis, Marta. 2010a. Tres tratados de paz cumplimentados entre aborígenes americanos habitantes de las pampas y autoridades españolas y criollas. En Bechis, Marta. *Piezas de etnohistoria y de antropología histórica:* 97-119. Buenos Aires: Sociedad Argentina de Antropología.

Bechis, Marta. 2010b. De hermanos a enemigos: los comienzos del conflicto entre los criollos republicanos y los aborígenes del área arauco-pampeana, 1814-1818. En Bechis, M., *Piezas de etnohistoria y de antropología histórica:* 135-167. Buenos Aires: Sociedad Argentina de Antropología.

Bengoa, José. 1985. *Historia del pueblo mapuche (siglos XIX y XX)*. Santiago: Ediciones Sur.

Bjerg, María. 2007. Vínculos mestizos. Historias de amor y parentesco en la campaña de Buenos Aires en el siglo XIX, *Boletín del Instituto de Historia Argentina y Americana Dr. Emilio Ravignani* n° 30.

Boccara, Guillaume. 1996. Notas acerca de los dispositivos de poder en la sociedad colonial-fronteriza. La resistencia y la trasculturación de los Reche-Mapuche del Centro-Sur de Chile (XVI-XVIII), *Revista de Indias* LVI, 208: 659-695.

Boccara, Guillaume. 1998a. *Guerre et ethnogenèse Mapuche dans le Chili colonial. L'invention de soi*. Paris: L'Harmattan.

Boccara, Guillaume. 1998b. Dispositivos de poder en la sociedad colonial-fronteriza chilena del siglo XVI al siglo XVIII. En Pinto Rodríguez, Jorge (ed.). *Del discurso colonial al proindigenismo. Ensayos de historia latinoamericana*: 29-41. Temuco: Ediciones Universidad de la Frontera.

Briones, Claudia y Carrasco, Morita. 2000. *Pacta sund servanda. Capitulaciones, convenios y tratados con indígenas en Pampa y Patagonia (Argentina 1742-1878)*. Copenhagen: IWGIA (International Work Group for Indigenous Affairs), documento 29.

Cabrera, Pablo. 1928. Los aborígenes del País de Cuyo. Donde se los estudia del punto de vista de su idioma y de sus relaciones étnico-lingüíticas con otras hordas fronterizas de ellos: Diaguitas, Comechingones y Puelches, comprensivos estos últimos de los sectores Taluhets y Diuihets, vulgo Pampas, en boca de los españoles de la Corona. *Revista de la Universidad Nacional de Córdoba*, 15, 7/8: 3-53.

Campetella, Andrea. 2006/2007. Asegurar la «defensa y custodia» de las campañas: vaquerías y diplomacia interétnica en las sierras pampeanas durante la primera mitad del siglo XVIII, *Trabajos y Comunicaciones* (2a época), 32/33: 83-109.

Carlón, Florencia. 2014. Una vuelta de tuerca más: repensando los malones en la frontera de Buenos Aires durante el siglo XVIII, *TEFROS* 12, 1: 26-49.

Chang Rodríguez, Raquel. 1988. *La apropiación del signo. Tres cronistas indígenas del Perú*. Tempe: Center for Latin American Studies.

Charlevoix, Pierre François-Xavier de. 1757. *Histoire du Paraguay*. Paris: chez Didot, Giffart et Nyon.

Cordero, Guido. 2016. Dos miradas a los malones. Vías alternativas para la comprensión de las incursiones indígenas (1865-1870). En de Jong, Ingrid, *Diplomacia, malones y cautivos en la frontera sur, siglo XIX*: 7-33. Buenos Aires: Sociedad Argentina de Antropología.

Crivelli Montero, Eduardo. 1991. Malones: ¿saqueo o estrategia? El objetivo de las invasiones de 1780 y 1783 a la frontera de Buenos Aires. *Todo es Historia* 283: 6-32.

Cruz, Luis de la. 1969 [1806]. Viaje a su costa del alcalde provincial del muy Ilustre Cabildo de la Concepción de Chile, don Luis de la Cruz. En De Angelis, Pedro, *CODRHRP* II: 45-397. Buenos Aires: Plus Ultra.

Chiclana, Feliciano de. 1873 [1819]. Documentos inéditos referentes a una negociación de paz entre el Gobierno del Directorio y las tribus ranqueles de la Provincia de Buenos Aires – 1819. *Revista del Río de la Plata*, V: 133-149.

de Jong, Ingrid. 2015. Entre el malón, el comercio y la diplomacia: dinámicas de la política indígena en las fronteras pampeanas (siglos XVIII y XIX). Un balance historiográfico. *Revista Tiempo Histórico*, año 6, 11: 17-40 (disponible en https://ri.conicet.gov.ar/handle/11336/54915).

de Jong, Ingrid y Rafael Curtoni. 2024. El sistema vial en el Puelmapu, siglos XVIII y XIX. En J. Pinto Rodríguez (comp.) *El Qhapac Ñan en Atacama y Coquimbo y las rastrilladas en el Wallmapu. El aporte material de los pueblos ancestrales en Chile a través de sus rutas viales*. Temuco: Universidad Católica de Temuco. En prensa.

Enríquez, Lucrecia. 2005. *El clero indígena chileno de la colonia a la independencia*. X Jornadas Interescuelas/Departamentos de Historia. Escuela de Historia de la Facultad de Humanidades y Artes, Universidad Nacional del Rosario. Departamento de Historia de la Facultad de Ciencias de la Educación, Universidad Nacional del Litoral, Rosario (disponible en https://cdsa.aacademica.org/000-006/127.pdf).

Erize, Esteban. 1989-1992. *Mapuche*. Buenos Aires: Yepun, 3a. ed.

Espejo, Gerónimo. 1882. *El paso de los Andes. Crónica histórica de las operaciones del Ejército de los Andes para la restauración de Chile en 1817*. Buenos Aires: Imprenta y Librería de Mayo.

Espejo, Juan Luis. 1913. La provincia de Cuyo invadida por los indios en 1658. *Revista Chilena de Historia y Geografía*, VI, 10: 209-224.

Falkner, Thomas. 1774. *A description of Patagonia and the adjoining parts of South America: containing an account of the soil, produce, animals, vales, mountains, rivers, lakes, &c. of those countries; the religion, government, policy, customs, dress, arms, and language of the Indian inhabitants; and some particulars relating to Falkland Islands / By Thomas Falkner, who resided near forty years in those parts. Illustrated with a new map of the southern parts of America, engraved by Mr. Kitchin* ... [Compiled by W. Combe]. Hereford: C. Pugh (disponible en https://wellcomecollection.org/works/sq9atr5z).

Falkner, Tomás. 1969 [1835]. Descripción de la Patagonia y de las partes adyacentes de la América Meridional. En De Angelis, P., *CODRHRP* II: 639-755. Buenos Aires: Plus Ultra.

Farge, Arlette. 2002. Qu'est-ce qu'un événement? Penser et définir l'événement en histoire. Approche des situations et des acteurs sociaux. *Anthropologie et Sciences Humaines* 38: 67-78 (https://journals.openedition.org/terrain/1929).

Febrés, Andrés. 1846. *Diccionario Chileno-Hispano compuesto por el R. P. Misionero Andrés Febrés*. Santiago: Imprenta de los Tribunales.

Fonck, Francisco. 1900 [1792-1794]. *Libro de los diarios de Fray Francisco Menéndez, Predicador General Apostólico de la Regular Observancia de N.P.S. Francisco y expresidente de la Misión que tiene en ellas el colegio de Propaganda Fide de Santa Rosa de Ocopa que está en el valle de Jauja, Arzobispado de Lima*. Valparaíso: C.E. Niemeyer.

Funes, Gregorio. 1816. *Ensayo de la Historia Civil del Paraguay, Buenos Ayres y Tucumán, escrita por el doctor D. Gregorio Funes, Deán de la Santa Iglesia Catedral de Córdova*. Buenos Aires: Imprenta Gandarillas y socios.

Furlong, Guillermo S.J. 1938. *Entre los Pampas de Buenos Aires*. Buenos Aires: Talleres gráficos San Pablo.

Garavaglia, Juan Carlos. 1986. Los textiles de la tierra en el contexto colonial rioplatense: ¿una revolución industrial fallida? *Anuario del IEHS*, I: 45-87.

Garavaglia, Juan Carlos. 1999. *Pastores y labradores de Buenos Aires. Una historia agraria de la campaña bonaerense, 1700-1830*. Buenos Aires: Ed. de la Flor.

García, Pedro Andrés. 1969a [1810]. Diario del viaje a Salinas Grandes. En De Angelis, Pedro. *CODRHRP* IV: 295-391. Buenos Aires: Plus Ultra.

García, Pedro Andrés. 1969b [1823]. Informe de la expedición a Sierra de la Ventana. En De Angelis, Pedro. *CODRHRP* IV: 409-671. Buenos Aires: Plus Ultra.

García de Loydi, Ludovico. 1968. El Cabildo Eclesiástico de Buenos Aires. Su gravitación en la vida ciudadana. *Investigaciones y Ensayos 5*: 289-303. Buenos Aires: Academia Argentina de la Historia.

Gascón Margarita y María José Ots. 2020. El valle de Uco indígena y colonial: conquistas, pandemias y adaptaciones. *Diario de Mendoza*, 12.07.2020 (disponible en https://www.diariomendoza.com.ar/mendoza/el-valle-uco-indigena-colonial-conquistas-pandemias-adaptaciones-n11791)

Ginzburg, Carlo. 1981. *El queso y los gusanos*. Barcelona: Muchnik eds.

Godelier, Maurice. 1996. *L'énigme du don*. Paris: Fayard.

Hernández, Esteban. 1972 [1806]. Diario de un viaje desde el fuerte de San Rafael del Diamante hasta el de San Lorenzo en las puntas del Río Quinto. En De Angelis, Pedro. *CODRHRP*, VIII A: 15-35. Buenos Aires: Plus Ultra.

Jara, Álvaro. 1981. *Guerra y sociedad en Chile. La transformación de la guerra de Arauco y la esclavitud de los indios*. Santiago de Chile: Editorial Universitaria.

Jiménez, Juan Francisco. 1997. Guerras intertribales y economía en la cordillera de los Andes (1769-1798). El impacto de los conflictos sobre la economía de los pehuenches de Malargüe. *Revista Frontera*, 16: 41-51.

Jiménez, Juan Francisco. 2019. Sujetos que pudiessen leer las Chilcas. La temprana difusión de la escritura entre los mapuche (1775-1818). *Quinto Sol* 23/3 (disponible en https://cerac.unlpam.edu.ar/index.php/quintosol/article/view/2109).

Jiménez, Juan F.; Alioto, Sebastián y Daniel Villar. 2017. Violencias imperiales. Masacres de indios en las pampas del Río de la Plata (siglos XVI-XVIII). *Revista de Historia* 75: 127-154.

Jones, Kristine L. 1999. Warfare, reorganization, and readaptation at the margins of Spanish rule: the Southern Margin. En Salomon, Frank y Schwartz, Stuart (eds.), *The Cambridge History of the Natives Peoples of the Americas*, III: South America, part 2: 138-187. Cambridge: Cambridge University Press.

Leal Pino, Cristián y Rigoberto Iturriaga. 2009. *Frailes franciscanos en tiempos de la Independencia. Francisco Inalicán y Luís Beltrán. Documentos para su estudio*. Santiago: Publicaciones del Archivo Franciscano No. 101.

León Solís, Leonardo. 1982. La Corona Española y las guerras intestinas entre los indios de la Araucanía, Patagonia y las Pampas, 1760-1806. *Nueva Historia, Revista de Historia de Chile* 5: 31-67.

León Solís, Leonardo. 1986. Las invasions indígenas contra las localidades fronterizas de Buenos Aires, Cuyo y Chile, 1700-1800. *Boletín Americanista* 36: 75-104.

León Solís, Leonardo. 1990. El malón de Curiñancu. El surgimiento de un cacique araucano (1764-1767). *Proposiciones* 19: 18-43.

León Solís, Leonardo. 1999. Los parlamentos del *toqui* pehuenche Ancanamun. *Cuadernos de Historia* 19: 21-78.

Levaggi, Abelardo. 2000. *Paz en la frontera. Historia de las relaciones diplomáticas con las comunidades indígenas en la Argentina (siglos XVI-XIX)*. Buenos Aires: Universidad del Museo Social Argentino.

Lienhard, Martín. 1992. *Testimonios, cartas y manifiestos indígenas (desde la conquista hasta comienzos del siglo XX)*. Caracas: Biblioteca Ayacucho (disponible en https://www.ellibrototal.com/ltotal/?t=1&d=2825).

Llavallol, Jaime y del Molino Torres, Julián. 1972 [1807]. Examen crítico del Diario de don Luis de la Cruz por una Comisión del Consulado de Buenos Aires. En De Angelis, Pedro. *CODRHRP* VIII A: 47-81. Buenos Aires: Plus Ultra.

Lobos, Omar (comp.). 2015. *Juan Calfucurá. Correspondencia 1854-1873*. Buenos Aires: Colihue.

Lorandi, Ana María y Mercedes del Río. 1992. *La etnohistoria. Etnogénesis y transformaciones sociales andinas*. Buenos Aires: Centro Editor de América Latina.

Mandrini, Raúl. 1997. Las fronteras y la sociedad indígena en el ámbito pampeano. *Anuario del IEHS* 12: 23-34.

Mansilla, Lucio V. 1966. *Una excursión a los indios ranqueles*. Buenos Aires: Kapelusz.

Marfany, Roberto. 1938. Fronteras con los indios en el sud y fundación de pueblos. En Levenne, Ricardo. *Historia de la Nación Argentina*, IV: 443-480. Buenos Aires: Academia Nacional de la Historia.

Marre, Diana. 2003. Identidades Excluidas en la Construcción de Identidades Nacionales Argentinas. Una Propuesta para el Rescate de las Chinas de los Márgenes de la Nación. En Nasch, Mary y Diana Marre (coords.), *El desafío de la diferencia: representaciones culturales e identidades de género, raza y clase*. Bilbao: Universidad del País Vasco.

Mayo, Carlos. 1995. *Estancia y sociedad en la Pampa, 1740-1820*. Buenos Aires: Biblos.

Mayo, Carlos y Latrubesse, Amalia. 1993. *Terratenientes, soldados y cautivos: la frontera (1736-1815)*. Mar del Plata: Universidad Nacional de Mar del Plata.

Méndez Beltrán, Luz María. 1982. La organización de los parlamentos de indios en el siglo XVIII. En Villalobos, Sergio. *Relaciones fronterizas en la Araucanía*: 107-173. Santiago: Universidad Católica de Chile.

Merrell, James H. 1999. *Into the American Woods. Negotiators on the Pennsylvania Frontier*. New York: W.W. Norton & Co.

Mitre, Bartolomé. 1890. *Historia de San Martín y de la Emancipación Sud-americana*. 2a. ed. Buenos Aires: Lajouane.

Moncaut, Carlos Antonio. 1981. *Reducción Jesuítica de Nuestra Señora de la Concepción de los Pampas 1740-1753*. La Plata: Ministerio de Economía de la Provincia de Buenos Aires.

Morales Guiñazú, Fernando. 1938. *Primitivos habitantes de Mendoza (huarpes, puelches, pehuenches y aucas, su lucha, su desaparición*. 2a. ed. Mendoza: Best Hermanos.

Murray, David. 1991. *Forked Tongues. Speech, Writing & Representation in North American Indian Texts*. Bloomington & Indianapolis: Indiana University Press.

Nacuzzi, Lidia. 1998. *Identidades impuestas. Tehuelches, aucas y pampas en el norte de la Patagonia*. Buenos Aires: Sociedad Argentina de Antropología.

Nacuzzi, Lidia. 2006. Tratados de paz, grupos étnicos y territorios en disputa a fines del siglo XVIII. *Investigaciones sociales* 10 (18): 435-456.

O'Higgins, Bernardo. 1950 [1816]. Plan de campaña para atacar, destruir y exterminar los tiranos usurpadores de Chile. En Archivo Nacional. *Archivo de don Bernardo O'Higgins*, VII: 64-79. Santiago de Chile: Imprenta Universitaria.

Ots, María José; Cahiza, Pablo y Margarita Gascón. 2015. El río Tunuyán en el valle de Uco, Mendoza (en Dossier: Articulaciones del corredor trasandino meridional), *Revista de Historia Americana y Argentina*, 50 (1) (disponible en: http://www.scielo.org.ar/scielo.php?script=sci_arttext&pid=S2314-15492015000100004).

Pagliai, Lucila. 2020. «Tirame las cartas»: Tierra y vacas en la correspondencia de la frontera entre caciques y militares (1830-1880). *Grandes Alamedas* 13 (Disponible en https://grandesalamedasblog.wordpress.com/2020/12/18/tirame-las-cartas-tierra-y-vacas-en-la-correspondencia-de-la-frontera-entre-caciques-y-militares-1830-1880/).

Paz, Ricardo (dir.). s/f. *Mapuches del Neuquén*. Buenos Aires: Luz Editora.

Palermo, Miguel Ángel. 1994. El revés de la trama. Apuntes sobre el papel económico de la mujer en las sociedades indígenas tradicionales del sur argentino. *Memoria Americana. Cuadernos de Etnohistoria* 3: 63-90.

Passetti, Gabriel, 2018. «El Gobierno» y «la República»: vocabulario político iberoamericano en cartas de caciques ranqueles de la segunda mitad del siglo XIX. *TEFROS* 16/2 (disponible en http://www2.hum.unrc.edu.ar/ojs/index.php/tefros/article/view/677).

Pavez Ojeda, Jorge (comp.). 2008. *Cartas mapuche. Siglo XIX*. Santiago de Chile: Ocho Libros-Colibris.

Pedrotta, Victoria. 2015. Recursos, espacio y territorio en las sierras del Cayrú (siglos XVI-XIX, Región Pampeana argentina). En Pedrotta, Victoria y Lanteri, Sol, *La frontera sur en la larga duración*: 53-94. La Plata: Asociación Amigos Archivo Histórico de la Provincia de Buenos Aires.

Pedrotta, Victoria. 2023. Primeras experiencias misionales en el Río de la Plata: la reducción "Tubichaminí" (siglo XVII). En Athor, José y Diego Albareda (eds.). *Parque Costero del Sur: nuevos temas sobre naturaleza, conservación y patrimonio cultural*: 502- 521. Ciudad Autónoma de Buenos Aires: Fundación de Historia Natural Félix de Azara.

Pelagatti, Oriana. 2006. Política y religión en la frontera sur de Mendoza. Fr. Francisco Inalicán. 1805-1822. En Ayrolo, Valentina (comp.), *Estudios sobre clero iberoamericano, entre la Independencia y el Estado-Nación:* 73-92. Salta: Universidad Nacional de Salta, Facultad de Humanidades/Centro Promocional de las Investigaciones en Historia y Antropología (CEPIHA).

Pérez, Francisco Ignacio. 1996. *El fuerte y el cuartel de San Carlos. Crónica de la frontera y de la campaña*. Mendoza: Archivo Histórico de Mendoza. Serie Investigaciones, n° 7.

Prieto, María del Rosario. 1997/1998. Formación y consolidación de una sociedad en un área marginal del Reino de Chile: la Provincia de Cuyo en el siglo XVII. *Anales de Arqueología y Etnología* 52-53.

Quarleri, Lía. 2019. Castigos, fugas y resistencias femeninas en el Río de la Plata colonial. Mujeres indígenas y españolas en historias conectadas. *Descentrada*, 3, 2.

Quesada, Vicente. 1864. Las fronteras y los indios. Apuntes históricos. *La Revista de Buenos Aires*, V: 29-52.

Ratto, Silvia. 2005. Caciques, autoridades fronterizas y lenguaraces. Intermediarios culturales e interlocutores válidos en Buenos Aires (primera mitad del siglo XIX). *Mundo Agrario. Revista de estudios rurales*, 5, 10.

Richter, Daniel K. 2001. *Facing East from Indian Country. A Native History of Early America*. Cambridge, Massachussets & London, England: Harvard University Press.

Roulet, Florencia. 1999-2001. De cautivos a aliados: los «Indios Fronterizos» de Mendoza (1780-1806). *Xama* 12-14: 199-239.

Roulet, Florencia. 2002. Guerra y diplomacia en la frontera de Mendoza: la política indígena del comandante José Francisco de Amigorena (1779-1799). En Nacuzzi,

Lidia R. (ed.), *Funcionarios, diplomáticos y guerreros: miradas hacia el otro en las fronteras de Pampa y Patagonia (siglos XVIII y XIX)*: 65-118. Buenos Aires: Sociedad Argentina de Antropología.

Roulet, Florencia. 2003. Ojos de exiliado. Notas al margen de una lectura de las Memorias de Manuel Baigorria. *Investigaciones y Ensayos* 53: 265-300.

Roulet, Florencia. 2004. Con la pluma y la palabra. El lado oscuro de las negociaciones de paz entre españoles e indígenas. *Revista de Indias*, LXIV, 231: 313-348.

Roulet, Florencia. 2005a. Fronteras de papel. El periplo semántico de una palabra en la documentación relativa a la frontera sur rioplatense de los siglos XVIII y XIX. *TEFROS* vol. 4, n° 2 (http://www2.hum.unrc.edu.ar/ojs/index.php/tefros/article/view/128).

Roulet, Florencia. 2005b. Cuando el reclamo se hace papel: cartas de caciques en la frontera sur en las postrimerías del período colonial. *Revista Voces de la Universidad* 29: VI-IX, Dossier «Las Cartas de Frontera».

Roulet, Florencia. 2008. Embajadoras y hechiceras indígenas. El poder de las mujeres en la frontera sur. *Todo es Historia* 489: 6-24.

Roulet, Florencia. 2009. Mujeres, rehenes y secretarios: Mediadores indígenas en la frontera sur del Río de la Plata durante el período hispánico. *Colonial Latin American Review* 18, 3: 303-337.

Roulet, Florencia. 2015. Capitanes de Amigos en la frontera de Mendoza. Los usos indígenas de una institución colonial. En Alonso Araguás, Icíar, Páez Rodríguez, Alba y Mario Samaniego Sastre (eds.), *Traducción y representaciones del conflicto desde España y América. Una perspectiva interdisciplinar*: 49-65. Salamanca: Ediciones Universidad de Salamanca.

Roulet, Florencia. 2016. *Huincas en tierra de indios. Mediaciones e identidades en los relatos de viajeros tardocoloniales*. Buenos Aires: EUDEBA.

Roulet, Florencia. 2018. Violencia indígena en el Río de la Plata durante el período colonial temprano: un intento de explicación. *Nuevo Mundo Mundos Nuevos* [en línea], https://doi.org/10.4000/nuevomundo.72018

Roulet, Florencia. 2019. Los rostros de la violencia colonial en el Río de la Plata, siglos XVI-XVIII. *TEFROS* 17, 2: 10-55.

Roulet, Florencia. 2021. Peacemaker Cacicas in the Río de la Plata Southern Frontier. En Ochoa, Margarita R. y Guengerich, Sara Vicuña (eds.), *Cacicas. The Indigenous Women Leaders of Spanish America, 1492-1825*: 240-268. Norman: University of Oklahoma Press.

Roulet, Florencia. 2024. De la rama de canelo al bastón. Apropiación, desvío y manipulación política de un símbolo en la diplomacia hispano-mapuche. *TEFROS* 22, 1: 12-39.

Roulet, Florencia. 2025. Tras las bambalinas de la historia: cacicas embajadoras en el registro colonial rioplatense. En Bragoni, Beatriz (ed.), *Las mujeres de la revolución*. Buenos Aires: EDHASA, en prensa.

Sahlins, Marshall. 1983. *Economía de la Edad de Piedra*. 2a. ed. Madrid: Akal Editor.

Salerno, Natalia. 2018. Cautivas indígenas. Abusos, violencia y malos tratos en el Buenos Aires colonial. En Alioto, Sebastián, Jiménez, Juan F. y Daniel Villar (comps.). *Devastación. Violencia civilizada contra los indios de las llanuras del Plata y Sur de Chile (siglos XVI a XIX)*: 237-257. Rosario: Prohistoria.

Sánchez Labrador, Joseph. 1936 [1772]. *Los indios pampas, puelches, patagones*. Buenos Aires: Viau y Zona eds.

Sánchez Olivera, Víctor. 2002. *Historia de Osorno*. Alicante: Biblioteca Virtual Miguel de Cervantes (https://www.cervantesvirtual.com/nd/ark:/59851/bmc9c6w6).

Sarmiento, Jacqueline. 2016. *Indias urbanas en Buenos Aires (1744-1820). Condiciones específicas, formas de sujeción y estrategias posibles*. Tesis presentada para la obtención del grado de Doctora en Historia por la Universidad Nacional de La Plata (https://www.memoria.fahce.unlp.edu.ar/tesis/te.1289/te.1289.pdf).

Sierra, Vicente. 1981. *Historia de la Argentina. Fin del régimen de gobernadores y creación del Virreinato del Río de la Plata (1700-1800)*. Buenos Aires: Editorial Científica Argentina.

Simón, Arnaldo. 1944. *Fray Francisco Inalicán: sacerdote araucano amigo de San Martín. Aspectos de su vida*. Mendoza: ed. del autor.

Sourryère de Souillac, Joseph. 1972 [1806]. Descripción geográfica de un nuevo camino de la Gran Cordillera para facilitar las comunicaciones de Buenos Aires con Chile. En De Angelis, Pedro. *CODRHRP* VIIIA: 481-575. Buenos Aires: Plus Ultra.

Tamagnini, Marcela. 2011 [1994 edición original]. *Cartas de Frontera. Los documentos del conflicto interétnico*. Río Cuarto, Argentina: Editorial de la Universidad Nacional de Río Cuarto.

Tamagnini, Marcela. 2019. Las cartas ranqueles del siglo XIX: un corpus en construcción. *Quinto Sol*, 23/3: 1-20.

Tabossi, Ricardo. 1989. *Historia de la guardia de Luján en el período hispano-indiano*. La Plata: Archivo Histórico de la Provincia de Buenos Aires Dr. Ricardo Levene.

Tapson, Alfred. 1962. Indian Warfare on the Pampa during the Colonial Period. *HAHR* 42, 1: 1-28.

Turner Strong, Pauline. 1999. *Captive Selves, Captivating Others. The Politics and Poetics of Colonial American Captivity Narratives*. Boulder, Colorado: Westview Press.

Valenzuela, Jaime. 2005. Los franciscanos de Chillán y la Independencia: avatares de una comunidad monarquista. *Historia* 38, I: 113-158 (disponible en https://www.scielo.cl/scielo.php?script=sci_arttext&pid=S0717-71942005000100006#3)

Valenzuela, Jaime. 2012. La cruz en la cristianización jesuita de Chile meridional: signo, significado y paradojas. En Payàs, Gertrudis y José Manuel Zavala (eds.), *La mediación lingüístico-cultural en tiempos de guerra: cruce de miradas desde España y América*: 189-216. Temuco: Eds. Universidad Católica de Temuco.

Vasallo, Jorge Nahuel. 2017. Guerra en las fronteras: los bordes meridionales del Imperio Español y la dinámica del conflicto en las décadas centrales del siglo XVIII. *TEFROS*, 15, 1: 41-68.

Vasallo, Jorge Nahuel. 2024. «Y le aviso yo Don Nicolás a Su Señoría que esté con cuidado por sus fronteras»: una carta inédita del cacique Bravo al gobernador José de Andonaequi (Buenos Aires, 1754). *Revista Electrónica de Fuentes y Archivos (REFA)*, 15, 1: 2-26.

Vezub, Julio. 2014. La escritura mapuche-tehuelche en español durante la expansión argentina y chilena en el siglo XIX. En Ratto, Silvia e Ingrid de Jong. *La política en las fronteras americanas, siglos XVIII y XIX. Dossier*. Recuperado de http://historiapolitica.com/datos/biblioteca/frontera_vezub.pdf.

Vignati, Milcíades. 1953. Datos de etnografía pehuenche del Libertador José de San Martín. *Notas del Museo de Eva Perón* XVI, 57: 1-25.

Vilariño, Martín. 2020. Reactualizando alianzas al pie de la Cordillera de los Andes: el parlamento de 1816 entre pehuenches y patriotas. *Memoria Americana. Cuadernos de Etnohistoria*, vol 28/1: 74-91 (disponible en https://doi.org/10.34096/mace.v28i1.7645).

Villalobos, Sergio. 1989. *Los pehuenches en la vida fronteriza*. Santiago: Universidad Católica de Chile.

Villar, Daniel. 2011. Prólogo. En Alioto, Sebastián. *Indios y ganado en la frontera. La ruta del río Negro (1750-1830)*: 13-16. Rosario: Prohistoria eds.

Villarino, Basilio. 1972 [1782]. Diario del piloto de la Real Armada D. Basilio Villarino del reconocimiento que hizo del río Negro en la costa oriental de Patagonia el año de 1782. En De Angelis, Pedro. *CODRHRP*, VIII B: 967-1150. Buenos Aires: Plus Ultra.

Vollweiler, Sabrina. 2017. Los baqueanos: expertos en los caminos de la frontera sur de Buenos Aires (Siglo XVIII). *TEFROS*, 15, 1: 69-97.

White, Richard. 1991. *The Middle Ground. Indians, Empires, and Republics in the Great Lakes Region, 1650-1615*. New York: Cambridge University Press.

Zavala, José Manuel. 2000. *Les Indiens Mapuche du Chili. Dynamiques inter-ethniques et stratégies de résistance, XVIIIe siècle*. Paris: L'Harmattan.

Zavala, José Manuel. 2012. Los parlamentos hispano-mapuches como espacios de mediación. En Payàs, Gertrudis y José Manuel Zavala (eds.), *La mediación lingüístico-cultural en tiempos de guerra: cruce de miradas desde España y América*, 151-162. Temuco: Universidad Católica de Temuco.

◀ **Trabajo de campo en América Latina. Tomo I y II. Experiencias antropológicas regionales en etnografía.**
Rosana Guber; Cornelia Eckert; Myriam Jimeno y Esteban Krotz (coords.).

◀ **El antropólogo en la escena etnográfica. Implicación y lazo emergente.**
Ferdinando Fava. Prólogo de Marc Augé

◀ **Rousseau en Iberoamérica. Lecturas e interpretaciones entre monarquía y revolución.**
Jorge Myers; Noemí Goldman; Catherine Larrère; José M. Portillo Valdés; Gabriel Torres Puga; Sarah Bak-Geller; Clément Thibaud; Ángel Rafael Almarza Villalobos; Nicolás Ocaranza; Gabriel Entin (ed.)

◀ **Hacia una historia de los posibles. Análisis contrafactuales y futuros no acontecidos**
Quentin Deluermoz y Pierre Singaravélou

◀ **Vox Populi. Una historia del voto antes del sufragio universal.** Olivier Christin

◀ **La Reforma protestante desde el margen. A 500 años del evento banal que revolucionó la cultura de occidente.** Santiago F. Peña; Carolina M. Losada; Yann Lignereux; Constanza Cavallero (eds.); Fabián Alejandro Campagne; Olivier Christin; Wim François; José Emilio Burucúa; Fernando Bahr; Griselda Gaiada; Ismael del Olmo

◀ **"Negros de la Patria". Los afrodescendientes en las luchas por la independencia en el antiguo Virreinato del Río de la Plata.** Silvia C. Mallo e Ignacio Telesca (eds.)

◀ **El pragmatismo como método de formación de categorías. Calibrando el foco en la investigación social.**
Gabriel Nardacchione (ed.). Laurent Thévenot; Cyril Lemieux; Marc Breviglieri; Fabio Reis Mota; Felipe Berocan; Rolando Silla; Matías Paschkes; Amadeo Gandolfo; Sebastián Pereyra; Mariana Heredia; Carlos Belvedere; María Martini; Mariana Garzón Rogé; Sebastián Muñoz; Denise Osswald; Gabriela Merlinsky; Pablo Semán; Nicolás Viotti; María Carozzi; Ornela Boix; Ana Blanco; Guido Sciurano; Emanuel Ynoub

◀ **Las religiones indígenas de Mesoamérica. Historias, ritos y transformaciones**
Johannes Neurath

◀ **El granizo sobre la sangre. El chamanismo católico de los otomíes del centro de México.**
Carlos Arturo Hernández Dávila

◀ **Someter a los dioses, dudar de las imágenes. Enfoques relacionales en el estudio del arte ritual amerindio.** Johannes Neurath

◀ **El retorno de los ancestros: Prácticas chamánicas, iniciación y cosmología *o'dam.***
Antonio Reyes Valdez

◀ **Cosmopolítica y cosmohistoria: una anti-síntesis**
Johannes Neurath y María Isabel Martínez Ramírez (eds.)
Federico Navarrete Linares; Gabriel K. Kruell; Marcio Goldman; Alejandro Fujigaki Lares; Johannes Neurath; María Isabel Martínez Ramírez

◀ **Música, alteridad y riesgo. Etnografía en contextos críticos**
José Joel Lara González, Marina Alonso Bolaños, Juan José Atilano Flores, Reyes Luciano Álvarez Fabela y Benjamín Muratalla

www.ingramcontent.com/pod-product-compliance
Lightning Source LLC
LaVergne TN
LVHW041503170726
843492LV00005B/1362